非合作-合作两型博弈方法及在供应链管理中的应用

李登峰　著

科 学 出 版 社

北　京

内 容 简 介

本书是第一部论述非合作-合作两型博弈方法的学术专著。阐述非合作-合作两型博弈的定义、组成要素、规范化刻画、分析框架、建模与求解过程，创建同时解决局中人策略优化选择与联盟形成及利益分配问题的新范式，形成包含非合作博弈、合作博弈、B-S两型博弈在内的博弈分析方法。着重以押金返还制造商的闭环供应链制造商之间竞争及制造商与回收商利润共享、押金返还回收商的闭环供应链制造商之间竞争及回收商与制造商利润共享、绿色供应链链间价格竞争与链内研发成本分担为应用场景，阐述应用非合作-合作两型博弈方法进行建模与求解的完整过程，为读者提供范例。

本书可供博弈论/对策论、信息经济学、运筹学、供应链管理、管理科学、智能制造、绿色低碳等领域的研究人员和教师、研究生阅读参考。

图书在版编目（CIP）数据

非合作-合作两型博弈方法及在供应链管理中的应用/李登峰著. —北京：科学出版社，2023.5

ISBN 978-7-03-074684-9

Ⅰ. ①非… Ⅱ. ①李… Ⅲ. ①供应链管理—研究 Ⅳ. ①F252.1

中国国家版本馆CIP数据核字（2023）第005414号

责任编辑：陈会迎 / 责任校对：贾娜娜
责任印制：张 伟 / 封面设计：有道设计

科学出版社 出版
北京东黄城根北街16号
邮政编码：100717
http://www.sciencep.com
北京建宏印刷有限公司印刷
科学出版社发行 各地新华书店经销

*

2023年5月第 一 版 开本：720 × 1000 1/16
2024年5月第三次印刷 印张：8 1/2
字数：171 000

定价：98.00元

（如有印装质量问题，我社负责调换）

前　言

自博弈论（对策论）诞生以来，非合作博弈、合作博弈一直都存在无法同时解决局中人（或决策主体、决策者）策略优化选择与联盟形成及利益分配问题的困境，究其原因，关键问题在于：非合作博弈主要关注局中人策略选择及效用（或收益、利润）最大化却不关心局中人如何联盟并创造（或增加）效用（或收益、利润），而合作博弈主要关注局中人联盟方式及效用（或收益、利润）分配却不关心局中人如何以及利用什么策略能够创造联盟的效用（或收益、利润）。本书把非合作博弈、合作博弈按照先后固定顺序耦合融通为一个博弈，称为非合作-合作两型博弈(noncooperative-cooperative biform game)。非合作-合作两型博弈由局中人、策略、支付值、联盟、联盟特征值五个基本要素组成。根据局中人策略是连续的还是离散的，非合作-合作两型博弈可以划分为两大类型：连续型非合作-合作两型博弈、离散型非合作-合作两型博弈。局中人分成三类：只参加非合作博弈部分的局中人、同时参加非合作博弈与合作博弈两个部分的局中人、只参加合作博弈部分的局中人。局中人的策略分成两类：应用于非合作博弈部分的策略、可形成非合作博弈部分的所有局中人的各种可能的策略组合（即竞争局势或竞争环境），应用于合作博弈部分的策略、为任意给定竞争局势下各个联盟中的每个局中人如何开展合作并创造（或增加）联盟效用（或收益、利润）提供策略（或方式、途径、措施、解决方案）。同时参加非合作博弈与合作博弈两个部分的局中人拥有应用于非合作博弈的策略和应用于合作博弈的策略。这类局中人拥有两类策略，这些策略耦合融通了非合作博弈、合作博弈两个部分，使得这两个部分无法独立分割而成为“一体两翼”。若每个局中人都只有一个策略，即非合作博弈部分的所有局中人的策略组合只有一个，则非合作-合作两型博弈退化为传统的合作博弈。若每个局中人在任意给定竞争局势下的支付值（或函数）都可以事先具体确定，即每个局中人的支付值（或函数）与局中人在合作博弈部分中的联盟及利益分配无关，则非合作-合作两型博弈退化为传统的非合作博弈。换句话说，传统的非合作博弈、合作博弈只是本书创建的非合作-合作两型博弈的两种特殊情形。

本书从博弈的定义、基本组成要素、策略构成、局中人组成、联盟特征值（或函数）构建、博弈的解结构、求解方法等多方面多角度，通过详细论述与具体分析，严谨并负责任地郑重指出，非合作-合作两型博弈作为融通非合作博弈、合作博弈于一体的博弈论分析新范式，既明显包含 B-S 两型博弈（biform game）并将其作为特殊形式之一，也显著不同于竞合博弈（co-opetition game）、两阶段博弈（two-stage game）。B-S 两型博弈是 2007 年著名管理学专家布兰登勃格（Brandenburger）和斯图尔特（Stuart）在管理学国际顶级期刊 *Management Science* 上发表的一篇论文中提出的一种博弈方法①。B-S 两型博弈按照两阶段方法分别求解（由此被解释为两阶段博弈），即首先求解第二阶段合作博弈中任意给定竞争局势下合作博弈的核心，然后求解第一阶段非合作博弈中各个局中人的最优策略。B-S 两型博弈在第二阶段合作博弈中没有涉及局中人的任何策略，使得合作博弈的联盟特征值（或利润、效益）可以仅凭事先设定的场景与要求、通过简单的常识与算术运算就能够轻易得到。这让 B-S 两型博弈再次成为布兰登勃格和斯图尔特等的“天才的游戏”②。其实，B-S 两型博弈只是本书创建的非合作-合作两型博弈的特殊形式，即非合作-合作两型博弈只有同时参加非合作博弈与合作博弈两个部分的局中人但每个局中人只有应用于非合作博弈的策略，而且在合作博弈部分中任意给定竞争局势的联盟特征值（或利润、效益）都与局中人策略无关的特殊情形。此外，B-S 两型博弈的局中人是指第一阶段非合作博弈的局中人还是指第一阶段非合作博弈与第二阶段合作博弈的局中人？何时需要引入严重影响局中人最优策略并导致无法求解得到局中人真实最优效用（或收益、利润）的一组外生变量（即各个局中人的信心指数）？这些人为因素或主观因素的引入，使得 B-S 两型博弈不仅缺乏规范化的博弈论刻画、进一步增加不确定性与复杂性，而且成为除布兰登勃格和斯图尔特这些“天才”之外估计没人知道如何应用其解决实际问题的障碍。

作为系统、详细论述非合作-合作两型博弈模型与方法的第一部学术专著，本书分为 5 章，前 2 章和后 3 章分别阐述非合作-合作两型博弈的理论方法与应用内容。第 1 章简单介绍非合作博弈、合作博弈的基本组成要素及主要理论、方法，着重系统、详细地阐述非合作-合作两型博弈的基本组成要素及其特征、耦合性。第 2 章系统、详细地论述非合作-合作两型博弈的分析框架、求解方法与过程，并通过多个具体例子的详细分析与比较，严谨地指出其与 B-S 两型博弈、竞合博弈、两阶段博弈的本质区别。第 3 章针对政府押金返还制造商制度下闭环供应链制造商之间竞争及制造商与回收商利润共享问题，建立制造商 M 只参加非合作博弈部分、制造商 R 同时参加非合作博弈与合作博弈两个部分、回收商 C 只参加合作博

① 本书把布兰登勃格和斯图尔特提出的 biform game 称为 B-S 两型博弈，以示区别。

② 这是 1978 年度诺贝尔经济学奖得主西蒙（Simon）教授评述传统博弈论时说过的话。

弈部分的连续型 3 人非合作-合作两型博弈模型及求解方法，具体得到制造商 R 对废旧产品的回购价格、两个制造商 M 与 R 的销售价格及利润和回收商 C 回收废旧产品的回收率及利润的解析计算公式。第 4 章针对政府押金返还回收商制度下闭环供应链制造商之间竞争及回收商与制造商利润共享问题，建立两个制造商同时参加非合作博弈与合作博弈两个部分、回收商只参加合作博弈部分的连续型 3 人非合作-合作两型博弈模型及求解方法，具体得到两个制造商的销售价格、对废旧产品的回购价格及利润和回收商为两个制造商回收废旧产品的回收率及利润的解析计算公式。第 5 章针对两个制造商和两个零售商组成的两条绿色供应链链间价格竞争与链内研发成本分担问题，建立两个制造商和两个零售商同时参加非合作博弈与合作博弈两个部分的连续型 4 人非合作-合作两型博弈模型及求解方法，具体得到两个制造商的绿色产品研发投资水平、批发价格及利润和两个零售商的绿色产品研发成本分担比例、零售价格及利润的解析计算公式。在第 3 章和第 4 章建立的连续型非合作-合作两型博弈模型中，至少有一个局中人（制造商）同时参加非合作博弈与合作博弈两个部分并且有应用于非合作博弈和合作博弈的策略，充分体现了非合作-合作两型博弈的鲜明、显著特色和适用于不同实际场景的灵活性、普适性。书中运用多个具体例子和实际问题充分展示了非合作-合作两型博弈的建模与求解过程，可为读者提供示范性的实际操作与导引。本书的重点是创建和发展能够耦合融通非合作博弈、合作博弈于一体的非合作-合作两型博弈研究范式与分析方法。

本书自成体系，具备一定的微积分、优化方法与传统博弈论（包括非合作博弈、合作博弈）知识储备的读者就能够顺利轻松阅读，包括从事博弈论/对策论、信息经济学、运筹学、决策科学、供应链管理、管理科学、数字经济、控制理论、人工智能、作战指挥、冲突分析、系统工程、工程与工业系统优化设计、智能制造、绿色低碳、网络安全、武器战斗使用等领域的理论与应用研究人员，以及高校、科研院所从事博弈论、经济学、决策科学、运筹学、管理科学、企业管理、系统工程、控制论、物流管理、行为科学、军事运筹学、作战指挥学、兵种战术学、数理经济学、应用数学、供应链金融等学科或专业的教师、博士后、博士研究生和硕士研究生等。

本书的研究成果受到国家自然科学基金面上项目（72071032 和 72271046）的资助，谨致谢意。本书作者感谢书中所列参考文献的所有作者，包括可能阅读过但未列入书中主要参考文献的所有作者；感谢列入书中参考文献的本书作者的所有合作者，特别感谢其中的本书作者的三位博士研究生、硕士研究生魏骊晓、黄春香、李梦祺分别对第 3 章、第 4 章和第 5 章的实质性学术贡献。

本书如能起到抛砖引玉的作用，作者将感到十分欣慰。由于书中内容绝大部分是作者个人学术见解与近年来的思考、探索结果，难免存在有待完善和改进之处，敬请广大读者与同行专家学者批评斧正。

李登峰

2022 年 8 月

目　录

第1章　非合作-合作两型博弈的基本组成要素及主要理论

1.1　概　　述

近年来，博弈论（game theory，亦称对策论）在供应链管理、运营管理、行为金融、交通管理、旅游管理、网络安全、人工智能、绿色低碳等领域得到广泛关注与应用。博弈论主要研究局中人的决策行为及其发生直接交互作用的决策优化问题[1, 2]。局中人也经常称为决策主体或决策者，可根据实际情景，用于表示企业、平台、公司、供应商、制造商、批发商、零售商、消费者、政府、回收商等。诺贝尔经济学奖得主谢林（Schelling）[3]和奥曼（Aumann）[4]认为，博弈论也是交互式决策理论（interactive decision theory）。博弈论作为一种建立在数学理论基础上的严谨、规范分析方法，自诞生之日始，一直沿着合作博弈（cooperative game）[5]、非合作博弈（noncooperative game）[6]两个方向发展。非合作博弈着重关注局中人的策略优化选择问题，即主要研究局中人如何选择最优策略以最大化其支付函数。在供应链的产品定价与库存成本分担等实际管理问题中，可能会具体化为利润、收益、成本、风险、费用等。为叙述简洁与方便，本书经常交叉使用利益、收益、支付值、利润、效用、效益等名称。合作博弈不再关注局中人的策略选择这些细节，主要从宏观上研究局中人如何形成联盟（为什么形成这样的联盟）以及如何合理分配因联盟所产生的联盟效用（或联盟收益、联盟利润）。同样地，为叙述方便，本书也经常交叉使用联盟利益、联盟特征值、联盟利润、联盟效用等名称。除非特别说明，本书所指的合作博弈都是可转移效用合作博弈。

区分合作博弈、非合作博弈的理论假设是：博弈之前能否达成具有约束力的协议（或承诺、合同）。若局中人之间能事先达成具有约束力的协议或做出具有约束力的承诺，则局中人之间进行的是合作博弈，否则局中人之间进行的是非合作博弈。利用非合作博弈研究供应商与销售商策略优化选择的典型例子之一是麦当劳（McDonald's）与其下游销售商的垂直合作广告问题。由于麦当劳对其特许经营权拥有绝对控制权，它可以作为供应链的领导者，而其下游销售商只能作为跟随者，从而它们进行序贯非合作博弈，即斯塔克尔伯格（Stackelberg）博弈或称为主从博弈。另一个典型例子是利用合作博弈研究制造商与销售商的协调问题。在沃尔玛（Walmart）发展初期，宝洁公司（Procter & Gamble）作为供应链的领导者，完全决定沃尔玛能够销售的产品数量、价格及协商的各种条款。它们之间没有任何的信息共享、联合计划和系统协调。当沃尔玛发展到三倍利润于宝洁公司的时候，沃尔玛的强大势头却为它与宝洁公司创造了一种完全协作的伙伴关系，为它们双方增加了利润。通过这种合作，沃尔玛与宝洁公司均能降低成本、增加收益，实现从原来的“一赢一损”（win-lose）到“双赢”（win-win）的转变，达到供应链的帕累托（Pareto）最优[7, 8]。还有很多独立运用非合作博弈、合作博弈分别研究供应链上下游企业的竞争或合作行为的成功例子，后续会适当介绍，这里不再赘述。

为了承上启下与自成体系，下面先简单叙述非合作博弈、合作博弈的相关概念及基础理论。

1.2 非合作博弈的基本组成要素及主要理论

非合作博弈的三个基本组成要素是：局中人、策略、支付值。它们是构建非合作博弈模型必须事先明确、知道的，也是运用非合作博弈方法分析问题的前提条件。

1.2.1 非合作博弈的基本组成要素与分类

1. 非合作博弈的三个基本组成要素

非合作博弈包含三个基本组成要素——局中人、策略、支付值，具体含义如下。

（1）局中人：参与博弈的具有独立决策权的主体（或人），根据供应链管理的实际情景，可以指代供应商、零售商、消费者、政府、平台企业、公司、回收商、个体、制造商等。

（2）策略：各个局中人的行动、应对方案或措施等，根据供应链管理的实际情景，可以是批发价格、零售价格、投资水平等连续型策略，也可以是制造商是否引进新技术、零售商是否开展广告宣传等离散（有限）型策略。

（3）支付值：各竞争局势（即局中人策略组合）下各个局中人的损益值，根据供应链管理的实际情景，可以指代利润、收益、成本、风险、费用、效用、利益、时间等。

2. 非合作博弈的分类

根据非合作博弈的三个基本组成要素，非合作博弈可以进一步分为很多类型。

（1）按照局中人的数量，可以分为：一人非合作博弈（严格意义上，这种情况不是博弈问题，而是数学规划问题或单个决策者/局中人的决策优化问题）、二人非合作博弈、多人非合作博弈（包含三个及三个以上局中人）。在通常的实际情景中，非合作博弈至少包括两个局中人。因此，在不引起混淆的情况下，除非特别说明，本书把二人非合作博弈、多人非合作博弈统称为非合作博弈。

（2）按照局中人的策略连续与否，可以分为：离散型非合作博弈（所有局中人的策略都是离散的）、连续型非合作博弈（所有局中人的策略都是连续的）、混合型非合作博弈（至少两个局中人的策略分别是离散的、连续的）。众所周知的战国时期的“田忌赛马”就是一个典型的离散型二人非合作博弈例子[9]。

（3）按照局中人的支付值情况，可以进一步分为多种类型的非合作博弈。

按照所有局中人的支付值之和是否等于 0，可以分为零和非合作博弈（通常简称为零和博弈）、非零和非合作博弈（通常简称为非合作博弈）两种类型。非合作博弈又可以进一步细分为常和非合作博弈、非常和非合作博弈（即通常的非合作博弈）。常和非合作博弈可以通过简单的数学变换成为零和非合作博弈。因此，在不引起混淆的情况下，除非特别说明，本书所说的非合作博弈都是指非常和非合作博弈，所说的零和博弈都是指零和非合作博弈。

按照局中人是否具有多个目标值（即多个物理量纲不同且相互冲突的支付值），如供应链中的产品交货时间、利润、服务水平、产品质量等，可以分为单目标非合作博弈（通常简称为非合作博弈）、多目标非合作博弈[10]。

按照局中人的策略或支付值是否与时间变化有关，可以分为静态非合作博弈、动态非合作博弈（即时间不连续的动态非合作博弈）、非合作微分博弈（即时间连续的动态非合作博弈）[11]。除非特别说明，本书所指的非合作博弈均为静态非合作博弈，即不随时间变化的非合作博弈或者看作某一特定时刻的非合作博弈。

按照局中人的策略或支付值是否涉及模糊性（包括区间模糊集即区间值）、随机性，可以分为模糊非合作博弈[9, 12, 13]、直觉模糊非合作博弈[2, 14, 15]、区间值非合作博弈[16, 17]、随机非合作博弈等。

1.2.2　非合作博弈纳什均衡解

按照局中人采取策略（即行动、措施）的先后顺序或决策时间，非合作博弈可以进一步划分为三种主要类型：①序贯非合作博弈，通常简称为序贯博弈；②主从非合作博弈，通常简称为主从博弈，即斯塔克尔伯格博弈；③同时非合作博弈，通常简称为纳什（Nash）博弈。除非特别说明，本书所指的非合作博弈均为纳什博弈。为了后续内容的需要，下面着重介绍非合作博弈的规范表示及纳什均衡解概念。

1. 连续型非合作博弈纳什均衡解

设有 p 个局中人 $P_l\,(l\in P)$参与博弈，其中 $P=\{1,2,\cdots,p\}$ 表示局中人的指标集，有时简称为局中人集合 P 或局中人集 P 。局中人 $P_l\,(l\in P)$或第 l 个局中人的策略空间记为 Ω_l 。这里的策略空间 Ω_l 不妨假设为实数空间 $\mathbf{R}$ 中的有界闭子空间[①]，即 $\Omega_l\subseteq\mathbf{R}$ 。当每个局中人 $P_l\,(l\in P)$选取任意策略 $z_l\in\Omega_l$ 时，形成竞争局势（或策略组合）$\boldsymbol{z}=(z_1,z_2,\cdots,z_p)$。竞争局势 $\boldsymbol{z}$ 是所有 p 个策略空间 Ω_l 的笛卡儿(Cartesian)乘积空间 $\prod_{l=1}^{p}\Omega_l$ 中的一点，即 $\boldsymbol{z}\in\prod_{l=1}^{p}\Omega_l$ 。局中人 P_l 在竞争局势 $\boldsymbol{z}$ 中获得的支付值（或函数）为 $u_l(\boldsymbol{z})\,(l=1,2,\cdots,p)$。除非特别说明，假设每个局中人都希望最大化自己的支付值(或函数)。将这样的连续型多人非合作博弈记为 $\Gamma_p=(P;\Omega_l,u_l,l\in P)$，常简称为连续型非合作博弈。这里假定：不管是在博弈之前还是在博弈过程中，都不允许任何局中人有任何方式的联系或达成任何合作协议。因此，局中人进行的博弈是非合作博弈。

对局中人 $P_l\,(l\in P)$的任意策略 $z_l'\in\Omega_l$ ，引入记号：

$$\boldsymbol{z}\,\|\,z_l'=(z_1,z_2,\cdots,z_{l-1},z_l',z_{l+1},\cdots,z_p)$$

【定义 1.1】 设有竞争局势 $\boldsymbol{z}^*=(z_1^*,z_2^*,\cdots,z_{l-1}^*,z_l^*,z_{l+1}^*,\cdots,z_p^*)\in\prod_{l=1}^{p}\Omega_l$ 。若对任意局中人 $P_l\,(l\in P)$的任意策略 $z_l\in\Omega_l$ ，都有

$$u_l(\boldsymbol{z}^*)\geqslant u_l(\boldsymbol{z}^*\,\|\,z_l)\quad(l=1,2,\cdots,p)$$

则称 $\boldsymbol{z}^*$ 为连续型非合作博弈 $\Gamma_p=(P;\Omega_l,u_l,l\in P)$ 的纳什均衡解（或均衡点），相应的 z_l^* 与 $u_l(\boldsymbol{z}^*)$ 分别是局中人 $P_l\,(l\in P)$的纳什均衡策略和纳什均衡支付值（或最优支付值）。

纳什均衡点的概念是纳什教授[6]最先针对离散型（即策略型）非合作博弈提出来的，是非合作博弈中的标志性概念，广泛运用于分析供应链中制造商、零售商、消费者等之间的竞争行为。

【例 1.1】 考虑霍特林（Hotelling）[18]关于消费者购买产品的线性空间差异问题。把一个城市抽象为长条形（线性形状），长度为一个单位，位于横坐标上。消费者在这一个单位区间上均匀分布，分布密度为 1。有两家商场（销售企业）坐落在城市的两端，它们销售完全相同的产品（商品）。商场 1 坐落在 $x=0$ 处，商场 2 坐落在 $x=1$ 处，如图 1.1 所示。每家商场销售产品的单位成本为常数 $c>0$ 。

① 若局中人 $P_l\,(l\in P)$的策略由 m_l 个决策变量组成，则只要把局中人 $P_l\,(l\in P)$的策略 z_l 看作 m_l 维向量且把策略空间 Ω_l 看作 m_l 维欧几里得（Euclidean）空间的有界闭子空间，后续所述的结论都仍然正确。

消费者需要承担交通费用，每单位距离的交通成本为常数 $t>0$。消费者对产品的需求量为一个单位，而且只有当两家商场的最小总价格（产品销售价格与交通费用之和）不超过一定额度时，消费者才购买一个单位的产品。试求解两家商场的产品销售价格。

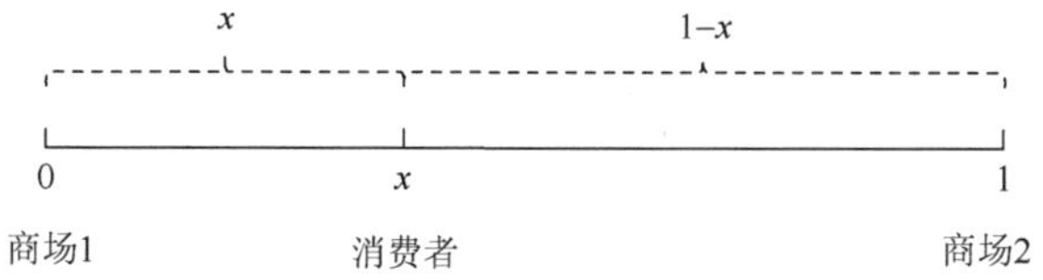

图 1.1　消费者购买产品的线性空间示意图

假设商场 i 的产品销售价格为 $p_i\,(i=1,2)$。如果产品销售价格不是太高，则按照上面问题的叙述与假设，可以看到，消费者对商场 1 的产品需求量 $q_1(p_1,p_2)$ 等于从商场 1 购买更加便宜产品的消费者的数量 x，即可以得到

$$q_1(p_1,p_2)=x$$

其中，由图 1.1 可以看出，x 满足：

$$p_1+tx=p_2+t(1-x)$$

容易求解得到

$$x=\frac{p_2-p_1}{2t}+\frac{1}{2}$$

于是，商场 1 的产品需求量 $q_1(p_1,p_2)$ 可以表示为

$$q_1(p_1,p_2)=\frac{p_2-p_1}{2t}+\frac{1}{2}$$

由于消费者具有单位需求，商场 2 的产品需求量 $q_2(p_1,p_2)$ 为

$$\begin{aligned}q_2(p_1,p_2)&=1-q_1(p_1,p_2)\\&=1-\left(\frac{p_2-p_1}{2t}+\frac{1}{2}\right)\\&=\frac{p_1-p_2}{2t}+\frac{1}{2}\end{aligned}$$

即

$$q_2(p_1,p_2)=\frac{p_1-p_2}{2t}+\frac{1}{2}$$

易于看出，商场的产品需求量与自己商场的产品销售价格成反比、与竞争商场的产品销售价格成正比，符合一般经济学要求。

按照需求、价格与利润的关系，可以得到商场 1 与商场 2 的利润函数 $u_1(p_1,p_2)$、$u_2(p_1,p_2)$ 分别为

$$u_1(p_1,p_2)=(p_1-c)q_1(p_1,p_2)$$

和

$$u_2(p_1,p_2)=(p_2-c)q_2(p_1,p_2)$$

即

$$u_1(p_1,p_2)=(p_1-c)\left(\frac{p_2-p_1}{2t}+\frac{1}{2}\right)$$

和

$$u_2(p_1,p_2)=(p_2-c)\left(\frac{p_1-p_2}{2t}+\frac{1}{2}\right)$$

利用定义 1.1，对利润函数 $u_1(p_1,p_2)$、$u_2(p_1,p_2)$ 分别关于产品销售价格 p_1、p_2 求一阶偏导数并令其等于 0，可得

$$\begin{cases}\dfrac{\partial u_1(p_1,p_2)}{\partial p_1}=0\\ \dfrac{\partial u_2(p_1,p_2)}{\partial p_2}=0\end{cases}$$

即

$$\begin{cases}\dfrac{p_2-p_1}{2t}+\dfrac{1}{2}+(p_1-c)\left(-\dfrac{1}{2t}\right)=0\\ \dfrac{p_1-p_2}{2t}+\dfrac{1}{2}+(p_2-c)\left(-\dfrac{1}{2t}\right)=0\end{cases}$$

简单合并整理后，可得

$$\begin{cases}2p_1-p_2=c+t\\ -p_1+2p_2=c+t\end{cases}$$

求解上述方程组，容易得到

$$p_1^*=p_2^*=c+t$$

从而可得，(p_1^*,p_2^*) 是这两家商场价格竞争的纳什均衡解，$p_1^*=c+t$ 和 $p_2^*=c+t$ 分别是商场 1、商场 2 的纳什均衡价格，它们获得的纳什均衡利润都是

$$u_1(p_1^*,p_2^*)=u_2(p_1^*,p_2^*)=\frac{t}{2}$$

上述纳什均衡解 (p_1^*,p_2^*) 及商场纳什均衡利润表示，两家商场的纳什均衡价格与利润都是相同的，因为两家商场是完全对称的。

一般地，可以利用角谷（Kakutani）不动点定理①，证明连续型非合作博弈 $\Gamma_p=(P;\Omega_l,u_l,l\in P)$ 的纳什均衡解的存在性[5, 6]。

① 有些中文文献也称为角谷静夫不动点定理，是指 1941 年由日本数学家角谷静夫提出的集值不动点定理。

【定理 1.1】 假设局中人 $P_l\,(l\in P)$的策略空间 Ω_l 是度量空间（或实数空间）的非空有界子集。如果局中人 $P_l\,(l\in P)$的支付函数 $u_l(\boldsymbol{z})$ 是连续的且关于 $z_l\in\Omega_l$ 是拟凹的，则连续型非合作博弈 $\Gamma_p=(P;\Omega_l,u_l,l\in P)$ 存在纳什均衡解。

定理 1.1 的严格证明需要比较抽象的数学推理，这里不再赘述。

2. 离散型非合作博弈纳什均衡解

如果所有 p 个局中人 $P_l\,(l\in P)$的策略空间 Ω_l 都不是连续的，则把这类非合作博弈称为离散型非合作博弈，或者称为策略型博弈[1, 3, 5]。可以比较直观地表示离散型非合作博弈如下。

假设有 p 个局中人 $P_l\,(l\in P)$参与博弈，这里仍然使用 $P=\{1,2,\cdots,p\}$ 表示局中人的指标集。局中人 $P_l\,(l\in P)$有 m_l 个纯策略，其纯策略集合记为 $S_l=\{\alpha_{l1},\alpha_{l2},\cdots,\alpha_{lm_l}\}$，并记其纯策略的指标集为 $\Lambda_l=\{1,2,\cdots,m_l\}$。当每个局中人 $P_l\,(l\in P)$选取任意纯策略 $\alpha_l\in S_l$ 时，形成竞争局势（或纯策略组合）$\boldsymbol{\alpha}=(\alpha_1,\alpha_2,\cdots,\alpha_p)\in\prod_{l=1}^{p}S_l$。局中人 P_l 在竞争局势 $\boldsymbol{\alpha}$ 中获得的支付值（或函数）为 $v_l(\boldsymbol{\alpha})$。将这样的具有有限个纯策略的多人非合作博弈记为 $\Gamma_p=(P;S_l,v_l,l\in P)$，通常简称为离散型非合作博弈。

对任意 $\alpha_l'\in S_l\,(l\in P)$，引入记号：

$$\boldsymbol{\alpha}\,\|\,\alpha_l'=(\alpha_1,\alpha_2,\cdots,\alpha_{l-1},\alpha_l',\alpha_{l+1},\cdots,\alpha_p)$$

【定义 1.2】 设有竞争局势 $\boldsymbol{\alpha}^*=(\alpha_1^*,\alpha_2^*,\cdots,\alpha_{l-1}^*,\alpha_l^*,\alpha_{l+1}^*,\cdots,\alpha_p^*)\in\prod_{l=1}^{p}S_l$。若对任意局中人 $P_l\,(l\in P)$的任意纯策略 $\alpha_l\in S_l$，都有

$$v_l(\boldsymbol{\alpha}^*)\geqslant v_l(\boldsymbol{\alpha}^*\,\|\,\alpha_l)\quad(l=1,2,\cdots,p)$$

则称 $\boldsymbol{\alpha}^*$ 为离散型非合作博弈 $\Gamma_p=(P;S_l,v_l,l\in P)$ 的纯策略纳什均衡解（或均衡点），相应的 α_l^* 与 $v_l(\boldsymbol{\alpha}^*)$ 分别是局中人 $P_l\,(l\in P)$的纳什均衡纯策略和纳什均衡支付值（或最优支付值）。

定义 1.2 表示，若其他局中人都采用纯策略纳什均衡点 $\boldsymbol{\alpha}^*$ 中指定的纯策略，则局中人 P_l 没有改变纯策略 α_l^* 的动机和愿望。如果所有局中人都没有单独改变竞争局势 $\boldsymbol{\alpha}^*$ 中指定纯策略的愿望与动机，则竞争局势 $\boldsymbol{\alpha}^*$ 就是一个纯策略纳什均衡点。

很遗憾，多数情况下，离散型非合作博弈 $\Gamma_p=(P;S_l,v_l,l\in P)$ 不一定存在纯策略纳什均衡点。为此，需要对局中人的纯策略概念进行扩展。

设局中人 $P_l\,(l\in P)$以 x_{lj} 的概率选取纯策略 $\alpha_{lj}\ (j\in\Lambda_l)$，其中 $x_{lj}\geqslant 0\ (j\in\Lambda_l)$ 且 $\sum_{j=1}^{m_l}x_{lj}=1$。把局中人 $P_l\,(l\in P)$选取所有纯策略的概率用向量表示为

$\boldsymbol{x}_l=(x_{l1},x_{l2},\cdots,x_{lm_l})^{\mathrm{T}}$，其中 T 是向量与矩阵的转置符号。记

$$X_l=\left\{\boldsymbol{x}_l\in\mathbf{R}^{m_l}\mid\sum_{j=1}^{m_l}x_{lj}=1,x_{lj}\geqslant 0\ (j=1,2,\cdots,m_l)\right\}$$

其中，$\mathbf{R}^{m_l}$ 为 m_l 维欧几里得空间。显然，纯策略是混合策略的特殊情况。

当局中人 $P_l(l\in P)$分别选取混合策略 $\boldsymbol{x}_l\in X_l$ 时，可以形成（混合策略）竞争局势 $\boldsymbol{x}=(\boldsymbol{x}_1,\boldsymbol{x}_2,\cdots,\boldsymbol{x}_p)$。局中人 P_l 在竞争局势 $\boldsymbol{x}$ 中的期望支付值（或赢得）为

$$E_l(\boldsymbol{x})=\sum_{j_1=1}^{m_1}\sum_{j_2=1}^{m_2}\cdots\sum_{j_p=1}^{m_p}v_l(\alpha_{1j_1},\alpha_{2j_2},\cdots,\alpha_{pj_p})\prod_{l=1}^{p}x_{lj_l}\qquad(1.1)$$

其中，x_{lj_l} ($j_l\in\Lambda_l$；$l\in P$)为局中人 P_l 选取纯策略 α_{lj_l} 的概率。于是，可以将混合策略扩充后的离散型非合作博弈 $\Gamma_p=(P;S_l,v_l,l\in P)$ 记为 $\Gamma_p^*=(P;X_l,E_l,l\in P)$。与前面的记法类似，简记

$$\boldsymbol{x}\parallel\boldsymbol{x}_l'=(\boldsymbol{x}_1,\boldsymbol{x}_2,\cdots,\boldsymbol{x}_{l-1},\boldsymbol{x}_l',\boldsymbol{x}_{l+1},\cdots,\boldsymbol{x}_p)$$

其中，$\boldsymbol{x}_l'\in X_l$ ($l\in P$)。类似定义 1.2，可以定义混合策略意义下的纳什均衡点。

【定义 1.3】　设有（混合策略）竞争局势 $\boldsymbol{x}^*=(\boldsymbol{x}_1^*,\boldsymbol{x}_2^*,\cdots,\boldsymbol{x}_{l-1}^*,\boldsymbol{x}_l^*,\boldsymbol{x}_{l+1}^*,\cdots,\boldsymbol{x}_p^*)$。若对任意局中人 $P_l(l\in P)$的任意策略 $\boldsymbol{x}_l\in X_l$，都满足：

$$E_l(\boldsymbol{x}^*)\geqslant E_l(\boldsymbol{x}^*\parallel\boldsymbol{x}_l)$$

则称 $\boldsymbol{x}^*$ 为混合策略扩展后的离散型非合作博弈 $\Gamma_p^*=(P;X_l,E_l,l\in P)$（其实即 $\Gamma_p=(P;S_l,v_l,l\in P)$）的混合策略纳什均衡解（或均衡点），相应的 $\boldsymbol{x}_l^*$ 与 $E_l(\boldsymbol{x}^*)$ 分别是局中人 $P_l(l\in P)$的纳什均衡混合策略和纳什均衡期望支付值（或最优期望支付值）。

易于看出，定义 1.2 是定义 1.3 的特殊形式，或者说，定义 1.3 是定义 1.2 的推广。

正如前面提到，离散型非合作博弈并不一定存在纯策略意义下的纳什均衡点，即纯策略纳什均衡解。但纳什教授在 1951 年严格证明了：离散型非合作博弈至少存在一个混合策略意义下的纳什均衡点[6]。因其证明采用了角谷不动点定理，是一种存在性证明，故如何计算（均衡策略）纳什均衡点至今仍是一个难题。例 1.1 给出的纳什均衡价格其实只是简单利用定义 1.1 进行求解而已，并未涉及纳什均衡点的求解方法或算法。尽管如此，纳什均衡点的概念已在管理学、经济学、数理经济学等领域得到了广泛应用。很多具体的供应链定价与竞争问题都使用了纳什均衡点。

【定理 1.2】（纳什定理）[6]　任意离散型非合作博弈 $\Gamma_p^*=(P;X_l,E_l,l\in P)$（其实即 $\Gamma_p=(P;S_l,v_l,l\in P)$）至少存在一个混合策略意义下的纳什均衡点，即混合策略纳什均衡解。

3. 离散型二人非合作博弈纳什均衡解及求解方法

前面提到，一般形式的离散型非合作博弈 $\Gamma_p = (P; S_l, v_l, l \in P)$ 没有具体、有效的（混合策略）纳什均衡点求解方法。但若只有两个局中人，则离散型非合作博弈不仅可以更加直观、简洁地刻画，而且可以建立非常便捷、通用的求解方法。这类只有两个局中人的离散型非合作博弈即离散型二人非合作博弈，两个局中人的支付值可以通过两个支付值矩阵直观地表示出来，因此通常把离散型二人非合作博弈简称为双矩阵博弈。虽然双矩阵博弈只是离散型非合作博弈的特殊形式，却是很常用的一类重要博弈，尤其两个局中人都只有两个纯策略的特殊形式，更是供应链应急管理、平台治理等多个领域开展演化博弈研究的重要形式。

1）双矩阵博弈纳什均衡点及双线性规划求解方法

双矩阵博弈其实就是只有两个局中人参与博弈，而且每个局中人都只有有限个纯策略的非零和博弈。由此，如前所述，两个局中人 P_l（$l = 1,2$）的纯策略集可分别简记为 $S_1 = \{\alpha_1, \alpha_2, \cdots, \alpha_m\}$ 和 $S_2 = \{\beta_1, \beta_2, \cdots, \beta_n\}$，其中局中人 P_1 有 m 个纯策略，局中人 P_2 有 n 个纯策略。对任意（纯策略）竞争局势 $\boldsymbol{\alpha} = (\alpha_i, \beta_j)$（$\alpha_i \in S_1$，$\beta_j \in S_2$），局中人 P_l（$l = 1,2$）可分别获得支付值 $v_l(\alpha_i, \beta_j)$，通常分别简记为 $a_{ij} = v_1(\alpha_i, \beta_j)$ 与 $b_{ij} = v_2(\alpha_i, \beta_j)$（$i = 1,2,\cdots,m$；$j = 1,2,\cdots,n$）。于是，可将局中人 P_1 和 P_2 的支付值直观、简洁地表示成下面的双矩阵形式：

$$
\begin{array}{c} \\ (\boldsymbol{A},\boldsymbol{B}) = \begin{array}{c} \alpha_1 \\ \alpha_2 \\ \vdots \\ \alpha_m \end{array} \end{array}
\begin{array}{c}
\begin{array}{cccc} \beta_1 & \beta_2 & \cdots & \beta_n \end{array} \\
\begin{pmatrix}
(a_{11}, b_{11}) & (a_{12}, b_{12}) & \cdots & (a_{1n}, b_{1n}) \\
(a_{21}, b_{21}) & (a_{22}, b_{22}) & \cdots & (a_{2n}, b_{2n}) \\
\vdots & \vdots & & \vdots \\
(a_{m1}, b_{m1}) & (a_{m2}, b_{m2}) & \cdots & (a_{mn}, b_{mn})
\end{pmatrix}
\end{array}
$$

简记为 $(\boldsymbol{A},\boldsymbol{B}) = ((a_{ij}, b_{ij}))_{m\times n}$。经常把这样的二人非合作博弈简称为双矩阵博弈 $(\boldsymbol{A},\boldsymbol{B})$。

值得注意的是，上述支付值的双矩阵 $((a_{ij}, b_{ij}))_{m\times n}$ 并不表示两个目标的支付值矩阵，而表示局中人 P_1 的支付值矩阵是 $\boldsymbol{A} = (a_{ij})_{m\times n}$、局中人 P_2 的支付值矩阵是 $\boldsymbol{B} = (b_{ij})_{m\times n}$。这不同于两目标二人零和矩阵博弈（即两目标矩阵博弈）的支付值矩阵。

显然，若 $\boldsymbol{B} = -\boldsymbol{A}$，则双矩阵博弈 $(\boldsymbol{A},\boldsymbol{B})$ 就退化成常见的矩阵博弈。因此，可把矩阵博弈看作双矩阵博弈的特殊形式。如前所述，一般地，双矩阵博弈并不总存在纯策略纳什均衡点。

类似前面所述，假定局中人 P_1 和 P_2 分别以概率 y_i、z_j 选取纯策略 $\alpha_i \in S_1$ 与 $\beta_j \in S_2$（$i = 1,2,\cdots,m$；$j = 1,2,\cdots,n$），其中

$$\sum_{i=1}^{m} y_i = 1,\ y_i \geqslant 0 \quad (i = 1, 2, \cdots, m)$$

和

$$\sum_{j=1}^{n} z_j = 1,\ z_j \geqslant 0 \quad (j = 1, 2, \cdots, n)$$

分别简记概率向量为 $\boldsymbol{y} = (y_1, y_2, \cdots, y_m)^{\mathrm{T}}$ 和 $\boldsymbol{z} = (z_1, z_2, \cdots, z_n)^{\mathrm{T}}$。通常称 $\boldsymbol{y}$ 与 $\boldsymbol{z}$ 分别为局中人 P_1 和 P_2 的混合策略。记概率向量集合为

$$Y = \left\{ \boldsymbol{y} \mid \sum_{i=1}^{m} y_i = 1, y_i \geqslant 0\ (i = 1, 2, \cdots, m) \right\}$$

$$Z = \left\{ \boldsymbol{z} \mid \sum_{j=1}^{n} z_j = 1, z_j \geqslant 0\ (j = 1, 2, \cdots, n) \right\}$$

在（混合策略）竞争局势 $(\boldsymbol{y}, \boldsymbol{z})$（$\boldsymbol{y} \in Y$, $\boldsymbol{z} \in Z$）下，局中人 P_1 和 P_2 的期望支付值可以进一步直观、简便地分别表示为

$$E_1(\boldsymbol{y}, \boldsymbol{z}) = \boldsymbol{y}^{\mathrm{T}} \boldsymbol{A} \boldsymbol{z} = \sum_{i=1}^{m} \sum_{j=1}^{n} a_{ij} y_i z_j$$

$$E_2(\boldsymbol{y}, \boldsymbol{z}) = \boldsymbol{y}^{\mathrm{T}} \boldsymbol{B} \boldsymbol{z} = \sum_{i=1}^{m} \sum_{j=1}^{n} b_{ij} y_i z_j$$

双矩阵博弈是离散型非合作博弈的特殊形式且具有比较简明的形式，因此类似定义 1.3，可以更加直观、简洁地给出双矩阵博弈的混合策略纳什均衡点定义。

【定义 1.4】　设有混合策略竞争局势 $(\boldsymbol{y}^*, \boldsymbol{z}^*)$。若对局中人 P_1 和 P_2 的任意混合策略 $\boldsymbol{y} \in Y$ 与 $\boldsymbol{z} \in Z$，都满足：

$$\boldsymbol{y}^{\mathrm{T}} \boldsymbol{A} \boldsymbol{z}^* \leqslant \boldsymbol{y}^{*\mathrm{T}} \boldsymbol{A} \boldsymbol{z}^*$$

和

$$\boldsymbol{y}^{*\mathrm{T}} \boldsymbol{B} \boldsymbol{z} \leqslant \boldsymbol{y}^{*\mathrm{T}} \boldsymbol{B} \boldsymbol{z}^*$$

则称 $(\boldsymbol{y}^*, \boldsymbol{z}^*)$ 为双矩阵博弈 $(\boldsymbol{A}, \boldsymbol{B})$ 的混合策略纳什均衡点（或均衡解），$\boldsymbol{y}^*$ 与 $\boldsymbol{z}^*$ 分别称为局中人 P_1 和 P_2 的纳什均衡混合策略，并称 $v_1 = \boldsymbol{y}^{*\mathrm{T}} \boldsymbol{A} \boldsymbol{z}^*$ 与 $v_2 = \boldsymbol{y}^{*\mathrm{T}} \boldsymbol{B} \boldsymbol{z}^*$ 分别为局中人 P_1 和 P_2 的纳什均衡期望支付值（或最优期望支付值）。

很容易可以看出，若 $\boldsymbol{B} = -\boldsymbol{A}$，则双矩阵博弈 $(\boldsymbol{A}, \boldsymbol{B})$ 的混合策略纳什均衡点就是博弈论中常说的矩阵博弈（即具有有限个纯策略的二人零和博弈或离散型二人零和博弈，见 1.2.3 节）的重要概念：混合策略鞍点。

对纯策略，定义 1.4 可以简化为定义 1.2，进而结合双矩阵博弈的直观形式，进一步简化成下面更加直观、简洁的表示。

对某一纯策略竞争局势 $(\alpha_{i^*}, \beta_{j^*})$（$\alpha_{i^*} \in S_1$，$\beta_{j^*} \in S_2$），若满足：

$$a_{ij^*} \leqslant a_{i^*j^*} \quad (i = 1, 2, \cdots, m)$$

和

$$b_{i^*j} \leqslant b_{i^*j^*} \quad (j=1,2,\cdots,n)$$

则称 $(\alpha_{i^*},\beta_{j^*})$ 为双矩阵博弈 $(\boldsymbol{A},\boldsymbol{B})$ 的纯策略纳什均衡点（或均衡解）。在不易混淆的情况下，也经常简称为纳什均衡点（或均衡解）。

从定义 1.4 中可以看出，求解双矩阵博弈 $(\boldsymbol{A},\boldsymbol{B})$ 的混合策略纳什均衡点，等同于同时计算局中人 P_1 和 P_2 的纳什均衡混合策略，即概率向量。因此，可以建立双矩阵博弈 $(\boldsymbol{A},\boldsymbol{B})$ 的双线性规划求解方法。

【定理 1.3】 竞争局势 $(\boldsymbol{y}^*,\boldsymbol{z}^*)$ 为双矩阵博弈 $(\boldsymbol{A},\boldsymbol{B})$ 的混合策略纳什均衡点的充分必要条件是 $(\boldsymbol{y}^*,\boldsymbol{z}^*,u^*,v^*)$ 为下列双线性规划的最优解：

$$\max\{\boldsymbol{y}^{\mathrm{T}}\boldsymbol{A}\boldsymbol{z}+\boldsymbol{y}^{\mathrm{T}}\boldsymbol{B}\boldsymbol{z}+u+v\}$$

$$\begin{cases}\boldsymbol{A}\boldsymbol{z}\leqslant -u\boldsymbol{e}_m\\ \boldsymbol{B}^{\mathrm{T}}\boldsymbol{y}\leqslant -v\boldsymbol{e}_n\\ \boldsymbol{y}^{\mathrm{T}}\boldsymbol{e}_m=1\\ \boldsymbol{z}^{\mathrm{T}}\boldsymbol{e}_n=1\\ \boldsymbol{y}\geqslant \boldsymbol{0}\\ \boldsymbol{z}\geqslant \boldsymbol{0}\end{cases}$$

定理 1.3 的详细证明可参见文献[9]（略）。

2）2×2 双矩阵博弈纳什均衡点及其解析计算公式

在前面的双矩阵博弈中，局中人 P_1 或 P_2 的纯策略超过两个时，尽管可以使用定理 1.3 的双线性规划方法求解混合策略纳什均衡点，但仍然比较复杂，尤其无法获得混合策略纳什均衡点的解析计算公式。这对分析很多供应链的价格竞争问题不是特别有利。因此，进一步考虑双矩阵博弈的一种特殊情形：局中人 P_1 和 P_2 都只有两个纯策略。在这种情况下，双矩阵博弈 $(\boldsymbol{A},\boldsymbol{B})$ 可以更加简便地表示为

$$(\boldsymbol{A},\boldsymbol{B})=\begin{matrix} & \beta_1 & \beta_2 \\ \alpha_1 & (a_{11},b_{11}) & (a_{12},b_{12}) \\ \alpha_2 & (a_{21},b_{21}) & (a_{22},b_{22})\end{matrix}$$

由于局中人 P_1 和 P_2 的支付值矩阵 $\boldsymbol{A}$ 与 $\boldsymbol{B}$ 都只有 2 行 2 列，通常称这类双矩阵博弈为 2×2 双矩阵博弈 $(\boldsymbol{A},\boldsymbol{B})$。对 2×2 双矩阵博弈 $(\boldsymbol{A},\boldsymbol{B})$，可以按照下面方式，具体给出其混合策略纳什均衡点的简单解析计算公式。

假设 $y\in[0,1]$ 是局中人 P_1 选取纯策略 α_1 的概率，而 $z\in[0,1]$ 是局中人 P_2 选取纯策略 β_1 的概率，则局中人 P_1 和 P_2 选取纯策略 α_2 与 β_2 的概率分别为 $1-y$、$1-z$。因此，利用一对有序数 (y,z) 就能完全确定 2×2 双矩阵博弈 $(\boldsymbol{A},\boldsymbol{B})$ 的任意混合策略竞争局势 $(\boldsymbol{y},\boldsymbol{z})=((y,1-y)^{\mathrm{T}},(z,1-z)^{\mathrm{T}})$，其中 $\boldsymbol{y}=(y,1-y)^{\mathrm{T}}$ 与 $\boldsymbol{z}=(z,1-z)^{\mathrm{T}}$ 分别是局中人 P_1 和 P_2 的混合策略。为叙述方便，可以将混合策略竞争局势 $(\boldsymbol{y},\boldsymbol{z})$ 简写为一

对有序数 (y,z)，并将局中人 P_1、P_2 的期望支付值 $E_1(\boldsymbol{y},\boldsymbol{z})$ 和 $E_2(\boldsymbol{y},\boldsymbol{z})$ 分别简写成 $E_1(y,z)$ 与 $E_2(y,z)$。于是，可以具体得到

$$E_1(y,z)=(y,1-y)\begin{pmatrix}a_{11} & a_{12}\\ a_{21} & a_{22}\end{pmatrix}\begin{pmatrix}z\\ 1-z\end{pmatrix} \tag{1.2}$$

和

$$E_2(y,z)=(y,1-y)\begin{pmatrix}b_{11} & b_{12}\\ b_{21} & b_{22}\end{pmatrix}\begin{pmatrix}z\\ 1-z\end{pmatrix} \tag{1.3}$$

根据定义 1.4，混合策略竞争局势 (y^*,z^*) 为纳什均衡点的充分必要条件是式（1.4）～式（1.7）同时成立：

$$E_1(1,z^*)\leqslant E_1(y^*,z^*) \tag{1.4}$$

$$E_1(0,z^*)\leqslant E_1(y^*,z^*) \tag{1.5}$$

$$E_2(y^*,1)\leqslant E_2(y^*,z^*) \tag{1.6}$$

$$E_2(y^*,0)\leqslant E_2(y^*,z^*) \tag{1.7}$$

利用式（1.2），可将式（1.4）与式（1.5）分别化简成

$$a(1-y^*)z^*-b(1-y^*)\leqslant 0 \tag{1.8}$$

$$ay^*z^*-by^*\geqslant 0 \tag{1.9}$$

其中，$a=a_{11}+a_{22}-a_{12}-a_{21}$，$b=a_{22}-a_{12}$。为了求解不等式组即式(1.8)与式(1.9)，下面可分两种情况进行讨论。

情况 1：$a=0$。此时，若 $b=0$，则不等式组即式（1.8）与式（1.9）的解为所有 $y^*\in[0,1]$ 和 $z^*\in[0,1]$；若 $b>0$，则不等式组即式(1.8)与式(1.9)的解为 $y^*=0$ 和 $z^*\in[0,1]$；若 $b<0$，则不等式组即式(1.8)与式(1.9)的解为 $y^*=1$ 和 $z^*\in[0,1]$。

情况 2：$a\neq 0$。简单求解可知，不等式组即式（1.8）与式（1.9）的解 (y^*,z^*) 具有式（1.10）的形式：

$$(y^*,z^*)=\begin{cases}(0,z^*) & \left(z^*<\dfrac{b}{a},a>0\text{或}z^*>\dfrac{b}{a},a<0\right)\\ (y^*,z^*) & \left(0<y^*<1,z^*=\dfrac{b}{a}\right)\\ (1,z^*) & \left(z^*>\dfrac{b}{a},a>0\text{或}z^*<\dfrac{b}{a},a<0\right)\end{cases} \tag{1.10}$$

类似地，利用式（1.3），可将式（1.6）与式（1.7）分别化简成

$$c(1-z^*)y^*-d(1-z^*)\leqslant 0 \tag{1.11}$$

$$cy^*z^*-dz^*\geqslant 0 \tag{1.12}$$

其中，$c=b_{11}+b_{22}-b_{12}-b_{21}$，$d=b_{22}-b_{12}$。类似不等式组即式（1.8）与式（1.9）的求解，可以得到不等式组即式（1.11）与式（1.12）的解(y^*,z^*)具有下面的具体形式：

$$(y^*,z^*)=\begin{cases}(y^*,0) & \left(y^*<\dfrac{d}{c},c>0\text{或}y^*>\dfrac{d}{c},c<0\right)\\ (y^*,z^*) & \left(y^*=\dfrac{d}{c},0<z^*<1\right)\\ (y^*,1) & \left(y^*>\dfrac{d}{c},c>0\text{或}y^*<\dfrac{d}{c},c<0\right)\end{cases} \tag{1.13}$$

式（1.10）和式（1.13）的解的公共部分即2×2双矩阵博弈$(\boldsymbol{A},\boldsymbol{B})$的均衡策略纳什均衡点$(y^*,z^*)$，即$(\boldsymbol{y}^*,\boldsymbol{z}^*)=((y^*,1-y^*)^{\mathrm{T}},(z^*,1-z^*)^{\mathrm{T}})$。

1.2.3　二人零和博弈极大极小值定理

在前面介绍的非合作博弈中，有一类特殊的非常重要的非合作博弈——二人零和博弈，即只有两个局中人且两个局中人的支付值之和正好等于 0。换句话说，一个局中人的所得正好是另一个局中人的所失。二人零和博弈是博弈论中研究最早、理论最成熟、应用最广泛的一类博弈，是其他类型博弈的研究基础，也是构建本书所述的非合作-合作两型博弈的联盟特征值（或函数）的理论基础。

下面按照局中人的策略空间是否连续，分别简单介绍连续型二人零和博弈、离散型二人零和博弈（通常简称为矩阵博弈）。

1. 连续型二人零和博弈极大极小值定理

类似前面的表示，设两个局中人$P_l\,(l=1,2)$参与博弈，其中$P=\{1,2\}$表示局中人的指标集。局中人$P_l\,(l=1,2)$或第l个局中人的策略空间记为Ω_l。当每个局中人$P_l\,(l=1,2)$选取任意策略$z_l\in\Omega_l$时，形成竞争局势（或策略组合）$\boldsymbol{z}=(z_1,z_2)$。局中人P_l在竞争局势$\boldsymbol{z}$中获得的支付值（或函数）为$u_l(\boldsymbol{z})\,(l=1,2)$，而且$u_1(\boldsymbol{z})+u_2(\boldsymbol{z})=0$。为了叙述简便，用$u(z_1,z_2)$表示局中人$P_1$在竞争局势$\boldsymbol{z}=(z_1,z_2)$中获得的支付值（或函数），即$u_1(z_1,z_2)=u(z_1,z_2)$，而局中人$P_2$在竞争局势$\boldsymbol{z}=(z_1,z_2)$中获得的支付值（或函数）就是$-u(z_1,z_2)$，即$u_2(z_1,z_2)=-u(z_1,z_2)$。将这样的连续型二人非合作博弈记为$\Gamma_2=(P;\Omega_l,u,l\in P)$，通常简称为连续型二人零和博弈。这里假定：局中人$P_1$总是最大化支付函数$u(z_1,z_2)$，而局中人$P_2$总是最小化支付函数$u(z_1,z_2)$。

【定义 1.5】　设有竞争局势$\boldsymbol{z}^*=(z_1^*,z_2^*)\in\prod_{l=1}^{2}\Omega_l$。若对任意局中人$P_l\,(l=1,2)$

的任意策略 $z_l \in \Omega_l$，都有

$$u(z_1, z_2^*) \leqslant u(z_1^*, z_2^*) \leqslant u(z_1^*, z_2)$$

则称 $\boldsymbol{z}^*$ 为连续型二人零和博弈 $\Gamma_2 = (P; \Omega_l, u, l \in P)$ 的鞍点，相应的 z_l^* 是局中人 $P_l\ (l=1,2)$ 的最优策略，$u(z_1^*, z_2^*)$ 是博弈值或局中人 P_1 的最优支付值。

在支付函数 $u(z_1, z_2)$ 满足一定条件的情况下，可以证明：连续型二人零和博弈一定存在鞍点。

【定理 1.4】 假设局中人 $P_l\ (l=1,2)$ 的策略空间 Ω_l 是度量空间（或实数空间）的有界非空子集。如果局中人 P_1 的支付函数 $u(z_1, z_2)$ 是连续的，且关于 $z_1 \in \Omega_1$ 是拟凹的，而关于 $z_2 \in \Omega_2$ 是拟凸的，则连续型二人零和博弈 $\Gamma_2 = (P; \Omega_l, u, l \in P)$ 存在鞍点 $\boldsymbol{z}^* = (z_1^*, z_2^*) \in \prod_{l=1}^{2} \Omega_l$，并使得

$$u(z_1^*, z_2^*) = \max_{z_1 \in \Omega_1} \min_{z_2 \in \Omega_2} \{u(z_1, z_2)\} = \min_{z_2 \in \Omega_2} \max_{z_1 \in \Omega_1} \{u(z_1, z_2)\} \tag{1.14}$$

定理 1.4 的详细证明（略），有兴趣的读者可阅读文献[1]和[5]。

2. 矩阵博弈极大极小值定理

在前面的连续型二人零和博弈 $\Gamma_2 = (P; \Omega_l, u, l \in P)$ 中，如果所有两个局中人 $P_l\ (l=1,2)$ 的策略空间 Ω_l 都不是连续的，而是由有限个纯策略组成的策略集，则把这类二人零和博弈称为矩阵博弈[1, 2, 5, 9]。矩阵博弈是博弈论中形式最简单但基础理论最重要的一类非合作博弈，可以非常直观地使用一个矩阵完整地表示出来。

类似前面所述，两个局中人 $P_l\ (l=1,2)$ 的纯策略集仍然分别记为 $S_1 = \{\alpha_1, \alpha_2, \cdots, \alpha_m\}$ 和 $S_2 = \{\beta_1, \beta_2, \cdots, \beta_n\}$。对任意（纯策略）竞争局势 $\boldsymbol{\alpha} = (\alpha_i, \beta_j)$（$\alpha_i \in S_1$，$\beta_j \in S_2$），局中人 P_1 在竞争局势 (α_i, β_j) 中可获得支付值 $v_1(\alpha_i, \beta_j)$，通常简记为 $a_{ij} = v_1(\alpha_i, \beta_j)$（$i=1,2,\cdots,m$；$j=1,2,\cdots,n$），而局中人 P_2 在竞争局势 (α_i, β_j) 中获得的支付值可表示为 $-a_{ij}$。于是，可将局中人 P_1 的支付值直观、简洁地表示成下面的矩阵：

$$\boldsymbol{A} = \begin{matrix} & \beta_1 & \beta_2 & \cdots & \beta_n \\ \begin{matrix} \alpha_1 \\ \alpha_2 \\ \vdots \\ \alpha_m \end{matrix} & \multicolumn{4}{c}{\begin{pmatrix} a_{11} & a_{12} & \cdots & a_{1n} \\ a_{21} & a_{22} & \cdots & a_{2n} \\ \vdots & \vdots & & \vdots \\ a_{m1} & a_{m2} & \cdots & a_{mn} \end{pmatrix}} \end{matrix}$$

简记为 $\boldsymbol{A} = (a_{ij})_{m \times n}$。这样的矩阵博弈记为 $\Gamma_2 = (P_l, S_l, l=1,2; \boldsymbol{A})$，经常也称为矩阵博弈 $\boldsymbol{A}$。

若有纯策略竞争局势 $(\alpha_{i^*}, \beta_{j^*}) \in S_1 \times S_2$，满足：

$$a_{i^*j^*} = \max_{1\leqslant i\leqslant m}\min_{1\leqslant j\leqslant n}\{a_{ij}\} = \min_{1\leqslant j\leqslant n}\max_{1\leqslant i\leqslant m}\{a_{ij}\}$$

则称$(\alpha_{i^*},\beta_{j^*})$是矩阵博弈$\boldsymbol{A}$（或$\Gamma_2=(P_l,S_l,l=1,2;\boldsymbol{A})$）的纯策略鞍点，简称鞍点，并称$\alpha_{i^*}$与$\beta_{j^*}$分别是局中人$P_1$、$P_2$的最优纯策略，$v=a_{i^*j^*}$为博弈值即局中人$P_1$的最优支付值。

然而，一般情况下，大多数矩阵博弈不一定存在纯策略鞍点。因此，类似前面所述，需要考虑混合策略意义下的最优策略问题。

局中人P_1在混合策略竞争局势$(\boldsymbol{y},\boldsymbol{z})$（$\boldsymbol{y}\in Y$，$\boldsymbol{z}\in Z$）下的期望支付值可定义为

$$E(\boldsymbol{y},\boldsymbol{z})=\boldsymbol{y}^{\mathrm{T}}\boldsymbol{A}\boldsymbol{z}=\sum_{i=1}^{m}\sum_{j=1}^{n}y_i a_{ij} z_j$$

于是，把对矩阵博弈$\Gamma_2=(P_l,S_l,l=1,2;\boldsymbol{A})$的混合策略扩充记为$\Gamma_2^*=(P_1,Y;P_2,Z;E)$。

【定义 1.6】　若有混合策略竞争局势$(\boldsymbol{y}^*,\boldsymbol{z}^*)$（$\boldsymbol{y}^*\in Y$，$\boldsymbol{z}^*\in Z$），使得对任意$\boldsymbol{y}\in Y$与$\boldsymbol{z}\in Z$，都满足：

$$E(\boldsymbol{y},\boldsymbol{z}^*)\leqslant E(\boldsymbol{y}^*,\boldsymbol{z}^*)\leqslant E(\boldsymbol{y}^*,\boldsymbol{z})$$

则称$(\boldsymbol{y}^*,\boldsymbol{z}^*)$是矩阵博弈$\Gamma_2^*=(P_1,Y;P_2,Z;E)$的混合策略鞍点，$\boldsymbol{y}^*$与$\boldsymbol{z}^*$分别是局中人$P_1$、$P_2$的最优混合策略，$v=E(\boldsymbol{y}^*,\boldsymbol{z}^*)$为博弈值即局中人$P_1$的最优期望支付值。

任意矩阵博弈都存在混合策略鞍点。这就是现在常说的矩阵博弈极大极小值定理。这个定理是矩阵博弈的奠基石，由冯・诺依曼（von Neumann）于 1928 年用数学方法给出了第一个严格的证明[1]。

【定理 1.5】（极大极小值定理）[1]　对任意矩阵博弈$\Gamma_2^*=(P_1,Y;P_2,Z;E)$，都有

$$\max_{\boldsymbol{y}\in Y}\min_{\boldsymbol{z}\in Z}\{E(\boldsymbol{y},\boldsymbol{z})\}=\min_{\boldsymbol{z}\in Z}\max_{\boldsymbol{y}\in Y}\{E(\boldsymbol{y},\boldsymbol{z})\}=E(\boldsymbol{y}^*,\boldsymbol{z}^*) \tag{1.15}$$

定理 1.5 说明，任意矩阵博弈都存在混合策略鞍点且有唯一的博弈值，而且与先由局中人P_1关于混合策略$\boldsymbol{y}\in Y$求期望支付值$E(\boldsymbol{y},\boldsymbol{z})$的极大值再由局中人$P_2$关于混合策略$\boldsymbol{z}\in Z$求$E(\boldsymbol{y},\boldsymbol{z})$的极小值或先由$P_2$关于混合策略$\boldsymbol{z}\in Z$求$E(\boldsymbol{y},\boldsymbol{z})$的极小值再由$P_1$关于混合策略$\boldsymbol{y}\in Y$求$E(\boldsymbol{y},\boldsymbol{z})$的极大值的顺序没有任何关系。这一条性质非常重要，将应用于第 3～5 章中任意给定竞争局势下合作博弈的联盟特征值或联盟利润（或函数）的具体构建。

1.3　合作博弈的基本组成要素及主要理论

1.2 节所述的非合作博弈要求所有局中人在选择策略时不能互通信息或达成

合作协议。与此相反，若允许部分或全部局中人采取某种合作方式参与博弈，则称这样一类博弈为合作博弈。传统的合作博弈关心的问题已不再是局中人如何选择策略使得支付值（或函数）达到最大值，而是局中人应采取何种合作方式参与博弈才能分配得到更好的利润（或收益、效用、支付值）。因此，合作博弈有三个基本组成要素：局中人、联盟、联盟特征值①。它们是构建合作博弈模型必须事先明确、知道的，也是运用合作博弈方法分析问题的前提条件。

1.3.1 合作博弈的基本组成要素及主要概念

合作博弈包含三个基本组成要素——局中人、联盟、联盟特征值，具体含义如下。

（1）局中人：类似非合作博弈的局中人，表示参与博弈的具有独立决策权的主体，可以指代制造商、公司、个体、政府、供应商、消费者等。

（2）联盟：参与博弈的局中人之间组成的合作团体。例如，在供应链管理中，可以是上游的制造商与下游的零售商组成的联盟，也可以是横向的零售商之间的联合订货联盟。

（3）联盟特征值：局中人联盟创造的利益或节省的成本，可以代表实际供应链中的制造商、零售商、回收商等合作创造的利润、效益或节省的成本、时间等。

类似前面所述，仍然假设有 p 个局中人 P_l ($l \in P$) 参与博弈，其中 $P=\{1,2,\cdots,p\}$ 表示局中人的指标集，通常简称 P 为局中人集合。联盟 S 就是局中人指标集 $P=\{1,2,\cdots,p\}$ 中的任意子集，即 $S \subseteq P$。集合 P 本身可看作一个最大联盟，而单个局中人组成的集合也可看作一个联盟。为了叙述方便，空集 $\varnothing$ 也看作一个联盟，即空联盟。将所有联盟的集合记为 2^P。在合作博弈中，各个局中人关心的已不再是自己在策略集中选取什么样的策略，而是与哪些局中人组成合作联盟、采取统一行动才能分配或获得最大的利润（或收益、效用、支付值）。为此，需要介绍合作博弈的第三个基本组成要素：联盟特征函数（characteristic function）或联盟特征值。p 个局中人的合作博弈的联盟特征函数 υ 是定义在 2^P 上的实数函数，即 υ：$2^P \to \mathbf{R}$，使得

$$S \in 2^P \mapsto \upsilon(S) \in \mathbf{R}$$

其中，$\upsilon(S)$ 为联盟 S 中的局中人共同采取联合策略与另一联盟 $P \setminus S$ 对抗所获得的最大支付值，即联盟 S 与联盟 $P \setminus S$ 进行二人零和博弈（按照定理 1.4 即式（1.14））。

① 显然，合作博弈缺少非合作博弈中的两个基本组成要素——策略、支付值，而非合作博弈则缺少合作博弈中的两个基本组成要素——联盟、联盟特征值。这正是非合作博弈、合作博弈无法同时解决局中人策略优化选择与局中人联盟形成及利益分配问题的根本原因。

$\upsilon(S)$ 是衡量联盟 S 效益（或利润）或节省成本（或时间）的函数。显然，$\upsilon(\varnothing)=0$。对于只有一个局中人的联盟，即 $S=\{l\}$ ($l\in P$)，通常简称为单干联盟，经常把 $\upsilon(\{l\})$ 简写成 $\upsilon(l)$。类似地，为了简便，也经常把 $\upsilon(\{l,j\})$、$\upsilon(S\cup\{l\})$ 与 $\upsilon(S\setminus\{l\})$ 分别简写成 $\upsilon(l,j)$、$\upsilon(S\cup l)$ 和 $\upsilon(S\setminus l)$。

在合作博弈中，利用联盟特征函数 υ 就能够具体、完整地刻画各个联盟的效益（或损失）情况，因此常将 p 个局中人的合作博弈记为 $\Gamma=(P,\upsilon)$，有时也简单地称为合作博弈 υ。

在用联盟特征函数研究合作博弈时，实际上已做了这样的隐含假设：所有局中人都可以通过某种共同的兑换货币来衡量支付值。本书进一步假定：各个联盟 S 的赢得 $\upsilon(S)$ 可以按任意方式分配给 S 中的每个局中人。满足这样假设的合作博弈称为可转移支付（transferable utility）的合作博弈，简称为合作博弈。反之，则称为不可转移支付的合作博弈。除非特别说明，本书所指的合作博弈都是可转移支付的合作博弈。

对任意两个联盟 $S\subseteq P$ 与 $T\subseteq P$ ($S\cap T=\varnothing$)，若满足：

$$\upsilon(S\cup T)\geqslant\upsilon(S)+\upsilon(T)$$

则称合作博弈 υ 具有超可加性（superadditivity）。上式表示，两个没有共同局中人的联盟合并成为一个较大联盟之后，共同创造的利润（或效益）不小于原来两个联盟创造的利润（或效益）之和。

超可加性在合作博弈中具有重要作用。它意味着联盟越大，联盟创造的利润（或效益）越大。然而，有时大联盟也可能是无效的，因为大联盟在达成利润（或效益）等分配协议上比较困难[19]。

超可加性的条件要求比较高，可以适当放松，即下面的弱超可加性（weakly superadditivity）也是合作博弈中非常有用的概念。

对任意联盟 $S\subseteq P$ 与局中人 $l\notin S$，如果满足：

$$\upsilon(S\cup l)\geqslant\upsilon(S)+\upsilon(l)$$

则称合作博弈 υ 具有弱超可加性。

比超可加性更具一般性的概念是合作博弈的凸性（convexity）。凸性在供应链管理、经济学等应用领域具有重要作用。

对任意两个联盟 $S\subseteq P$ 与 $T\subseteq P$，若满足：

$$\upsilon(S\cup T)+\upsilon(S\cap T)\geqslant\upsilon(S)+\upsilon(T) \tag{1.16}$$

则称合作博弈 υ 具有凸性，或 υ 是凸合作博弈。

显然，凸合作博弈一定具有超可加性。进一步，容易证明：υ 是凸合作博弈当且仅当对任意局中人 $l\in S$ 与任意联盟 $S\subseteq T\subseteq P\setminus l$，满足：

$$\upsilon(S\cup l)-\upsilon(S)\leqslant\upsilon(T\cup l)-\upsilon(T) \tag{1.17}$$

受式（1.17）的启发，可以进一步定义合作博弈的单调性，即对任意两个联盟$S \subseteq P$与$T \subseteq P$，当$S \subseteq T$时，有

$$\upsilon(S) \leqslant \upsilon(T)$$

则称合作博弈υ是单调不减的。反之，即当$S \subseteq T$时，有

$$\upsilon(S) \geqslant \upsilon(T)$$

则称合作博弈υ是单调不增的。

如果对任意联盟$S \subseteq P$，都有

$$\upsilon(S) + \upsilon(P \setminus S) = \upsilon(P)$$

则称合作博弈υ是常和合作博弈。常和合作博弈在博弈论的早期已经得到广泛研究，而且政治领域的合作博弈通常是常和合作博弈[20]。

如果

$$\upsilon(P) > \sum_{l=1}^{p} \upsilon(l)$$

则称$\Gamma = < P, \upsilon >$为本质合作博弈（essential cooperative game）。但如果

$$\upsilon(P) = \sum_{l=1}^{p} \upsilon(l)$$

则称$\Gamma = < P, \upsilon >$为非本质合作博弈（inessential cooperative game）。显然，非本质合作博弈表示最大联盟P没有创造新的利润（或效益）或节省成本（或时间）。因此，非本质合作博弈其实就是“假”合作，没有很高的研究价值。下面主要介绍本质合作博弈，通常简称为合作博弈。除非特别说明，本书所述的合作博弈都是指本质合作博弈。

1.3.2 合作博弈的分配

各个局中人在进行合作博弈之后，都应从所在合作联盟的利润（或效益）中分得各自的份额。用$\boldsymbol{\eta}(\upsilon) = (\eta_1(\upsilon), \eta_2(\upsilon), \cdots, \eta_p(\upsilon))^{\mathrm{T}} \in \mathbf{R}^p$表示所有$p$个局中人在合作博弈$\upsilon$中分配得到的利润（或效益），其中$\eta_l(\upsilon)$是局中人$P_l$($l \in P$)分配得到的支付值。若

$$\begin{cases} \eta_l(\upsilon) \geqslant \upsilon(l) \quad (l \in P) \\ \displaystyle\sum_{l=1}^{p} \eta_l(\upsilon) = \upsilon(P) \end{cases} \tag{1.18}$$

则称$\boldsymbol{\eta}(\upsilon) = (\eta_1(\upsilon), \eta_2(\upsilon), \cdots, \eta_p(\upsilon))^{\mathrm{T}} \in \mathbf{R}^p$为合作博弈$\upsilon$的分配（imputation）。把所有分配组成的集合记为$I(\upsilon)$，并称为合作博弈υ的分配集。

由式（1.18）可以看出，每个分配 $\boldsymbol{\eta}(\upsilon)$ 都是可以实现的。式（1.18）的第一组不等式表示，每个分配都应该满足局中人的个体合理性，即任意局中人参与合作博弈，其分得的利润不应少于局中人自己单干时获得的利润，否则局中人没有意愿与动机参与任何形式的合作。式（1.18）的第二个等式表示，每个分配都应该满足集体（或群体）合理性或帕累托最优性，即所有局中人分得的利润之和不能超过也不能少于所有局中人作为一个最大联盟（集体）合作共同创造的利润。

显然，如果 $\upsilon(P) < \sum_{l=1}^{p} \upsilon(l)$，则从式（1.18）中可以看出，合作博弈 υ 的分配集 $I(\upsilon)$ 是空集，即没有满足式（1.18）的分配。此外，如果 υ 是非本质合作博弈，则合作博弈 υ 存在唯一分配，即 $\boldsymbol{\eta}(\upsilon) = (\upsilon(1), \upsilon(2), \cdots, \upsilon(p))^{\mathrm{T}} \in I(\upsilon)$。这也是本书主要关心本质合作博弈的原因。

为了叙述方便，在不易混淆的情况下，经常把 $\sum_{l \in S} \eta_l(\upsilon)$ 简记为 $\bar{\eta}(S)$。

1.3.3 合作博弈的核心

设 $\boldsymbol{\eta}(\upsilon) \in I(\upsilon)$ 与 $\boldsymbol{\eta}'(\upsilon) \in I(\upsilon)$ 为合作博弈 υ 的两个分配。若对某一个联盟 $S \in 2^P$，满足：

$$\begin{cases} \eta_l(\upsilon) > \eta_l'(\upsilon) \quad (l \in S) \\ \sum_{l \in S} \eta_l(\upsilon) \leqslant \upsilon(S) \end{cases} \tag{1.19}$$

则称分配 $\boldsymbol{\eta}(\upsilon)$ 关于联盟 S 优超 $\boldsymbol{\eta}'(\upsilon)$，记为 $\boldsymbol{\eta}(\upsilon) \succ_S \boldsymbol{\eta}'(\upsilon)$。

式（1.19）的第一组不等式说明，联盟 S 中的所有局中人都认为分配 $\boldsymbol{\eta}(\upsilon)$ 比 $\boldsymbol{\eta}'(\upsilon)$ 要好，因为 S 中所有局中人都从分配 $\boldsymbol{\eta}(\upsilon)$ 中获得更多的利润（或效益）。式（1.19）的第二个不等式则进一步说明，只要联盟 S 中的所有局中人共同合作，就一定能够实现分配 $\boldsymbol{\eta}(\upsilon)$ 所给予的支付值，因为 S 中所有局中人分配得到的利润之和没有超过 S 中所有局中人作为一个联盟合作共同创造的利润。

对合作博弈 υ 的任意两个分配 $\boldsymbol{\eta}(\upsilon) \in I(\upsilon)$ 与 $\boldsymbol{\eta}'(\upsilon) \in I(\upsilon)$，如果存在一个联盟 $S \in 2^P$，使得 $\boldsymbol{\eta}(\upsilon) \succ_S \boldsymbol{\eta}'(\upsilon)$，即分配 $\boldsymbol{\eta}(\upsilon)$ 关于联盟 S 优超 $\boldsymbol{\eta}'(\upsilon)$，则称分配 $\boldsymbol{\eta}(\upsilon)$ 优超 $\boldsymbol{\eta}'(\upsilon)$，记为 $\boldsymbol{\eta}(\upsilon) \succ \boldsymbol{\eta}'(\upsilon)$。

给出优超“$\succ$”的概念之后，下面介绍合作博弈的一个重要的解：核心（core）。

合作博弈 υ 的核心是指由分配集 $I(\upsilon)$ 中不被任何分配所优超的分配组成的集合，通常记为 $C(\upsilon)$。

核心的概念最先由吉利斯（Gillies）提出，是合作博弈中出现得最早的解的概念。把核心 $C(\upsilon)$ 中的分配作为合作博弈 υ 的解（即利润或效益分配方案）是可行的，因为按照上面所述的优超概念，即使有某个联盟喜欢核心 $C(\upsilon)$ 之外的某个分配，但由于这个联盟中所有局中人分得的利润之和超过这个联盟合作创造的利润，无法在这个联盟中兑现利润分配，即这个联盟的利润分配无法实现。换句话说，核心 $C(\upsilon)$ 中的分配使得任何联盟都没有能力与动机改变，是合作博弈的一种稳定的解。

核心 $C(\upsilon)$ 也可以用一组不等式来简便地描述：

$$C(\upsilon)=\{\boldsymbol{\eta}(\upsilon)\mid\boldsymbol{\eta}(\upsilon)\in I(\upsilon),\bar{\eta}(S)\geqslant\upsilon(S),S\subseteq P\} \tag{1.20}$$

显然，对于任意非本质合作博弈 υ，其核心 $C(\upsilon)$ 都存在且只有唯一的分配，即 $C(\upsilon)=I(\upsilon)=\{(\upsilon(1),\upsilon(2),\cdots,\upsilon(p))^{\mathrm{T}}\}$。

从上述合作博弈 υ 的核心 $C(\upsilon)$ 的定义可以看出，核心是合作博弈的一种集合类型的解，有时也称为集合解，即核心可能包含很多分配，也可以是空集。$C(\upsilon)$ 作为合作博弈 υ 的核心，其存在性即核心非空是比较复杂的。当 $C(\upsilon)$ 为空集时，把核心作为合作博弈 υ 的解成为求解合作博弈问题的最大障碍[21]。当然，当 $C(\upsilon)$ 不是空集时，核心 $C(\upsilon)$ 可能包含不止一个分配。在这种情况下，把非空的核心 $C(\upsilon)$ 作为合作博弈 υ 的解，尽管会存在选择哪个分配作为最终分配方案的烦恼，但也不是无法解决的困难问题，因为可以通过局中人之间相互协商等其他辅助方法解决。例如，在很多供应链的上下游企业合作中确实存在多种可供决策者选择的方案，因此把核心作为一种解在经济领域是可以接受的。

1.3.4 合作博弈的夏普利值

夏普利（Shapley）值是合作博弈的另一个重要的解，由夏普利[22]于 1953 年提出，是一种求解合作博弈问题的公理化方法，即首先设置三条看起来似乎合理的公理，然后求出满足这三条公理的各个局中人的支付值（或利润、效益）。这样的支付值（或分配值）就称为夏普利值。下面简单叙述合作博弈的夏普利值。

用 $\varphi_l(\upsilon)$ 表示局中人 $P_l\,(l\in P)$在合作博弈 υ 中分得的利润（或效益）。把所有 p 个局中人 $P_l\,(l\in P)$分得的利润表示为向量：

$$\boldsymbol{\varphi}(\upsilon)=(\varphi_1(\upsilon),\varphi_2(\upsilon),\cdots,\varphi_p(\upsilon))^{\mathrm{T}}$$

这个向量表示全体局中人（最大联盟）的一种分配方案。这样一种分配方案应满足什么样的条件才能是公平、合理、有效的？才能被所有局中人接受？为此，先给出两个概念与三条公理。

对合作博弈 υ 和联盟 $T\subseteq P$。如果对任意联盟 $S\subseteq P$，都有

$$\upsilon(S)=\upsilon(S\cap T)$$

则称联盟 T 为合作博弈 υ 的载体（carrier）。

容易看出，合作博弈的载体不是唯一的，因为任意包含载体在内的联盟都是合作博弈的载体。显然，最大联盟 P 是合作博弈 $\Gamma =< P,\upsilon >$ 的最小载体。载体之外的局中人相当于哑元（dummy）。哑元局中人对任何联盟都没有贡献，自然就可有可无。因此，在合作博弈的利润分配中，最后分配得到的支付值也应该为 0。

用 σ 表示合作博弈 υ 的全体局中人指标集 P 的一个排列，即 P 上的一个一对一映射。对合作博弈 υ，定义一个新的合作博弈 $\sigma\upsilon$。合作博弈 $\sigma\upsilon$ 的联盟特征值定义为

$$\sigma\upsilon(S) = \upsilon(\sigma S) \quad (S \subseteq P)$$

其实，合作博弈 $\sigma\upsilon$ 相当于重新编排合作博弈 υ 中各个局中人的指标（编号）之后所构成的一个合作博弈。

【公理 1.1】（有效性）　假定合作博弈 υ 的最大联盟 P 是一个载体，则

$$\sum_{l \in P} \varphi_l(\upsilon) = \upsilon(P)$$

公理 1.1 表示，一个可行的分配方案所分配给予各个局中人的支付值之和应该等于所有局中人形成最大联盟时所创造的利润（或效益）。换句话说，给予哑元局中人的支付值为 0。

【公理 1.2】（对称性）　对合作博弈 υ 的任意两个对称局中人 $P_l\,(l \in P)$ 与 $P_j\,(j \in P)$，有

$$\varphi_l(\upsilon) = \varphi_j(\upsilon) \quad (l, j \in P)$$

公理 1.2 表示，两个局中人若其贡献（或创造价值）、作用、所处地位等都完全相同，则合作博弈分配给他们的支付值应该相同。

对称性可进一步增强成为匿名性（anonymity）。这也是合作博弈的解的一个重要性质。匿名性是指：对于局中人指标集 P 上的任意排列 σ，有

$$\varphi_{\sigma l}(\sigma\upsilon) = \varphi_l(\upsilon) \quad (l \in P)$$

匿名性说明，当局中人 $P_l\,(l \in P)$ 的指标由 l 改变为 σl（即重新编号后，把局中人 P_l 编排为局中人 $P_{\sigma l}$）时，其分配得到的支付值并未改变，即仍然是 $\varphi_l(\upsilon)$。换句话说，$\varphi_l(\upsilon)$ 与局中人 P_l 的指标 l 无关。

【公理 1.3】（可加性）　对局中人 $P_l\,(l \in P)$ 参与的任意两个合作博弈 υ 与 ς，有

$$\varphi_l(\upsilon + \varsigma) = \varphi_l(\upsilon) + \varphi_l(\varsigma) \quad (l \in P)$$

公理 1.3 表示，局中人在由两个独立的合作博弈构成的和博弈中分配得到的支付值正好等于局中人在原来两个合作博弈中分配得到的支付值之和。

【定理 1.6】[22]　任意合作博弈 υ 都存在唯一满足公理 1.1～公理 1.3 的分配 $\boldsymbol{\varphi}(\upsilon) = (\varphi_1(\upsilon), \varphi_2(\upsilon), \cdots, \varphi_p(\upsilon))^{\mathrm{T}}$，其中局中人 $P_l\,(l \in P)$ 的分配由式（1.21）确定：

$$\varphi_l(\upsilon) = \sum_{l \in S \subseteq P} \frac{(|S|-1)!(p-|S|)!}{p!}(\upsilon(S) - \upsilon(S \setminus l)) \quad (l \in P) \tag{1.21}$$

其中，$|S|$为联盟S中的局中人数； $p!$为阶乘，即$p! = p \times (p-1) \times \cdots \times 2 \times 1$。

称 $\varphi_l(\upsilon)$（$l \in P$）为局中人 P_l 在合作博弈 υ 中的夏普利值，而称 $\boldsymbol{\varphi}(\upsilon) = (\varphi_1(\upsilon), \varphi_2(\upsilon), \cdots, \varphi_p(\upsilon))^{\mathrm{T}}$ 为合作博弈 υ 的夏普利值。

从定理 1.6 中可以看出，合作博弈υ的夏普利值一定满足集体合理性（即公理 1.1），但不一定满足局中人的个体合理性。

夏普利值与核心是合作博弈的两个重要的解，它们之间具有下面重要的关系。

【定理 1.7】[23] 如果υ是凸合作博弈，则合作博弈υ的夏普利值$\boldsymbol{\varphi}(\upsilon) \in C(\upsilon)$。

结合定理 1.6 与定理 1.7，立即可以得到，凸合作博弈υ的夏普利值不仅满足集体合理性，而且满足局中人的个体合理性。因此，夏普利值作为凸合作博弈的解（即利润分配方案）是合理、稳定的，也是可以被局中人接受的。

1.4 非合作–合作两型博弈的基本组成要素及主要概念

1.1 节提到，合作博弈、非合作博弈的区别在于能否达成具有约束力的协议（或合同）或做出可信的承诺。然而，在供应链管理等很多实际问题中，一方面，事先达成具有约束力的协议（或合同）非常困难或成本（包括时间成本）太高；另一方面，由于供应商、销售商、消费者等的逐利性与有限理性，当因违约获得的利益比赔付违约金多得多时，他们很难甚至无法继续履行事先达成的协议。例如，2020 年 4 月 1 日宣告破裂的石油输出国组织（Organization of the Petroleum Exporting Countries，OPEC）和以俄罗斯为首的其他产油国减产协议就是一个很好的实例。目前大多数实际应用独立使用合作博弈、非合作博弈分别解决供应链的产品定价、订购数量、利益分配及成本分担等问题[24]。例如，很多文献研究的供应链的集中式决策与分散式决策使用了非合作博弈（包括主从博弈）方法，甚至在集中式决策中使用了（单个决策者的）优化方法，与合作博弈没有关系。尽管研究的供应链可能涉及制造商、供应商、零售商、消费者等众多利益主体，但无法把这些利益主体的合作行为纳入考虑范围，如供应链上下游的制造商与零售商的广告销售宣传合作[24]、供应链上横向零售商的联合订货[25, 26]。也就是说，非合作博弈、合作博弈都各自独立分别考虑局中人的策略优化选择、局中人联盟形成及利益分配问题，而无法同时考虑局中人的策略优化选择与联盟形成及利益分配问题。1.1 节还提到分别利用非合作博弈、合作博弈的两个成功实例。一个是麦当劳与其下游销售商的垂直合作广告问题，另一个是制造商宝洁公司与销售商沃尔玛的协调问题。这些实例以及现实中的很多其他例子反复说明，非合作博弈、合作博弈都各自独立地解决实际供应链管理中局中人策略优化选择与局中人联盟形成及利益分配问题，并没有将非合作博弈、合作博弈融合在统一分析框架中。

正如诺贝尔经济学奖得主奥曼[27]指出的，合作博弈、非合作博弈只是研究问题的角度与方法不同，而不是问题本身。换句话说，很多时候很难甚至无法把现实的供应链管理问题绝对地切割成合作博弈问题、非合作博弈问题，从而独立地运用合作博弈、非合作博弈分别研究并加以解决。为此，本书率先提出把非合作博弈、合作博弈按照先后固定顺序耦合融通为一个博弈，并命名为非合作-合作两型博弈[28-31]，其英文名称为 noncooperative-cooperative biform game[32, 33]，包含非合作博弈、合作博弈两种特殊情形，融通发展并涵盖博弈论，成为一种新的博弈论统一分析方法。

1.4.1　非合作-合作两型博弈的基本组成要素及含义

非合作-合作两型博弈是按照非合作博弈、合作博弈的先后固定顺序耦合融通而成的一个博弈，包含非合作博弈、合作博弈两个部分。非合作-合作两型博弈的非合作博弈部分与合作博弈部分通过局中人的策略耦合融通在一起，成为“一体两翼”，不可独立分割。

作为包含非合作博弈、合作博弈这两种特殊情形在内的一种崭新的博弈论范式，非合作-合作两型博弈有五个基本组成要素：局中人、策略、支付值、联盟、联盟特征值①。它们是构建非合作-合作两型博弈模型必须事先明确、知道的，也是运用非合作-合作两型博弈方法分析问题的前提条件。但非合作-合作两型博弈的五个基本组成要素并非必须全部具备，在一些特殊情况下可能只有其中的三个基本组成要素。非合作-合作两型博弈退化为非合作博弈（即只有非合作博弈部分）时，只有三个基本组成要素：局中人、策略、支付值。这与 1.2 节中的非合作博弈完全一致。非合作-合作两型博弈退化为合作博弈（即只有合作博弈部分）时，也只有三个基本组成要素：局中人、联盟、联盟特征值。这与 1.3 节中的合作博弈完全一致。

1. *局中人*

局中人的定义类似 1.2 节中非合作博弈的局中人和 1.3 节中合作博弈的局中人，表示在非合作-合作两型博弈中具有独立决策权的主体，可以只参加非合作博弈部分或合作博弈部分，也可以同时参加非合作博弈、合作博弈两个部分。一个真正（而不是退化）的非合作-合作两型博弈（即同时包含非合作博弈、合作博弈

---

① 显然，非合作-合作两型博弈的五个基本组成要素正好是非合作博弈、合作博弈的基本组成要素。虽然这些基本组成要素的名称完全相同，但前者的基本组成要素的内涵与作用相对于后者有着本质的区别和全新的拓展。这正是非合作-合作两型博弈能够成为包含非合作博弈、合作博弈在内的博弈论统一分析方法的重要设置。

两个部分）至少会有一个局中人同时参加非合作博弈、合作博弈两个部分。反之，没有任何一个局中人同时参加非合作博弈、合作博弈两个部分，即一些局中人只参加非合作博弈部分，而另一些局中人只参加合作博弈部分，这本质上就是两个完全独立的非合作博弈与合作博弈。其实，这也是非合作-合作两型博弈的退化形式：非合作博弈部分或合作博弈部分。在供应链管理等不同场景中，局中人可以用于指代供应商、零售商、消费者、政府、平台企业、公司、商家、用户等。

2. 策略

策略的定义类似 1.2 节中非合作博弈的策略，表示在非合作-合作两型博弈中各个局中人的行动、应对方案或措施等。在非合作-合作两型博弈中，只参加非合作博弈部分的局中人只有非合作博弈部分的策略，这些策略用于形成非合作博弈部分的所有局中人的竞争局势（或策略组合）；同时参加非合作博弈、合作博弈两个部分的局中人的策略包括两部分，一部分是局中人在非合作博弈部分采用的策略，这些策略与只参加非合作博弈部分的局中人的策略一起形成竞争局势，另一部分是局中人在合作博弈部分采用的策略，这些策略与只参加合作博弈部分的局中人的策略一起被合作博弈部分的局中人及局中人联盟使用，用于创造合作博弈部分中各个任意给定竞争局势下的联盟特征值（或利润），这是通过局中人的策略融通、耦合、联结非合作博弈部分与合作博弈部分的关键，破解传统的合作博弈由于缺乏策略运用而无法解释如何具体创造、获得联盟特征值（或利润）的瓶颈；只参加合作博弈部分的局中人只有合作博弈部分的策略，这些策略与同时参加非合作博弈、合作博弈两个部分的局中人在合作博弈部分采用的策略一起被合作博弈部分中的局中人及局中人联盟用于创造各个任意给定竞争局势下的联盟特征值（或利润）。显然，非合作-合作两型博弈的策略要比 1.2 节中非合作博弈的策略内涵更丰富、作用更大，是对 1.3 节中合作博弈的策略缺失的增补，耦合、联结非合作博弈部分的所有局中人的竞争局势（或策略组合）与合作博弈部分各个竞争局势下联盟特征值（或利润）的创造或形成过程。非合作-合作两型博弈的策略可以是批发价格、零售价格、低碳减排努力、绿色产品研发投资水平、回收废旧产品的回收率等连续型策略，也可以是制造商是否引进新技术、零售商是否开展广告宣传等离散型策略。

3. 支付值

支付值的定义类似 1.2 节中非合作博弈的支付值，表示在非合作-合作两型博弈中非合作博弈部分各竞争局势（或策略组合）下各个局中人的支付值（或函数）。在非合作-合作两型博弈中，只参加非合作博弈部分的局中人的支付值只与竞争局势（或策略组合）有关，即仅仅是非合作博弈部分的所有局中人的策略组合的函数，因此事先是可以具体确定的；同时参加非合作博弈、合作博弈两个部分的局中人的支付值（或函数）不仅与非合作博弈部分中所有局中人的策略组合有关，而且与合作博弈部分中局中人的策略有关，即非合作博弈部分的策略组合与合作博弈部分的策略的函数，需要通过求解合作博弈部分中各个任意给定竞争局势（或策略组合）的合作博弈才能具体得到，这显然不同于 1.2 节中非合作博弈的支付值，也是非合作博弈部分与合作博弈部分相互融通、不可分割的耦合点；只参加合作博弈部分的局中人的支付值（或函数）不仅与合作博弈部分中局中人的策略有关，而且与非合作博弈部分中所有局中人的策略组合有关，即合作博弈部分的策略与非合作博弈部分的策略组合的函数，事先无法具体知晓，通过结合同时参加非合作博弈、合作博弈两个部分的局中人的支付值，一起被用于求解合作博弈部分中各个任意给定竞争局势的联盟特征值（或利润），即构建合作博弈部分中各个任意给定竞争局势的合作博弈，进而通过求解这些合作博弈，具体确定同时参加非合作博弈、合作博弈两个部分的局中人的支付值（或函数）。容易看出，非合作-合作两型博弈的支付值（或函数）要比 1.2 节中非合作博弈的支付值在内涵、刻画上更丰富、更细腻、更复杂，是对 1.3 节中的合作博弈只有联盟特征值（或利润）而缺失支付值（或函数）的增补，解决合作博弈部分中各个任意给定竞争局势下联盟特征值（或利润）如何具体创造或形成的问题。如前所述，非合作-合作两型博弈的支付值（或函数）可以指代实际供应链中制造商、零售商、回收商等的利润、效益、成本、时间、风险，以及消费者的消费剩余、政府的社会福利等，包括连续型支付值（或函数）与离散型支付值（或函数）。

4. 联盟

联盟的定义类似 1.3 节中合作博弈的联盟，表示在非合作-合作两型博弈中合作博弈部分的局中人之间组成的可能合作团体。在非合作-合作两型博弈中，联盟只能是由合作博弈部分的局中人按照创造最大化联盟利润或节省更多联盟成本的需要而组合、形成的各个可能子集合。合作博弈部分的局中人包括只参加合作博弈部分的局中人和同时参加非合作博弈、合作博弈两个部分的局中人。针对不同的竞争局势或非合作博弈部分的所有局中人的策略组合，合作博弈部分的局中人通过联盟合作并利用在合作博弈部分的策略，创造、形成联盟特征值（或利润），显然不同于 1.3 节中合作博弈的联盟。在供应链管理中，非合作-合作两型博弈的联盟可以根据生产、销售或消费等实际需要形成，例如，可以是由制造商、回收商与消费者组成的联盟，也可以是消费者团购联盟。

5. 联盟特征值

联盟特征值的定义类似 1.3 节中合作博弈的联盟特征值，表示在非合作-合作两型博弈中合作博弈部分各个任意给定竞争局势下的参加合作博弈部分的局中人的联盟特征值（或利润）。在非合作-合作两型博弈中，针对非合作博弈部分中所有局中人的竞争局势（或策略组合），联盟中的局中人通过各自策略（只参加合作博弈部分的局中人利用在合作博弈部分的策略，同时参加非合作博弈、合作博弈两个部分的局中人利用属于合作博弈部分的策略）为其联盟创造利益或节省成本，即各竞争局势下合作博弈的联盟特征值（或利润），也即构建在合作博弈部分中各个任意给定竞争局势的合作博弈，进而求解这些合作博弈，并把这些合作博弈的解（即分配得到的利润或收益）作为同时参加非合作博弈、合作博弈两个部分的局中人的支付值，结合只参加非合作博弈部分的局中人的支付值，一起被用于非合作博弈部分的局中人的策略优化选择。联盟特征值（或函数）与竞争局势紧密相关，不同的竞争局势可能有不同的联盟特征值（或函数），而且联盟特征值（或函数）是通过对只参加合作博弈部分的局中人的策略和同时参加非合作博弈、合作博弈两个部分的局中人应用于合作博弈部分的策略进行求解得到的，显著不同于 1.3 节中合作博弈的联盟特征值（或函数）。非合作-合作两型博弈的联盟特征值（或利润）可以指代现实供应链中制造商、零售商、回收商等组成的联盟创造的利润、效益或节省的成本、时间，包括连续型联盟特征值（或函数）与离散型联盟特征值（或函数）。

1.4.2 非合作-合作两型博弈基本组成要素的特征及耦合性

从上述对非合作-合作两型博弈的五个基本组成要素的叙述中可以看出下面五点特征。

（1）局中人是非合作-合作两型博弈、非合作博弈、合作博弈的基本组成要素，但在非合作-合作两型博弈的非合作博弈部分、合作博弈部分可以有不完全相同的局中人，这体现了非合作博弈、合作博弈两个部分相互融通、相互耦合的程度。

（2）策略是非合作-合作两型博弈、非合作博弈的基本组成要素，但不是合作博弈的基本组成要素。非合作-合作两型博弈的策略不仅影响只参加非合作博弈部分的局中人的支付值，而且影响同时参加非合作博弈、合作博弈两个部分的局中人的支付值，进而影响合作博弈部分中各个任意给定竞争局势（或策略组合）的联盟特征值（或利润）。

（3）支付值是非合作-合作两型博弈、非合作博弈的基本组成要素，但不是合作博弈的基本组成要素。在非合作-合作两型博弈中，只参加非合作博弈部分的局中人的支付值是事先已经知晓的，同时参加非合作博弈、合作博弈两个部分的局中人的支付值和只参加合作博弈部分的局中人的联盟特征值都需要通过求解合作博弈部分中各个任意给定竞争局势的合作博弈才能具体得到。

（4）联盟是非合作-合作两型博弈、合作博弈的基本组成要素，但不是非合作博弈的基本组成要素。非合作-合作两型博弈的联盟与非合作博弈部分的竞争局势紧密相关，不同的竞争局势可能形成不同的联盟。

（5）联盟特征值是非合作-合作两型博弈、合作博弈的基本组成要素，但不是非合作博弈的基本组成要素。非合作-合作两型博弈的联盟特征值与非合作博弈部分的竞争局势（或策略组合）、合作博弈部分的局中人的策略紧密相关。

非合作-合作两型博弈的非合作博弈部分与合作博弈部分相互融通、耦合，体现在：①非合作博弈部分通过非合作博弈部分的所有局中人的策略选择，形成策略组合，为合作博弈部分的局中人创造竞争局势；②合作博弈部分通过合作博弈部分的局中人之间的联盟及其策略，合作创造联盟利益，联盟利益的合理分配反过来影响非合作博弈部分的局中人的策略优化选择。

显然，在非合作博弈部分中，若所有局中人都只有一个策略（从而只有一个竞争局势或策略组合），则不需要考虑局中人的策略优化选择问题（其实就是没有非合作博弈部分），此时的非合作-合作两型博弈可以退化为 1.3 节的合作博弈（即考虑局中人联盟形成及利益分配问题）；而在非合作博弈部分中，若每个局中人的所有策略相对应的支付值（或函数）都事先已知，则不需要考虑各个竞争局势下的局中人联盟形成及利益分配问题（其实就是没有合作博弈部分），此时的非合作-合作两型博弈可以退化为 1.2 节的非合作博弈（即考虑局中人的策略优化选择问题）。因此，非合作-合作两型博弈是同时包含非合作博弈、合作博弈两种特殊情形在内的一般形式的博弈，经典的非合作博弈、合作博弈只是非合作-合作两型博弈的特殊情形，如图 1.2 所示。

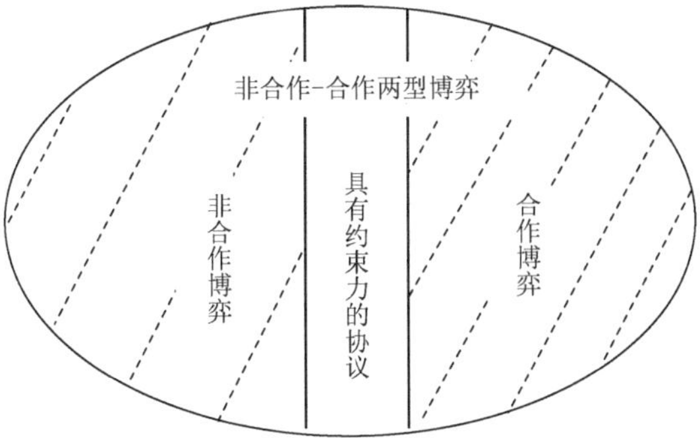

图 1.2　非合作-合作两型博弈、非合作博弈、合作博弈的关系图

第 2 章　非合作–合作两型博弈的规范化刻画及求解方法

2.1　连续型非合作–合作两型博弈的规范化刻画及求解方法

类似 1.2 节的非合作博弈和 1.3 节的合作博弈，按照局中人策略是否连续，非合作–合作两型博弈可以划分为三种类型：所有局中人策略都是连续的非合作–合作两型博弈（简称为连续型非合作–合作两型博弈）、所有局中人策略都是离散的非合作–合作两型博弈（简称为离散型非合作–合作两型博弈）、一部分局中人策略是连续而另一部分局中人策略是离散的非合作–合作两型博弈（简称为混合型非合作–合作两型博弈）。本书着重给出连续型与离散型非合作–合作两型博弈的规范化刻画，而对混合型非合作–合作两型博弈的规范化刻画不再赘述，有兴趣的读者可自行研究。

2.1.1　连续型非合作–合作两型博弈的规范化刻画

按照非合作–合作两型博弈的五个基本组成要素：局中人、策略、支付值、联盟、联盟特征值，把连续型 n 人非合作–合作两型博弈记为

$$\begin{aligned}\Gamma_{|N|=|N_1|+|N_2|+|N_3|}=(N=N_1\cup N_2\cup N_3;\bar{\Omega}_l,l\in N;f_l(z),l\in N_1,z\in\prod_{l\in N_1}\bar{\Omega}_l\times\prod_{l\in N_2}\bar{\Omega}_l';\\ f_l(z,z'),l\in N_2\cup N_3,z'\in\prod_{l\in N_2}\bar{\Omega}_l''\times\prod_{l\in N_3}\bar{\Omega}_l;\\ \upsilon(z)(S),S\subseteq N_2\cup N_3,z\in\prod_{l\in N_1}\bar{\Omega}_l\times\prod_{l\in N_2}\bar{\Omega}_l')\end{aligned}$$

下面对上述连续型 n 人非合作–合作两型博弈 $\Gamma_{|N|=|N_1|+|N_2|+|N_3|}$ 的规范化刻画进行详细论述并对其符号、记法做解释。

1. *局中人的表示*

如前所述，连续型非合作–合作两型博弈由非合作博弈、合作博弈两个部分组成。在连续型非合作–合作两型博弈中，不同的局中人参加非合作博弈、合作博弈两个部分的方式可能不完全一样。

假设有 n 个局中人 $P_l\ (l\in N)$ 参与连续型非合作–合作两型博弈，用 $N=\{1,2,\cdots,n\}$

表示这些局中人的指标集。不妨假定局中人指标排序在 n_1 之前的 n_1 个局中人 $P_l(l\in N_1)$ 只参加非合作博弈部分，用 $N_1=\{1,2,\cdots,n_1\}$ 表示这些局中人的指标集；局中人指标排序在 n_1+1 与 n_2 之间的 n_2-n_1 个局中人 $P_l(l\in N_2)$ 同时参加非合作博弈、合作博弈两个部分，用 $N_2=\{n_1+1,n_1+2,\cdots,n_2\}$ 表示这些局中人的指标集；局中人指标排序在 n_2+1 与 n 之间的 $n-n_2$ 个局中人 $P_l(l\in N_3)$ 只参加合作博弈部分，用 $N_3=\{n_2+1,n_2+2,\cdots,n\}$ 表示这些局中人的指标集。显然，连续型非合作-合作两型博弈的局中人指标集 $N=N_1\cup N_2\cup N_3$ 且 $N_1\cap N_2=\varnothing$，$N_1\cap N_3=\varnothing$，$N_2\cap N_3=\varnothing$。

2. 策略的表示

在连续型非合作-合作两型博弈中，不同局中人的策略应用于非合作博弈、合作博弈两个部分的方式可能不完全相同。

假设局中人 $P_l(l\in N)$ 有 m_l 个策略（决策变量），用向量表示为 $\boldsymbol{z}_l=(z_{l1},z_{l2},\cdots,z_{lm_l})^{\mathrm{T}}$，并记其策略（决策变量）的指标集为 $\Lambda_l=\{1,2,\cdots,m_l\}$。把局中人 $P_l(l\in N)$ 的策略空间记为 $\bar{\Omega}_l$。这里的策略空间 $\bar{\Omega}_l$ 不妨假设为 m_l 维的（笛卡儿乘积）实数空间 $\mathbf{R}^{m_l}$ 中的有界闭子空间，$\bar{\Omega}_l\subseteq\mathbf{R}^{m_l}$。

n_1 个局中人 $P_l(l\in N_1)$ 各自 m_l 个策略即 $\boldsymbol{z}_l=(z_{l1},z_{l2},\cdots,z_{lm_l})^{\mathrm{T}}$ 只应用于非合作博弈部分，$n-n_2$ 个局中人 $P_l(l\in N_3)$ 各自 m_l 个策略即 $\boldsymbol{z}_l=(z_{l1},z_{l2},\cdots,z_{lm_l})^{\mathrm{T}}$ 只应用于合作博弈部分。但在同时参加非合作博弈、合作博弈两个部分的 n_2-n_1 个局中人 $P_l(l\in N_2)$ 的 m_l 个策略（即策略 $\boldsymbol{z}_l$）中，有一些策略（决策变量，即策略 $\boldsymbol{z}_l$ 的分量）应用于非合作博弈部分，而另一些策略应用于合作博弈部分。对这些同时参加非合作博弈、合作博弈两个部分的局中人 $P_l(l\in N_2)$，不妨假定策略（决策变量）指标排序在 $\bar{m}_l$ 之前的 $\bar{m}_l$ 个策略是局中人 $P_l(l\in N_2)$ 应用于非合作博弈部分的策略，用向量记为 $\boldsymbol{z}_l'=(z_{l1},z_{l2},\cdots,z_{l\bar{m}_l})^{\mathrm{T}}$，而策略（决策变量）指标排序在 $\bar{m}_l$ 与 m_l 之间的 $m_l-\bar{m}_l$ 个策略是局中人 $P_l(l\in N_2)$ 应用于合作博弈部分的策略，用向量记为 $\boldsymbol{z}_l''=(z_{l,\bar{m}_1+1},z_{l,\bar{m}_1+2},\cdots,z_{lm_l})^{\mathrm{T}}$。显然，$\boldsymbol{z}_l=(\boldsymbol{z}_l'^{\mathrm{T}},\boldsymbol{z}_l''^{\mathrm{T}})^{\mathrm{T}}$，其中 $\boldsymbol{z}_l'\in\bar{\Omega}_l'\subseteq\mathbf{R}^{\bar{m}_l}$、$\boldsymbol{z}_l''\in\bar{\Omega}_l''\subseteq\mathbf{R}^{m_l-\bar{m}_l}$ 和 $\bar{\Omega}_l=\bar{\Omega}_l'\times\bar{\Omega}_l''$。

容易看出，当至少有一个 $m_l-\bar{m}_l\geqslant 1$ 时，至少有一个局中人的策略应用于合作博弈部分，进而能够影响与制约合作博弈部分的局中人之间的联盟形成及联盟特征值（或利润）的创造，因此这种情况下的博弈是真正意义上的连续型非合作-合作两型博弈。反之，当所有 $m_l=\bar{m}_l$ 时，所有局中人 $P_l(l\in N_2)$ 的策略全部应用于非合作博弈部分，只用于形成非合作博弈部分的所有局中人的竞争局势，而没有局中人 $P_l(l\in N_2)$ 的策略应用于合作博弈部分，从而不能影响与制约合作博弈部分的局中人之间的联盟形成及联盟特征值（或利润）的创造。

非合作博弈部分的局中人，包括只参加非合作博弈部分的 n_1 个局中人 $P_l(l\in N_1)$ 和同时参加非合作博弈、合作博弈两个部分的 n_2-n_1 个局中人 $P_l(l\in N_2)$，分别选择

各自策略 $z_l \in \bar{\Omega}_l\ (l \in N_1)$和 $z'_l \in \bar{\Omega}'_l\ (l \in N_2)$，形成非合作博弈部分的所有局中人的竞争局势（或策略组合） $z=(z_1, z_2, \cdots, z_{n_1}, z'_{n_1+1}, z'_{n_1+2}, \cdots, z'_{n_2}) \in \prod_{l=1}^{n_1} \bar{\Omega}_l \times \prod_{l=n_1+1}^{n_2} \bar{\Omega}'_l$，从而为合作博弈部分的局中人创造竞争环境，其中 $z'_l\ (l=n_1+1, n_1+2, \cdots, n_2)$是局中人 P_l 的策略 z_l 中应用于非合作博弈部分的部分策略，而 $z_l\ (l=1,2,\cdots,n_1)$是局中人 P_l 应用于非合作博弈部分的策略。

3. 支付值的表示

在连续型非合作-合作两型博弈中，局中人的支付值取决于非合作博弈、合作博弈两个部分的其他局中人及策略，不同局中人的支付值可能在表现形式与是否事先已经知晓等方面不完全一样。

只参加非合作博弈部分的 n_1 个局中人 $P_l\ (l \in N_1)$的支付值（或函数）表示为 $f_l(z)$，其中 $z=(z_1, z_2, \cdots, z_{n_1}, z'_{n_1+1}, z'_{n_1+2}, \cdots, z'_{n_2})$为前面提到的非合作博弈部分的所有局中人的竞争局势（或策略组合）。对任意给定的竞争局势 z，所有 n_1 个局中人 $P_l\ (l \in N_1)$的支付值（或函数） $f_l(z)$ 都是事先已经知晓的。

同时参加非合作博弈、合作博弈两个部分的 n_2-n_1 个局中人 $P_l\ (l \in N_2)$和只参加合作博弈部分的 $n-n_2$ 个局中人 $P_l\ (l \in N_3)$的支付值（或函数）表示为 $f_l(z, z')\ (l \in N_2 \cup N_3)$，其中 $z'=(z''_{n_1+1}, z''_{n_1+2}, \cdots, z''_{n_2}, z_{n_2+1}, z_{n_2+2}, \cdots, z_n) \in \prod_{l=n_1+1}^{n_2} \bar{\Omega}''_l \times \prod_{l=n_2+1}^{n} \bar{\Omega}_l$ 是合作博弈部分的所有局中人应用于合作博弈的策略。其实，

$$\bar{z}=(z_1, z_2, \cdots, z_{n_1}, ({z'_{n_1+1}}^{\mathrm{T}}, {z''_{n_1+1}}^{\mathrm{T}})^{\mathrm{T}}, ({z'_{n_1+2}}^{\mathrm{T}}, {z''_{n_1+2}}^{\mathrm{T}})^{\mathrm{T}}, \cdots, ({z'_{n_2}}^{\mathrm{T}}, {z''_{n_2}}^{\mathrm{T}})^{\mathrm{T}}, z_{n_2+1}, z_{n_2+2}, \cdots, z_n)$$
$$\in \prod_{l=1}^{n_1} \bar{\Omega}_l \times \prod_{l=n_1+1}^{n_2} (\bar{\Omega}'_l \times \bar{\Omega}''_l) \times \prod_{l=n_2+1}^{n} \bar{\Omega}_l$$

即

$$\bar{z}=(z_1, z_2, \cdots, z_{n_1}, z_{n_1+1}, z_{n_1+2}, \cdots, z_{n_2}, z_{n_2+1}, z_{n_2+2}, \cdots, z_n)$$
$$\in \prod_{l=1}^{n} \bar{\Omega}_l = \prod_{l=1}^{n_1} \bar{\Omega}_l \times \prod_{l=n_1+1}^{n_2} \bar{\Omega}_l \times \prod_{l=n_2+1}^{n} \bar{\Omega}_l$$

由所有 n 个局中人 $P_l\ (l \in N)$的策略向量组成。为了突出竞争局势 z 和叙述简洁，在不易于引起混淆和不需要做特别说明的情况下，通常把上述 $\bar{z}$ 中同时参加非合作博弈、合作博弈两个部分的局中人 $P_l\ (l \in N_2)$的策略向量重新排列并表示为

$$\bar{z}=(z_1, z_2, \cdots, z_{n_1}, z'_{n_1+1}, z'_{n_1+2}, \cdots, z'_{n_2}, z''_{n_1+1}, z''_{n_1+2}, \cdots, z''_{n_2}, z_{n_2+1}, z_{n_2+2}, \cdots, z_n)$$
$$\in \prod_{l=1}^{n_1} \bar{\Omega}_l \times \prod_{l=n_1+1}^{n_2} \bar{\Omega}'_l \times \prod_{l=n_1+1}^{n_2} \bar{\Omega}''_l \times \prod_{l=n_2+1}^{n} \bar{\Omega}_l$$

即通常简记为前面的策略 $\bar{z}=(z,z')$。因此，这些局中人 $P_l\,(l\in N_2\cup N_3)$的支付值（或函数） $f_l(z,z')$ 涉及非合作博弈、合作博弈两个部分的策略向量，对于任意给定的竞争局势 z，局中人的支付值（或函数） $f_l(z,z')$ 无法事先具体确定，需要通过求解合作博弈部分中任意给定竞争局势 z 的合作博弈才能具体得到。

4. 联盟的表示

在连续型非合作-合作两型博弈中，合作博弈部分的局中人由同时参加非合作博弈、合作博弈两个部分的 n_2-n_1 个局中人 $P_l\,(l\in N_2)$和只参加合作博弈部分的 $n-n_2$ 个局中人 $P_l\,(l\in N_3)$组成，即合作博弈部分的局中人的指标集是 $N_2\cup N_3$。 $n-n_1$ 个局中人 $P_l\,(l\in N_2\cup N_3)$可能形成各种联盟，任意联盟 S 表示为 $N_2\cup N_3$ 的子集，即 $S\subseteq N_2\cup N_3$，其中 $N_2\cup N_3$ 是合作博弈部分的局中人的最大联盟。

5. 联盟特征值的表示

在连续型非合作-合作两型博弈中，联盟特征值与竞争局势紧密相关，并取决于合作博弈部分的局中人应用于合作博弈部分的策略。

对任意给定竞争局势 z，联盟 $S\subseteq N_2\cup N_3$ 的联盟特征值定义为二人零和博弈的博弈值，其中把联盟 S 中的所有局中人 $P_l\,(l\in S)$（即联盟 S）看作一个局中人，并最大化联盟 S 的支付值（或函数），而把联盟 $(N_2\cup N_3)\setminus S$ 中的所有局中人 $P_l\,(l\in(N_2\cup N_3)\setminus S)$（即联盟 $(N_2\cup N_3)\setminus S$）看作另一个局中人，并最小化联盟 S 的支付值（或函数）。按照定理 1.4 或式(1.14)，可以得到联盟 S 与联盟 $(N_2\cup N_3)\setminus S$ 的二人零和博弈的博弈值为

$$\upsilon(z)(S)=\max_{z_l'':l\in S\cap N_2;\,z_l:l\in S\cap N_3}\ \min_{z_l'':l\in N_2\setminus S;\,z_l:l\in N_3\setminus S}\left\{\sum_{l\in S}f_l(z,z')\right\}\tag{2.1}$$

其中， $z=(z_1,z_2,\cdots,z_{n_1},z'_{n_1+1},z'_{n_1+2},\cdots,z'_{n_2})$ 为竞争局势即非合作博弈部分中所有 n_2 个局中人 $P_l\,(l\in N_1\cup N_2)$应用于非合作博弈的策略组合， $z'=(z''_{n_1+1},z''_{n_1+2},\cdots,z''_{n_2},z_{n_2+1},z_{n_2+2},\cdots,z_n)$ 为合作博弈部分中所有 $n-n_1$ 个局中人 $P_l\,(l\in N_2\cup N_3)$应用于合作博弈的策略向量。联盟 S 中的局中人要么来自 N_2，要么来自 N_3，即 $S\subseteq N_2\cup N_3$。N_2 中的局中人策略一部分应用于非合作博弈部分形成竞争局势，另一部分应用于合作博弈部分中任意给定竞争局势下的联盟特征值创造。显然，$l\in S=S\cap(N_2\cup N_3)=(S\cap N_2)\cup(S\cap N_3)$ 且 $l\in(N_2\cup N_3)\setminus S=(N_2\setminus S)\cup(N_3\setminus S)$。因此，可以把策略选择表示成式（2.1）右边的形式。

按照式（2.1），可以计算得到任意给定竞争局势 z 的联盟 S 的联盟特征值 $\upsilon(z)(S)$，即构建了任意给定竞争局势 z 的合作博弈 $\upsilon(z)$。

2.1.2　连续型非合作-合作两型博弈的求解方法与过程

针对任意给定竞争局势 $\boldsymbol{z}$，利用合适的合作博弈的解（如 1.3 节中合作博弈的核心与夏普利值），求解得到竞争局势 $\boldsymbol{z}$ 下合作博弈 $\upsilon(\boldsymbol{z})$ 的解（或利润分配值）。把合作博弈部分的 $n-n_1$ 个局中人 $P_l\,(l\in N_2\cup N_3)$ 得到的利润分配值（即合作博弈 $\upsilon(\boldsymbol{z})$ 的解的分量）记为 $\rho_l(\boldsymbol{z})$。把同时参加非合作博弈、合作博弈两个部分的 n_2-n_1 个局中人 $P_l\,(l\in N_2)$ 得到的利润分配值 $\rho_l(\boldsymbol{z})$ 作为局中人 $P_l\,(l\in N_2)$ 参加非合作博弈部分的支付值，与只参加非合作博弈部分的 n_1 个局中人 $P_l\,(l\in N_1)$ 的支付值 $f_l(\boldsymbol{z})$ 一起，对非合作博弈部分的 n_2 个局中人 $P_l\,(l\in N_1\cup N_2)$ 进行非合作博弈。通过利用合适的非合作博弈的解（如 1.2 节的纳什均衡解），可以求解得到上述 n_2 个局中人 $P_l\,(l\in N_1\cup N_2)$ 参与的非合作博弈的最优竞争局势 $\boldsymbol{z}^*$ 及各局中人 $P_l\,(l\in N_1\cup N_2)$ 的最优支付值分别为 $f_l(\boldsymbol{z}^*)\,(l\in N_1)$、$\rho_l(\boldsymbol{z}^*)\,(l\in N_2)$，其中最优竞争局势 $\boldsymbol{z}^*$ 包含 n_1 个局中人 $P_l\,(l\in N_1)$ 的最优策略 $\boldsymbol{z}_l^*$ 和 n_2-n_1 个局中人 $P_l\,(l\in N_2)$ 应用于非合作博弈部分的最优策略 $\boldsymbol{z}_l'^*$。借助最优竞争局势 $\boldsymbol{z}^*$、n_2-n_1 个局中人 $P_l\,(l\in N_2)$ 的最优支付值 $\rho_l(\boldsymbol{z}^*)$，结合只参加合作博弈部分的 $n-n_2$ 个局中人 $P_l\,(l\in N_3)$ 得到的利润分配值 $\rho_l(\boldsymbol{z})$，可以求解得到 n_2-n_1 个局中人 $P_l\,(l\in N_2)$ 应用于合作博弈部分的最优策略 $\boldsymbol{z}_l''^*$ 和 $n-n_2$ 个局中人 $P_l\,(l\in N_3)$ 的最优策略 $\boldsymbol{z}_l^*$ 及其最优利润分配值 $\rho_l(\boldsymbol{z}^*)$。n_2-n_1 个局中人 $P_l\,(l\in N_2)$ 应用于非合作博弈部分的最优策略 $\boldsymbol{z}_l'^*$ 与应用于合作博弈部分的最优策略 $\boldsymbol{z}_l''^*$ 共同构成 n_2-n_1 个局中人 $P_l\,(l\in N_2)$ 的最优策略 $\boldsymbol{z}_l^*=(\boldsymbol{z}_l'^{*\mathrm{T}},\boldsymbol{z}_l''^{*\mathrm{T}})^{\mathrm{T}}$，如图 2.1 所示。

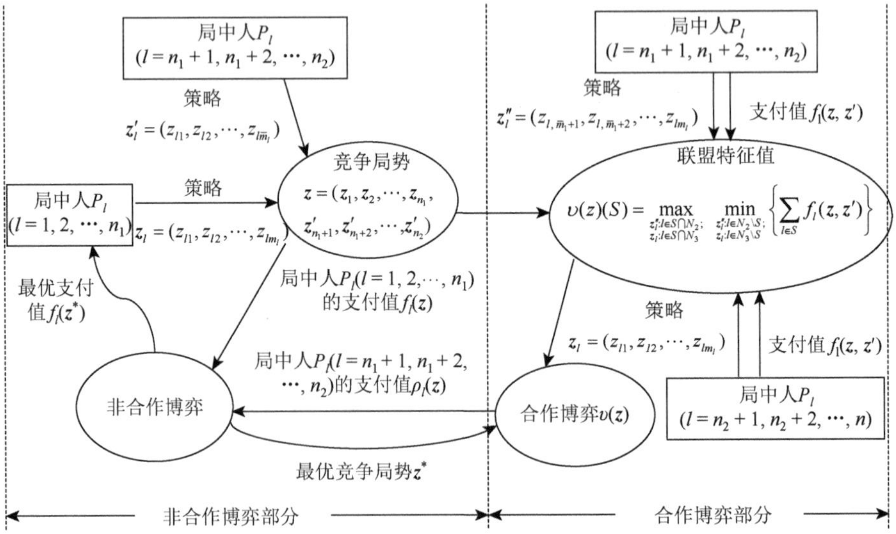

图 2.1　连续型非合作-合作两型博弈的求解过程

从前面叙述中可以看出，是否存在同时参加非合作博弈、合作博弈两个部分的局中人非常重要，即局中人的指标集 $N_2=\{n_1+1,n_1+2,\cdots,n_2\}$ 是不是空集或是否 $n_1=n_2$。可以归纳成下面两种情形。

1. 不存在同时参加非合作博弈与合作博弈两个部分的局中人

若 $N_2=\varnothing$，即没有同时参加非合作博弈、合作博弈两个部分的局中人，则这种情形其实已经不是真正意义上的连续型非合作-合作两型博弈，进一步结合局中人的指标集 $N_1=\{1,2,\cdots,n_1\}$ 与 $N_3=\{n_2+1,n_2+2,\cdots,n\}$，可以看到下面三种特殊情形的博弈。

（1）在 $N_2=\varnothing$ 时，若 $N_1\neq\varnothing$ 且 $|N_1|=n_1\geqslant 2$ 而 $N_3=\varnothing$ 即 $|N_3|=0$ 或 $n=n_2$，即只有只参加非合作博弈部分的局中人且至少有两个局中人，则这种特殊情形的连续型非合作-合作两型博弈已退化成为 1.2 节的非合作博弈。特别地，在 $N_2=\varnothing$ 时，若 $N_1\neq\varnothing$ 且 $|N_1|=n_1=1$ 而 $N_3=\varnothing$，即只有只参加非合作博弈部分的局中人且只有一个局中人，则这种特殊情形的连续型非合作-合作两型博弈本质上已经不是（非合作）博弈问题，而是通常意义上的决策优化问题。

（2）在 $N_2=\varnothing$ 时，若 $N_1=\varnothing$ 即 $|N_1|=n_1=0$ 而 $N_3\neq\varnothing$ 且 $|N_3|\geqslant 2$ 即 $n\geqslant n_2+2$，即只有只参加合作博弈部分的局中人且至少有两个局中人，则这种特殊情形的连续型非合作-合作两型博弈已退化成为 1.3 节的合作博弈。特别地，在 $N_2=\varnothing$ 时，若 $N_1=\varnothing$ 而 $N_3\neq\varnothing$ 且 $|N_3|=1$ 即 $n=n_2+1$，即只有只参加合作博弈部分的局中人且只有一个局中人，则这种特殊情形的连续型非合作-合作两型博弈本质上已经不是（合作）博弈问题，而是通常意义上的决策优化问题。

（3）在 $N_2=\varnothing$ 时，若 $N_1\neq\varnothing$ 且 $|N_1|=n_1\geqslant 2$ 而 $N_3\neq\varnothing$ 且 $|N_3|\geqslant 2$ 即 $n\geqslant n_2+2$，即只参加非合作博弈部分的局中人和只参加合作博弈部分的局中人都至少两个但这些局中人都是不同的局中人，则这种特殊情形的连续型非合作-合作两型博弈退化成为两个相对独立的非合作博弈与合作博弈问题，能够采用两阶段博弈方法[34]求解。事实上，很显然，n_1 个局中人 $P_l\,(l\in N_1)$的策略 $\boldsymbol{z}_l$ 及其支付值（或函数）$f_l(\boldsymbol{z})$ 都没有受到 $n-n_2$ 个局中人 $P_l\,(l\in N_3)$的策略 $\boldsymbol{z}_l$ 及支付值（或函数）$f_l(\boldsymbol{z}')$ 的任何影响和制约，其中 $\boldsymbol{z}=(\boldsymbol{z}_1,\boldsymbol{z}_2,\cdots,\boldsymbol{z}_{n_1})\in\prod_{l=1}^{n_1}\bar{\Omega}_l$ 和 $\boldsymbol{z}'=(\boldsymbol{z}_{n_2+1},\boldsymbol{z}_{n_2+2},\cdots,\boldsymbol{z}_n)\in\prod_{l=n_2+1}^{n}\bar{\Omega}_l$。因此，对于 n_1 个局中人 $P_l\,(l\in N_1)$的非合作博弈问题，可以利用合适的非合作博弈方法，容易求解得到这些局中人 $P_l\,(l\in N_1)$的最优策略 $\boldsymbol{z}_l^*$ 及最优支付值 $f_l(\boldsymbol{z}^*)$，即可形成最优竞争局势 $\boldsymbol{z}^*=(\boldsymbol{z}_1^*,\boldsymbol{z}_2^*,\cdots,\boldsymbol{z}_{n_1}^*)$。面对这个确定的最优竞争局势 $\boldsymbol{z}^*$，非合作博弈中的 n_1 个局中人 $P_l\,(l\in N_1)$的最优策略 $\boldsymbol{z}_l^*$（已经固定或知晓）及其最优支付值 $f_l(\boldsymbol{z}^*)$（是固定的常数）对合作博弈中的 $n-n_2$ 个局中人 $P_l\,(l\in N_3)$的策略 $\boldsymbol{z}_l$ 及其

支付值（或函数）$f_l(z')$ 没有任何影响和制约。对于 $n-n_2$ 个局中人 $P_l\,(l\in N_3)$ 的合作博弈问题，类似式（2.1），联盟 $S\subseteq N_3$ 的联盟特征值 $\upsilon(z^*)(S)$ 可以通过求解联盟 S 与联盟 $N_3\setminus S$ 的二人零和博弈的博弈值得到

$$\upsilon(z^*)(S)=\max_{z_l:l\in S}\ \min_{z_l:l\in N_3\setminus S}\left\{\sum_{l\in S}f_l(z')\right\} \tag{2.2}$$

这是冯·诺依曼和 Morgenstern[1]最早提出的合作博弈的联盟特征值的确定方法，也在很多实际问题中得到广泛应用[35, 36]。

显然，上述联盟特征值 $\upsilon(z^*)(S)$ 只与联盟 S 有关而与最优竞争局势 z^* 无关。

利用合适的合作博弈方法，求解 $n-n_2$ 个局中人 $P_l\,(l\in N_3)$ 的合作博弈 $\upsilon(z^*)$，可以得到这些局中人 $P_l\,(l\in N_3)$ 的最优利润分配值 $\rho_l(z^*)$ 及最优策略 z_l^*。

类似前面的讨论，在 $N_2=\varnothing$ 时，若 $N_1\neq\varnothing$ 且 $|N_1|=n_1=1$ 而 $N_3\neq\varnothing$ 且 $|N_3|\geqslant 2$ 即 $n\geqslant n_2+2$，则这种特殊情形的连续型非合作-合作两型博弈退化成为一个相对独立的决策优化问题和一个相对独立的合作博弈问题。在 $N_2=\varnothing$ 时，若 $N_1\neq\varnothing$ 且 $|N_1|=n_1\geqslant 2$ 而 $N_3\neq\varnothing$ 且 $|N_3|=1$ 即 $n=n_2+1$，则这种特殊情形的连续型非合作-合作两型博弈退化成为一个相对独立的非合作博弈问题和一个相对独立的决策优化问题。在 $N_2=\varnothing$ 时，若 $N_1\neq\varnothing$ 且 $|N_1|=n_1=1$ 而 $N_3\neq\varnothing$ 且 $|N_3|=1$ 即 $n=n_2+1$，则这种特殊情形的连续型非合作-合作两型博弈退化成为两个相对独立的决策优化问题。

2. 存在同时参加非合作博弈与合作博弈两个部分的局中人

若 $N_2\neq\varnothing$ 即 $n_2\geqslant n_1+1$，即存在同时参加非合作博弈、合作博弈两个部分的局中人，则这种情形除极个别特殊情况之外基本上是真正意义上的连续型非合作-合作两型博弈，进一步结合局中人的指标集 $N_1=\{1,2,\cdots,n_1\}$ 与 $N_3=\{n_2+1,n_2+2,\cdots,n\}$，可以看到下面两种情形的连续型非合作-合作两型博弈。

（1）在 $N_2\neq\varnothing$ 且 $|N_2|\geqslant 2$ 即 $n_2\geqslant n_1+2$ 时，即至少有两个局中人同时参加非合作博弈、合作博弈两个部分，不管是否存在只参加非合作博弈部分的局中人和只参加合作博弈部分的局中人，即不管 N_1 和 N_3 是不是空集，这种情形的博弈是真正意义上的连续型非合作-合作两型博弈。

（2）在 $N_2\neq\varnothing$ 而 $|N_2|=1$ 即 $n_2=n_1+1$ 时，即只有一个局中人同时参加非合作博弈、合作博弈两个部分，若 $N_1\neq\varnothing$ 即 $|N_1|=n_1\geqslant 1$ 且 $N_3\neq\varnothing$ 即 $|N_3|\geqslant 1$ 或 $n\geqslant n_2+1$，即存在只参加非合作博弈部分的局中人和只参加合作博弈部分的局中人（至少都有一个局中人），则考虑到存在一个同时参加非合作博弈、合作博弈两个部分的局中人，从而参加非合作博弈部分和参加合作博弈部分的局中人各自至少都有两个，这种情形的博弈也是真正意义上的连续型非合作-合作两型博弈。但是，在 $N_2\neq\varnothing$ 而 $|N_2|=1$ 即 $n_2=n_1+1$ 时，若 $N_1\neq\varnothing$ 即 $|N_1|=n_1\geqslant 1$ 但 $N_3=\varnothing$ 即 $|N_3|=0$

或$n=n_2$，则这种特殊情形的连续型非合作-合作两型博弈退化成为一个相对独立的非合作博弈问题和一个相对独立的决策优化问题；若$N_1=\varnothing$即$|N_1|=n_1=0$但$N_3\neq\varnothing$即$|N_3|\geqslant 1$或$n\geqslant n_2+1$，则这种特殊情形的连续型非合作-合作两型博弈退化成为一个相对独立的决策优化问题和一个相对独立的合作博弈问题；若$N_1=\varnothing$即$|N_1|=n_1=0$且$N_3=\varnothing$即$|N_3|=0$或$n=n_2$，则这种特殊情形的连续型非合作-合作两型博弈退化成为一个通常意义上的决策优化问题。

下面通过两个例子说明连续型非合作-合作两型博弈的求解方法与过程。

【例 2.1】　考虑三个局中人同时参加非合作博弈、合作博弈两个部分的连续型非合作-合作两型博弈问题，即下面连续型 3 人非合作-合作两型博弈$\Gamma_{3=0+3+0}$的具体含义及其求解过程：$\Gamma_{3=0+3+0}=(N=\varnothing\cup\{1,2,3\}\cup\varnothing;\bar{\Omega}_l,l\in N;f_l(\boldsymbol{z},\boldsymbol{z}'),l\in N,\boldsymbol{z}'\in\prod_{l=1}^{3}\bar{\Omega}_l'';\upsilon(\boldsymbol{z})(S),S\subseteq N,\boldsymbol{z}\in\prod_{l=1}^{3}\bar{\Omega}_l')$。

在这种情形下，没有只参加非合作博弈部分和只参加合作博弈部分的局中人，即局中人指标集$N_1=N_3=\varnothing$，也即$|N_1|=n_1=0$和$|N_3|=0$（即$n=n_2$），而同时参加非合作博弈、合作博弈两个部分的局中人的指标集可表示为$N_2=\{1,2,3\}$，即$n_2=3$，三个局中人分别表示为P_1、P_2与P_3，其中连续型非合作-合作两型博弈$\Gamma_{3=0+3+0}$的局中人指标集$N=N_2=\{1,2,3\}$。

每个局中人$P_l(l=1,2,3)$有两个策略（决策变量），用向量表示为$\boldsymbol{z}_l=(z_{l1},z_{l2})^{\mathrm{T}}$，策略空间为$\bar{\Omega}_l\subseteq\mathbf{R}^2$。局中人$P_l(l=1,2,3)$应用于非合作博弈部分、合作博弈部分的策略各有一个，分别记为$z_l'=z_{l1}\in\bar{\Omega}_l'$与$z_l''=z_{l2}\in\bar{\Omega}_l''$，其中$\bar{\Omega}_l=\bar{\Omega}_l'\times\bar{\Omega}_l''\subseteq\mathbf{R}^2$。

在非合作博弈部分中，三个局中人$P_l(l=1,2,3)$通过选择各自策略$z_{l1}\in\bar{\Omega}_l'$，形成策略组合即竞争局势$\boldsymbol{z}=(z_1',z_2',z_3')=(z_{11},z_{21},z_{31})\in\bar{\Omega}_1'\times\bar{\Omega}_2'\times\bar{\Omega}_3'$。

三个局中人$P_l(l=1,2,3)$都各自有一个策略$z_l''=z_{l2}$应用于合作博弈部分，因此对于任意给定的竞争局势$\boldsymbol{z}$，局中人支付值（或函数）$f_l(\boldsymbol{z},\boldsymbol{z}')$①无法事先明确知道，需要通过求解合作博弈部分中任意给定竞争局势$\boldsymbol{z}$的合作博弈才能具体得到，其中$\boldsymbol{z}'=(z_{12},z_{22},z_{32})$是三个局中人$P_l(l=1,2,3)$应用于合作博弈部分的策略向量。

对于任意给定的竞争局势$\boldsymbol{z}=(z_{11},z_{21},z_{31})$，在合作博弈部分中，三个局中人$P_l(l=1,2,3)$可能形成$2^3=8$个联盟，具体分别为：$\{1,2,3\}$（即最大联盟$N_2$），$\{1,2\}$，$\{1,3\}$，$\{2,3\}$，$\{1\}$，$\{2\}$，$\{3\}$，$\varnothing$（即空联盟），这里的联盟都使用局中人的指标（或编号）表示。利用式（2.1），可以计算得到上述每个联盟的联盟特征值为

$$\upsilon(\boldsymbol{z})(\varnothing)=0$$

① 如前所述，为了前后一致和突出竞争局势$\boldsymbol{z}=(z_{11},z_{21},z_{31})$，把局中人$P_l$（$l=1,2,3$）的支付函数$f_l(z_{11},z_{12},z_{21},z_{22},z_{31},z_{32})$中决策变量重新排列并表示为$f_l(\boldsymbol{z},\boldsymbol{z}')$或$f_l(\boldsymbol{z},z_{12},z_{22},z_{32})$。

$$\upsilon(z)(1) = \max_{z_{12}\in\bar{\Omega}_1''} \min_{z_{22}\in\bar{\Omega}_2'', z_{32}\in\bar{\Omega}_3''} \{f_1(z, z_{12}, z_{22}, z_{32})\}$$

$$\upsilon(z)(2) = \max_{z_{22}\in\bar{\Omega}_2''} \min_{z_{12}\in\bar{\Omega}_1'', z_{32}\in\bar{\Omega}_3''} \{f_2(z, z_{12}, z_{22}, z_{32})\}$$

$$\upsilon(z)(3) = \max_{z_{32}\in\bar{\Omega}_3''} \min_{z_{12}\in\bar{\Omega}_1'', z_{22}\in\bar{\Omega}_2''} \{f_3(z, z_{12}, z_{22}, z_{32})\}$$

$$\upsilon(z)(1,2) = \max_{z_{12}\in\bar{\Omega}_1'', z_{22}\in\bar{\Omega}_2''} \min_{z_{32}\in\bar{\Omega}_3''} \{f_1(z, z_{12}, z_{22}, z_{32}) + f_2(z, z_{12}, z_{22}, z_{32})\}$$

$$\upsilon(z)(1,3) = \max_{z_{12}\in\bar{\Omega}_1'', z_{32}\in\bar{\Omega}_3''} \min_{z_{22}\in\bar{\Omega}_2''} \{f_1(z, z_{12}, z_{22}, z_{32}) + f_3(z, z_{12}, z_{22}, z_{32})\}$$

$$\upsilon(z)(2,3) = \max_{z_{22}\in\bar{\Omega}_2'', z_{32}\in\bar{\Omega}_3''} \min_{z_{12}\in\bar{\Omega}_1''} \{f_2(z, z_{12}, z_{22}, z_{32}) + f_3(z, z_{12}, z_{22}, z_{32})\}$$

$$\upsilon(z)(1,2,3) = \max_{z_{12}\in\bar{\Omega}_1'', z_{22}\in\bar{\Omega}_2'', z_{32}\in\bar{\Omega}_3''} \{f_1(z, z_{12}, z_{22}, z_{32}) + f_2(z, z_{12}, z_{22}, z_{32}) + f_3(z, z_{12}, z_{22}, z_{32})\}$$

即构建了任意给定竞争局势 z 的合作博弈 $\upsilon(z)$ 即 $\upsilon(z_{11}, z_{21}, z_{31})$。

对于上述合作博弈 $\upsilon(z_{11}, z_{21}, z_{31})$，利用合作博弈的解，如 1.3 节的夏普利值，即式（1.21），可以计算得到局中人 $P_l\,(l=1,2,3)$的夏普利值（即利润分配值）$\rho_l(z_{11}, z_{21}, z_{31})$，即局中人 $P_l\,(l=1,2,3)$在竞争局势 (z_{11}, z_{21}, z_{31}) 中的支付值。

局中人 $P_l\,(l=1,2,3)$各自都希望通过优化策略选择 $z_{l1}\in\bar{\Omega}_l'$ 使其支付函数 $\rho_l(z_{11}, z_{21}, z_{31})$ 达到最大值，即三个局中人 $P_l\,(l=1,2,3)$构成非合作博弈。利用非合作博弈的解，如 1.2 节的纳什均衡解，即定义 1.1，通过求解下列优化问题：

$$\begin{cases} \rho_1(z_{11}^*, z_{21}^*, z_{31}^*) \geqslant \rho_1(z_{11}, z_{21}^*, z_{31}^*) & (z_{11}\in\bar{\Omega}_1') \\ \rho_2(z_{11}^*, z_{21}^*, z_{31}^*) \geqslant \rho_2(z_{11}^*, z_{21}, z_{31}^*) & (z_{21}\in\bar{\Omega}_2') \\ \rho_3(z_{11}^*, z_{21}^*, z_{31}^*) \geqslant \rho_3(z_{11}^*, z_{21}^*, z_{31}) & (z_{31}\in\bar{\Omega}_3') \end{cases}$$

可以得到局中人 $P_l\,(l=1,2,3)$的纳什均衡解 z_{l1}^* 和最优支付值 $\rho_l(z_{11}^*, z_{21}^*, z_{31}^*)$ 以及相应的最优竞争局势（或纳什均衡解）$z^* = (z_{11}^*, z_{21}^*, z_{31}^*)$。

结合前面的合作博弈 $\upsilon(z_{11}, z_{21}, z_{31})$ 的联盟特征值求解过程和局中人 $P_l\,(l=1,2,3)$ 的支付函数 $f_l(z, z')$ 即 $f_l(z_{11}, z_{12}, z_{21}, z_{22}, z_{31}, z_{32})$，利用局中人 $P_l\,(l=1,2,3)$的纳什均衡解 z_{l1}^* 和最优支付值 $\rho_l(z_{11}^*, z_{21}^*, z_{31}^*)$，可以计算得到局中人 $P_l\,(l=1,2,3)$应用于合作博弈部分的最优策略 z_{l2}^* 及最优（或稳定）联盟。于是，可以得到三个局中人 $P_l\,(l=1,2,3)$的最优策略 $z_l^* = (z_{l1}^*, z_{l2}^*)$ 和最优支付值 $\rho_l(z_{11}^*, z_{21}^*, z_{31}^*)$，其中 $f_l(z_{11}^*, z_{12}^*, z_{21}^*, z_{22}^*, z_{31}^*, z_{32}^*) = \rho_l(z_{11}^*, z_{21}^*, z_{31}^*)$ 即 $f_l(z^*, z'^*) = \rho_l(z^*)$，如图 2.2 所示。

【例 2.2】 考虑三个局中人分别只参加非合作博弈部分、只参加合作博弈部分、同时参加非合作博弈与合作博弈两个部分的连续型非合作-合作两型博弈问题，即下面连续型 3 人非合作-合作两型博弈 $\Gamma_{3=1+1+1}$ 的具体含义及其求解过程：$\Gamma_{3=1+1+1} = (N=\{1\}\cup\{2\}\cup\{3\}; \bar{\Omega}_l, l\in N; f_1(z), z\in\bar{\Omega}_1\times\bar{\Omega}_2'; f_l(z,z'), l\in\{2,3\}, z'\in\bar{\Omega}_2''\times\bar{\Omega}_3; \upsilon(z)(S), S\subseteq\{2,3\}, z\in\bar{\Omega}_1\times\bar{\Omega}')$。

在这种情形下，只参加非合作博弈部分的局中人为 P_1，局中人指标集 $N_1=\{1\}$ 即 $n_1=1$；同时参加非合作博弈、合作博弈两个部分的局中人为 P_2，局中人指标集 $N_2=\{2\}$ 即 $n_2=2$；只参加合作博弈部分的局中人为 P_3，局中人指标集 $N_3=\{3\}$ 即 $n=3$。因此，连续型非合作-合作两型博弈 $\Gamma_{3=1+1+1}$ 的局中人指标集 $N=N_1\cup N_2\cup N_3=\{1,2,3\}$。

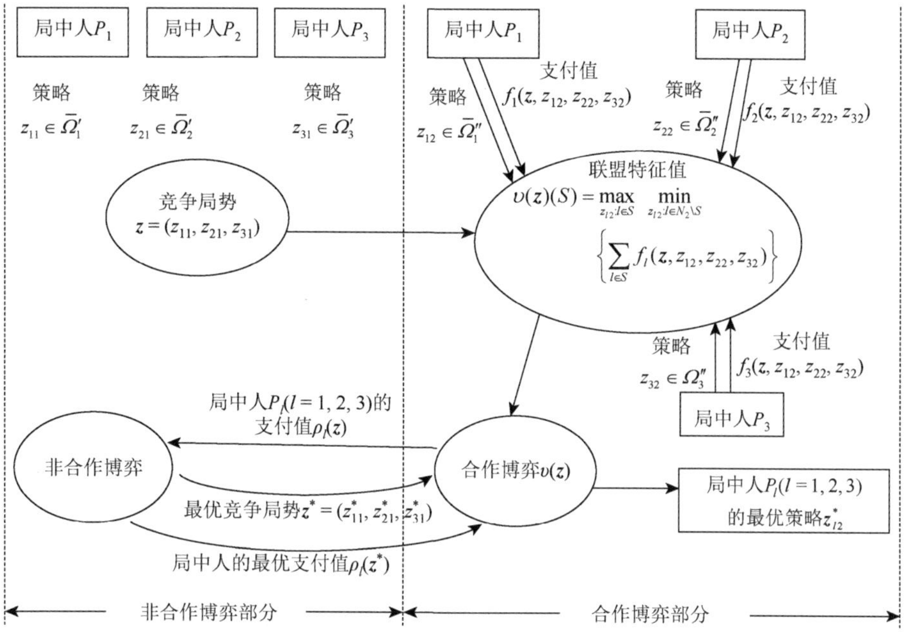

图 2.2　连续型 3 人非合作-合作两型博弈 $\Gamma_{3=0+3+0}$ 的解法框图

局中人 P_1 有一个策略 $z_1=z_{11}\in\bar{\Omega}_1\subseteq\mathbf{R}$ 只应用于非合作博弈部分，局中人 P_3 也有一个策略 $z_3=z_{31}\in\bar{\Omega}_3\subseteq\mathbf{R}$ 只应用于合作博弈部分，而局中人 P_2 有两个策略 z_{21} 与 z_{22}，分别在非合作博弈部分、合作博弈部分各有一个策略，记为策略 $\boldsymbol{z}_2=(z_2',z_2'')^{\mathrm{T}}=(z_{21},z_{22})^{\mathrm{T}}$，其中 $z_2'=z_{21}\in\bar{\Omega}_2'\subseteq\mathbf{R}$，$z_2''=z_{22}\in\bar{\Omega}_2''\subseteq\mathbf{R}$。

在非合作博弈部分中，两个局中人 P_l（$l=1,2$）通过选择各自策略 $z_1\in\bar{\Omega}_1$ 与 $z_{21}\in\bar{\Omega}_2'$，形成策略组合即竞争局势 $\boldsymbol{z}=(z_1,z_{21})\in\bar{\Omega}_1\times\bar{\Omega}_2'$。

局中人 P_2 有一个策略 $z_{22}\in\bar{\Omega}_2''$、局中人 P_3 也有一个策略 $z_3\in\bar{\Omega}_3$ 应用于合作博弈部分。因此，对于任意给定的竞争局势 $\boldsymbol{z}=(z_1,z_{21})$，局中人 P_1 的支付函数 $f_1(z_1,z_{21})$ 即 $f_1(\boldsymbol{z})$ 是事先可以具体确定的，但其余两个局中人 P_l（$l=2,3$）的支付函数 $f_l(z_1,z_{21},z_{22},z_3)$ 即 $f_l(\boldsymbol{z},\boldsymbol{z}')$ [①]是无法事先知道的，需要通过求解合作博弈部分中

① 如前所述，把局中人 P_l（$l=2,3$）的支付函数 $f_l(z_1,z_{21},z_{22},z_3)$ 中决策变量重新排列并表示为 $f_l(\boldsymbol{z},\boldsymbol{z}')$ 或 $f_l(\boldsymbol{z},z_{22},z_3)$。

任意给定竞争局势 z 的合作博弈才能具体得到，其中 $z'=(z_{22},z_3)\in\bar{\Omega}_2''\times\bar{\Omega}_3$ 是两个局中人 $P_l\,(l=2,3)$ 在合作博弈部分的策略组成的策略向量，即两个局中人应用于合作博弈部分的所有可能策略组合。

对于任意给定的竞争局势 $z=(z_1,z_{21})$，在合作博弈部分中，两个局中人 $P_l\,(l=2,3)$ 可能形成 $2^2=4$ 个联盟，具体分别为：$\{2,3\}$（即最大联盟 $N_2\cup N_3$），$\{2\}$，$\{3\}$，$\varnothing$（即空联盟），这里的联盟都使用局中人的指标（或编号）表示。利用式（2.1），可以计算得到上述每个联盟的联盟特征值为

$$\upsilon(z)(\varnothing)=0$$

$$\upsilon(z)(2)=\max_{z_{22}\in\bar{\Omega}_2''}\min_{z_3\in\bar{\Omega}_3}\{f_2(z,z_{22},z_3)\}$$

$$\upsilon(z)(3)=\max_{z_3\in\bar{\Omega}_3}\min_{z_{22}\in\bar{\Omega}_2''}\{f_3(z,z_{22},z_3)\}$$

$$\upsilon(z)(2,3)=\max_{z_{22}\in\bar{\Omega}_2'',z_3\in\bar{\Omega}_3}\{f_2(z,z_{22},z_3)+f_3(z,z_{22},z_3)\}$$

即构建了任意给定竞争局势 $z=(z_1,z_{21})$ 的合作博弈 $\upsilon(z)$ 即 $\upsilon(z_1,z_{21})$。

对于上述合作博弈 $\upsilon(z_1,z_{21})$，利用合作博弈的解，如 1.3 节的夏普利值，即式（1.21），可以计算得到局中人 $P_l\,(l=2,3)$ 的夏普利值（即利润分配值）$\rho_l(z_1,z_{21})$ 分别为

$$\rho_2(z_1,z_{21})=\frac{\upsilon(z_1,z_{21})(2)+\upsilon(z_1,z_{21})(2,3)-\upsilon(z_1,z_{21})(3)}{2}$$

和

$$\rho_3(z_1,z_{21})=\frac{\upsilon(z_1,z_{21})(3)+\upsilon(z_1,z_{21})(2,3)-\upsilon(z_1,z_{21})(2)}{2}$$

即局中人 $P_l\,(l=2,3)$ 在竞争局势 (z_1,z_{21}) 中的支付值。

局中人 $P_l\,(l=1,2)$ 各自都希望分别通过优化策略选择 $z_1\in\bar{\Omega}_1$ 与 $z_{21}\in\bar{\Omega}_2'$，使各自支付函数 $f_1(z_1,z_{21})$ 与 $\rho_2(z_1,z_{21})$ 达到最大值，即两个局中人 $P_l\,(l=1,2)$ 构成非合作博弈。利用非合作博弈的解，如纳什讨价还价（或谈判）模型[9, 37]，即通过求解下列优化问题：

$$\max\{(f_1(z_1,z_{21})-\bar{f}_1)(\rho_2(z_1,z_{21})-\bar{\rho}_2)\}$$
$$\text{s.t.}\begin{cases}f_1(z_1,z_{21})\geqslant\bar{f}_1\\ \rho_2(z_1,z_{21})\geqslant\bar{\rho}_2\\ z_1\in\bar{\Omega}_1\\ z_{21}\in\bar{\Omega}_2'\end{cases}$$

可以分别得到局中人 $P_l\,(l=1,2)$ 的纳什谈判解 z_1^*、z_{21}^* 和最优支付值 $f_1(z_1^*,z_{21}^*)$、$\rho_2(z_1^*,z_{21}^*)$ 以及相应的最优竞争局势（或纳什谈判解）$z^*=(z_1^*,z_{21}^*)$，其中 $\bar{f}_1$ 与 $\bar{\rho}_2$ 分别是局中人 $P_l\,(l=1,2)$ 对支付值 $f_1(z_1,z_{21})$、$\rho_2(z_1,z_{21})$ 可以接受的最小值，即局中

人 P_l ($l=1,2$)对支付值 $f_1(z_1,z_{21})$ 、 $\rho_2(z_1,z_{21})$ 的谈判底线或现状点（status quo point），可以根据供应链实际情况具体确定。

结合前面合作博弈 $\upsilon(z_1,z_{21})$ 的联盟特征值求解过程和局中人 P_l ($l=2,3$)的支付函数 $f_l(z_1,z_{21},z_{22},z_3)$ 即 $f_l(z,z')$ ，利用局中人 P_l ($l=1,2$)的纳什谈判解 z_1^* 、 z_{21}^* 和最优支付值 $f_1(z_1^*,z_{21}^*)$ 、 $\rho_2(z_1^*,z_{21}^*)$ ，可以计算得到局中人 P_3 应用于合作博弈部分的最优策略 z_3^* 及最优支付值（利润分配值） $\rho_3(z_1^*,z_{21}^*)$ 、最优（或稳定）联盟。于是，可以分别得到三个局中人 P_l ($l=1,2,3$)的最优策略 z_1^* 、 $z_2^*=(z_{21}^*,z_{22}^*)$ 、 z_3^* 和最优支付值 $f_1(z_1^*,z_{21}^*)$ 、 $\rho_2(z_1^*,z_{21}^*)$ 、 $\rho_3(z_1^*,z_{21}^*)$ ，其中 $f_2(z_1^*,z_{21}^*,z_{22}^*,z_3^*)=\rho_2(z_1^*,z_{21}^*)=\rho_2(z^*)$ ， $f_3(z_1^*,z_{21}^*,z_{22}^*,z_3^*)=\rho_3(z_1^*,z_{21}^*)=\rho_3(z^*)$ ，如图 2.3 所示。

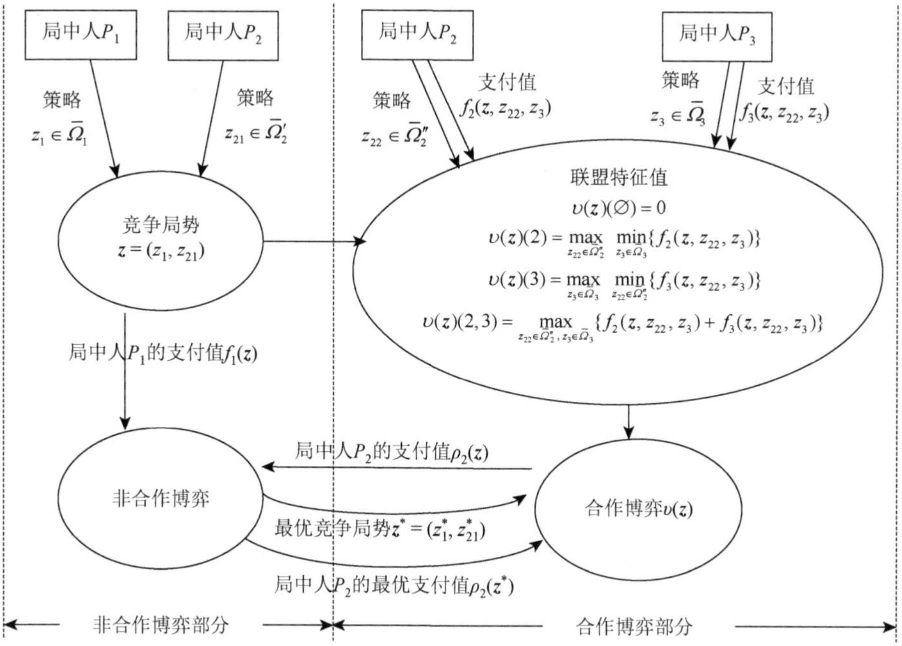

图 2.3　连续型 3 人非合作-合作两型博弈 $\Gamma_{3=1+1+1}$ 的解法框图

2.2　离散型非合作-合作两型博弈的规范化刻画及求解方法

局中人策略的离散性使得离散型非合作-合作两型博弈的规范化刻画与求解过程表述要比连续型非合作-合作两型博弈更显复杂、烦琐。结合 1.2 节的离散型非合作博弈和 1.3 节的离散型合作博弈，类似 2.1 节的连续型非合作-合作两型博弈的规范化刻画与求解方法，本节系统阐述离散型非合作-合作两型博弈的规范化刻画与求解方法。

2.2.1 离散型非合作-合作两型博弈的规范化刻画

依据非合作-合作两型博弈的五个基本组成要素：局中人、策略、支付值、联盟、联盟特征值，把离散型 n 人非合作-合作两型博弈记为

$$\Gamma_{|N|=|N_1|+|N_2|+|N_3|}=(N=N_1\cup N_2\cup N_3;S_l,l\in N;v_l(\boldsymbol{\alpha}),l\in N_1,\boldsymbol{\alpha}\in\prod_{l\in N_1}S_l\times\prod_{l\in N_2}S_l';v_l(\boldsymbol{\alpha},\boldsymbol{\alpha}'),l\in N_2\cup N_3,$$

$$\boldsymbol{\alpha}'\in\prod_{l\in N_2}S_l''\times\prod_{l\in N_3}S_l;\upsilon(\boldsymbol{\alpha})(S),S\subseteq N_2\cup N_3,\boldsymbol{\alpha}\in\prod_{l\in N_1}S_l\times\prod_{l\in N_2}S_l')$$

下面详细论述离散型 n 人非合作-合作两型博弈 $\Gamma_{|N|=|N_1|+|N_2|+|N_3|}$ 的具体含义及求解过程与方法。

1. 局中人的表示

与连续型非合作-合作两型博弈一样，离散型非合作-合作两型博弈由非合作博弈、合作博弈两个部分组成。在离散型非合作-合作两型博弈中，不同的局中人参加非合作博弈、合作博弈两个部分的方式可能不完全一样。

仍然假设有 n 个局中人 P_l ($l\in N$)参与离散型非合作-合作两型博弈，用 $N=\{1,2,\cdots,n\}$ 表示这些局中人的指标集，其中 n_1 个局中人 P_l ($l\in N_1$)只参加非合作博弈部分，用 $N_1=\{1,2,\cdots,n_1\}$ 表示这些局中人的指标集； n_2-n_1 个局中人 P_l ($l\in N_2$)同时参加非合作博弈、合作博弈两个部分，用 $N_2=\{n_1+1,n_1+2,\cdots,n_2\}$ 表示这些局中人的指标集； $n-n_2$ 个局中人 P_l ($l\in N_3$)只参加合作博弈部分，用 $N_3=\{n_2+1,n_2+2,\cdots,n\}$ 表示这些局中人的指标集。离散型非合作-合作两型博弈的 n 个局中人的指标集正好是 $N=N_1\cup N_2\cup N_3$ ，显然 $N_1\cap N_2=\varnothing$ ， $N_1\cap N_3=\varnothing$ ， $N_2\cap N_3=\varnothing$ 。

2. 策略的表示

在离散型非合作-合作两型博弈中，不同局中人的策略应用于非合作博弈、合作博弈两个部分的方式可能不完全相同。

局中人的离散型策略通常称为纯策略。假设局中人 P_l ($l\in N$)有 m_l 个纯策略，把纯策略集合表示为 $S_l=\{\alpha_{l1},\alpha_{l2},\cdots,\alpha_{lm_l}\}$ ，并记局中人 P_l ($l\in N$)的纯策略的指标集为 $\Lambda_l=\{1,2,\cdots,m_l\}$ 。

n_1 个局中人 P_l ($l\in N_1$)各自有 m_l 个纯策略 α_{lj} ($j\in\Lambda_l$)只应用于非合作博弈部分， $n-n_2$ 个局中人 P_l ($l\in N_3$)各自有 m_l 个纯策略 α_{lj} ($j\in\Lambda_l$)只应用于合作博弈部分。但在同时参加非合作博弈、合作博弈两个部分的 n_2-n_1 个局中人 P_l ($l\in N_2$)的 m_l 个纯策略 α_{lj} ($j\in\Lambda_l$)中，有一些纯策略应用于非合作博弈部分，另一些纯

策略应用于合作博弈部分。对这些同时参加非合作博弈、合作博弈两个部分的局中人 $P_l(l\in N_2)$，不妨假定纯策略指标排序在 $\bar{m}_l$ 之前的 $\bar{m}_l$ 个纯策略是局中人 $P_l(l\in N_2)$ 应用于非合作博弈部分的纯策略，用纯策略集合可以表示为 $S_l'=\{\alpha_{l1},\alpha_{l2},\cdots,\alpha_{l\bar{m}_l}\}$，相应的纯策略指标集记为 $\Lambda_l'=\{1,2,\cdots,\bar{m}_l\}$，而纯策略指标排序在 $\bar{m}_l$ 与 m_l 之间的 $m_l-\bar{m}_l$ 个纯策略是局中人 $P_l(l\in N_2)$ 应用于合作博弈部分的纯策略，用纯策略集合可以表示为 $S_l''=\{\alpha_{l,\bar{m}_l+1},\alpha_{l,\bar{m}_l+2},\cdots,\alpha_{lm_l}\}$，相应的纯策略指标集记为 $\Lambda_l''=\{\bar{m}_l+1,\bar{m}_l+2,\cdots,m_l\}$。显然，$S_l=S_l'\cup S_l''$，$\Lambda_l=\Lambda_l'\cup\Lambda_l''$，而且 $S_l'\cap S_l''=\varnothing$，$\Lambda_l'\cap\Lambda_l''=\varnothing\,(l\in N_2)$。

容易看出，当至少有一个 $m_l-\bar{m}_l\geqslant 1$ 时，至少有一个局中人的纯策略应用于合作博弈部分，进而能够影响与制约合作博弈部分的局中人之间的联盟形成及联盟特征值（或利润）的创造，因此这种情况下的博弈是真正意义上的离散型非合作-合作两型博弈。反之，当所有 $m_l=\bar{m}_l$ 时，所有局中人 $P_l(l\in N_2)$ 的纯策略全部应用于非合作博弈部分，只用于形成非合作博弈部分的所有局中人的竞争局势，而没有局中人 $P_l(l\in N_2)$ 的纯策略应用于合作博弈部分，从而不能影响与制约合作博弈部分的局中人之间的联盟形成及联盟特征值（或利润）的创造。

在离散型非合作-合作两型博弈中，非合作博弈部分的局中人包括只参加非合作博弈部分的 n_1 个局中人 $P_l(l\in N_1)$ 和同时参加非合作博弈、合作博弈两个部分的 n_2-n_1 个局中人 $P_l(l\in N_2)$。通过局中人 $P_l(l\in N_1)$ 选择任意纯策略 $\alpha_l\in S_l$ 和局中人 $P_l(l\in N_2)$ 选择任意纯策略 $\alpha_l'\in S_l'$，可以形成非合作博弈部分的所有局中人 $P_l(l\in N_1\cup N_2)$ 的竞争局势（或纯策略组合）$\boldsymbol{\alpha}=(\alpha_1,\alpha_2,\cdots,\alpha_{n_1},\alpha_{n_1+1}',\alpha_{n_1+2}',\cdots,\alpha_{n_2}')\in\prod_{l=1}^{n_1}S_l\times\prod_{l=n_1+1}^{n_2}S_l'$，为合作博弈部分的局中人创造竞争环境，其中 $\alpha_l'\in S_l'$ 是局中人 P_l（$l=n_1+1,n_1+2,\cdots,n_2$）的 m_l 个纯策略中应用于非合作博弈部分的部分纯策略，$\alpha_l\in S_l$ 是局中人 $P_l(l=1,2,\cdots,n_1)$ 应用于非合作博弈部分的纯策略。

3. 支付值的表示

在离散型非合作-合作两型博弈中，局中人的支付值取决于非合作博弈、合作博弈两个部分的其他局中人及纯策略，不同局中人的支付值可能在表现形式与是否事先已经知晓等方面不完全一样。

对于任意给定的竞争局势 $\boldsymbol{\alpha}=(\alpha_1,\alpha_2,\cdots,\alpha_{n_1},\alpha_{n_1+1}',\alpha_{n_1+2}',\cdots,\alpha_{n_2}')\in\prod_{l=1}^{n_1}S_l\times\prod_{l=n_1+1}^{n_2}S_l'$，即前面提到的非合作博弈部分的所有局中人的策略组合，只参加非合作博弈部分的 n_1 个局中人 $P_l(l\in N_1)$ 的支付值可以表示为 $v_l(\boldsymbol{\alpha})$。一旦竞争局势 $\boldsymbol{\alpha}$ 事先给定，

则所有 n_1 个局中人 $P_l(l\in N_1)$ 的支付值 $v_l(\boldsymbol{\alpha})$ 都是事先已经明确知道的。

同时参加非合作博弈、合作博弈两个部分的 n_2-n_1 个局中人 $P_l(l\in N_2)$ 和只参加合作博弈部分的 $n-n_2$ 个局中人 P_l（$l\in N_3$）的支付值可以表示为 $v_l(\boldsymbol{\alpha},\boldsymbol{\alpha}')$（$l\in N_2\cup N_3$），其中 $\boldsymbol{\alpha}'=(\alpha''_{n_1+1},\alpha''_{n_1+2},\alpha''_{n_2},\alpha_{n_2+1},\alpha_{n_2+2},\cdots,\alpha_n)\in\prod_{l=n_1+1}^{n_2}S''_l\times\prod_{l=n_2+1}^{n}S_l$ 是合作博弈部分的所有局中人应用于合作博弈的纯策略，而 $\alpha''_l\in S''_l$ 是局中人 P_l（$l=n_1+1,n_1+2,\cdots,n_2$）应用于合作博弈部分的纯策略。值得指出的是，离散型非合作-合作两型博弈 $\Gamma_{|N|=|N_1|+|N_2|+|N_3|}$ 的策略向量是 $\bar{\boldsymbol{\alpha}}=(\alpha_1,\alpha_2,\cdots,\alpha_{n_1},(\alpha'_{n_1+1},\alpha''_{n_1+1}),(\alpha'_{n_1+2},\alpha''_{n_1+2}),\cdots,(\alpha'_{n_2},\alpha''_{n_2}),\alpha_{n_2+1},\alpha_{n_2+2},\cdots,\alpha_n)\in\prod_{l=1}^{n_1}S_l\times\prod_{l=n_1+1}^{n_2}(S'_l\times S''_l)\times\prod_{l=n_2+1}^{n}S_l$ 即 $\bar{\boldsymbol{\alpha}}=(\alpha_1,\alpha_2,\cdots,\alpha_{n_1},\alpha_{n_1+1},\alpha_{n_1+2},\cdots,\alpha_{n_2},\alpha_{n_2+1},\alpha_{n_2+2},\cdots,\alpha_n)\in\prod_{l=1}^{n}S_l$。与连续型非合作-合作两型博弈一样，为了突出竞争局势 $\boldsymbol{\alpha}=(\alpha_1,\alpha_2,\cdots,\alpha_{n_1},\alpha'_{n_1+1},\alpha'_{n_1+2},\cdots,\alpha'_{n_2})$ 和叙述简洁，通常把 $\bar{\boldsymbol{\alpha}}$ 中 n_2-n_1 个局中人 $P_l(l\in N_2)$ 的纯策略重新排序并表示成上述形式 $\bar{\boldsymbol{\alpha}}=(\boldsymbol{\alpha},\boldsymbol{\alpha}')$。容易看出，这些局中人 $P_l(l\in N_2\cup N_3)$ 的支付值 $v_l(\boldsymbol{\alpha},\boldsymbol{\alpha}')$ 涉及合作博弈部分的局中人的纯策略，因此对于任意给定的竞争局势 $\boldsymbol{\alpha}$，局中人的支付值 $v_l(\boldsymbol{\alpha},\boldsymbol{\alpha}')$ 无法事先具体确定，需要通过求解合作博弈部分中任意给定竞争局势 $\boldsymbol{\alpha}$ 的合作博弈才能具体得到。

4. 联盟的表示

在离散型非合作-合作两型博弈中，合作博弈部分的局中人由同时参加非合作博弈、合作博弈两个部分的 n_2-n_1 个局中人 $P_l(l\in N_2)$ 和只参加合作博弈部分的 $n-n_2$ 个局中人 $P_l(l\in N_3)$ 组成，即合作博弈部分的局中人指标集是 $N_2\cup N_3$。$n-n_1$ 个局中人 $P_l(l\in N_2\cup N_3)$ 可能形成各种联盟，联盟 S 可以表示为 $N_2\cup N_3$ 中的任意子集，即 $S\subseteq N_2\cup N_3$，其中 $N_2\cup N_3$ 是合作博弈部分的局中人的最大联盟。

5. 联盟特征值的表示

在离散型非合作-合作两型博弈中，联盟特征值与竞争局势紧密相关，并取决于合作博弈部分的局中人应用于合作博弈部分的纯策略。

对任意给定竞争局势 $\boldsymbol{\alpha}$，联盟 $S\subseteq N_2\cup N_3$ 的联盟特征值定义为二人零和博弈的博弈值，其中把联盟 S 中的所有局中人 $P_l(l\in S)$（即联盟 S）看作一个局中人，并最大化联盟 S 的支付值，而把联盟 $(N_2\cup N_3)\setminus S$ 中的所有局中人 $P_l(l\in(N_2\cup N_3)\setminus S)$（即联盟 $(N_2\cup N_3)\setminus S$）看作另一个局中人，并最小化联盟 S 的支付值。按照定理 1.5 或式（1.15），可以得到联盟 S 与联盟 $(N_2\cup N_3)\setminus S$ 的二人零和博弈的博弈值为

$$\upsilon(\boldsymbol{\alpha})(S)=\max_{\boldsymbol{x}_l'':l\in S\cap N_2;\boldsymbol{x}_l:l\in S\cap N_3}\ \min_{\boldsymbol{x}_l'':l\in N_2\setminus S;\boldsymbol{x}_l:l\in N_3\setminus S}\left\{\sum_{l\in S}E_l(\boldsymbol{x}')\right\} \tag{2.3}$$

其中，$\boldsymbol{x}'=(\boldsymbol{x}_{n_1+1}'',\boldsymbol{x}_{n_1+2}'',\cdots,\boldsymbol{x}_{n_2}'',\boldsymbol{x}_{n_2+1},\boldsymbol{x}_{n_2+2},\cdots,\boldsymbol{x}_n)$为合作博弈部分的所有$n-n_1$个局中人$P_l(l\in N_2\cup N_3)$的混合策略（概率）向量。$\boldsymbol{x}_l''=(x_{l,\bar{m}_l+1}'',x_{l,\bar{m}_l+2}'',\cdots,x_{lm_l}'')^{\mathrm{T}}$为局中人$P_l(l\in N_2)$在合作博弈部分中选择$m_l-\bar{m}_l$个纯策略$\alpha_l''\in S_l''$的概率向量，即$\boldsymbol{x}_l''\in X_l''$，且

$$X_l''=\left\{\boldsymbol{x}_l''\in\mathbf{R}^{m_l-\bar{m}_l}\mid\sum_{j=\bar{m}_l+1}^{m_l}x_{lj}''=1,x_{lj}''\geqslant 0\ (j=\bar{m}_l+1,\bar{m}_l+2,\cdots,m_l)\right\}\qquad(l\in N_2)$$

而$\boldsymbol{x}_l=(x_{l1},x_{l2},\cdots,x_{lm_l})^{\mathrm{T}}$是局中人$P_l(l\in N_3)$在合作博弈部分中选择$m_l$个纯策略$\alpha_l\in S_l$的概率向量，即$\boldsymbol{x}_l\in X_l$，且

$$X_l=\left\{\boldsymbol{x}_l\in\mathbf{R}^{m_l}\mid\sum_{j=1}^{m_l}x_{lj}=1,x_{lj}\geqslant 0\ (j=1,2,\cdots,m_l)\right\}\qquad(l\in N_3)$$

$E_l(\boldsymbol{x}')$是局中人$P_l(l\in S\subseteq N_2\cup N_3)$在混合策略（概率）$\boldsymbol{x}'=(\boldsymbol{x}_{n_1+1}'',\boldsymbol{x}_{n_1+2}'',\cdots,\boldsymbol{x}_{n_2}'',\boldsymbol{x}_{n_2+1},\boldsymbol{x}_{n_2+2},\cdots,\boldsymbol{x}_n)$中的期望支付值（或赢得）。按照式（1.1），可以计算得到

$$\begin{aligned}E_l(\boldsymbol{x}')=&\sum_{j_{n_2+1}=1}^{m_{n_2+1}}\sum_{j_{n_2+2}=1}^{m_{n_2+2}}\cdots\sum_{j_n=1}^{m_n}\sum_{j_{n_1+1}=\bar{m}_{n_1+1}+1}^{m_{n_1+1}}\sum_{j_{n_1+2}=\bar{m}_{n_1+2}+1}^{m_{n_1+2}}\cdots\sum_{j_{n_2}=\bar{m}_{n_2}+1}^{m_{n_2}}v_l(\boldsymbol{\alpha},\alpha_{n_1+1,j_{n_1+1}}'',\alpha_{n_1+2,j_{n_1+2}}'',\cdots,\\&\alpha_{n_2,j_{n_2}}'',\alpha_{n_2+1,j_{n_2+1}},\alpha_{n_2+2,j_{n_2+2}},\cdots,\alpha_{nj_n})\prod_{l=n_1+1}^{n_2}x_{lj_l}''\times\prod_{l=n_2+1}^{n}x_{lj_l}\end{aligned} \tag{2.4}$$

其中，$x_{lj_l}''\in[0,1]$（$j_l\in\Lambda_l''$）为局中人P_l（$l\in N_2$）选取纯策略$\alpha_{lj_l}''\in S_l''=\{\alpha_{l,\bar{m}_l+1},\alpha_{l,\bar{m}_l+2},\cdots,\alpha_{lm_l}\}$的概率；$x_{lj_l}\in[0,1]$（$j_l\in\Lambda_l$）为局中人$P_l$（$l\in N_3$）选取纯策略$\alpha_{lj_l}\in S_l=\{\alpha_{l1},\alpha_{l2},\cdots,\alpha_{lm_l}\}$的概率。

按照式（2.3），可以计算得到任意给定竞争局势$\boldsymbol{\alpha}$的联盟S的联盟特征值$\upsilon(\boldsymbol{\alpha})(S)$，即构建了任意给定竞争局势$\boldsymbol{\alpha}$的合作博弈$\upsilon(\boldsymbol{\alpha})$。

2.2.2 离散型非合作-合作两型博弈的求解方法与过程

针对任意给定竞争局势$\boldsymbol{\alpha}=(\alpha_1,\alpha_2,\cdots,\alpha_{n_1},\alpha_{n_1+1}',\alpha_{n_1+2}',\cdots,\alpha_{n_2}')\in\prod_{l=1}^{n_1}S_l\times\prod_{l=n_1+1}^{n_2}S_l'$，利用合适的合作博弈的解（如 1.3 节中合作博弈的核心与夏普利值），求解得到竞争局势$\boldsymbol{\alpha}$下合作博弈$\upsilon(\boldsymbol{\alpha})$的解（或利润分配值），把合作博弈部分的$n-n_1$个局中人

$P_l\,(l \in N_2 \cup N_3)$得到的利润分配值（即合作博弈$\upsilon(\boldsymbol{\alpha})$的解的分量）记为$\rho_l(\boldsymbol{\alpha})$。把同时参加非合作博弈、合作博弈两个部分的$n_2 - n_1$个局中人$P_l\,(l \in N_2)$得到的利润分配值$\rho_l(\boldsymbol{\alpha})$作为局中人$P_l\,(l \in N_2)$参加非合作博弈部分的支付值，与只参加非合作博弈部分的n_1个局中人$P_l\,(l \in N_1)$的支付值$v_l(\boldsymbol{\alpha})$一起，对非合作博弈部分的n_2个局中人$P_l\,(l \in N_1 \cup N_2)$进行非合作博弈。通过利用合适的非合作博弈的解（如1.2节的纳什均衡解），可以求解得到上述n_2个局中人$P_l\,(l \in N_1 \cup N_2)$参与的非合作博弈的最优竞争局势(即最优混合策略概率)$\boldsymbol{x}^* = (\boldsymbol{x}_1^*, \boldsymbol{x}_2^*, \cdots, \boldsymbol{x}_{n_1}^*, \boldsymbol{x}_{n_1+1}'^*, \boldsymbol{x}_{n_1+2}'^*, \cdots, \boldsymbol{x}_{n_2}'^*)$及各局中人$P_l\,(l \in N_1 \cup N_2)$的最优期望支付值$E_l(\boldsymbol{x}^*)$，其中$\boldsymbol{x}_l^* = (x_{l1}^*, x_{l2}^*, \cdots, x_{lm_l}^*)^{\mathrm{T}}$是局中人$P_l\,(l \in N_1)$在非合作博弈部分中选择$m_l$个纯策略$\alpha_l \in S_l$的最优概率向量，$\boldsymbol{x}_l'^* = (x_{l1}'^*, x_{l2}'^*, \cdots, x_{l\bar{m}_l}'^*)^{\mathrm{T}}$是局中人$P_l\,(l \in N_2)$在非合作博弈部分中选择$\bar{m}_l$个纯策略$\alpha_l' \in S_l'$的最优概率向量。类似式（2.4），局中人$P_l\,(l \in N_1 \cup N_2)$的最优期望支付值$E_l(\boldsymbol{x}^*)$可以按照式（2.5）和式（2.6）分别计算得到

$$\begin{aligned} E_l(\boldsymbol{x}^*) = &\sum_{j_1=1}^{m_1}\sum_{j_2=1}^{m_2}\cdots\sum_{j_{n_1}=1}^{m_{n_1}}\sum_{j_{n_1+1}=1}^{\bar{m}_{n_1+1}}\sum_{j_{n_1+2}=1}^{\bar{m}_{n_1+2}}\cdots\sum_{j_{n_2}=1}^{\bar{m}_{n_2}} v_l(\alpha_{1j_1}, \alpha_{2j_2}, \cdots, \alpha_{n_1,j_{n_1}}, \\ &\alpha'_{n_1+1,j_{n_1+1}}, \alpha'_{n_1+2,j_{n_1+2}}, \cdots, \alpha'_{n_2,j_{n_2}})\prod_{l=1}^{n_1} x_{lj_l}^* \times \prod_{l=n_1+1}^{n_2} x_{lj_l}'^* \end{aligned} \quad (l \in N_1) \quad (2.5)$$

$$\begin{aligned} E_l(\boldsymbol{x}^*) = &\sum_{j_1=1}^{m_1}\sum_{j_2=1}^{m_2}\cdots\sum_{j_{n_1}=1}^{m_{n_1}}\sum_{j_{n_1+1}=1}^{\bar{m}_{n_1+1}}\sum_{j_{n_1+2}=1}^{\bar{m}_{n_1+2}}\cdots\sum_{j_{n_2}=1}^{\bar{m}_{n_2}} \rho_l(\alpha_{1j_1}, \alpha_{2j_2}, \cdots, \alpha_{n_1,j_{n_1}}, \\ &\alpha'_{n_1+1,j_{n_1+1}}, \alpha'_{n_1+2,j_{n_1+2}}, \cdots, \alpha'_{n_2,j_{n_2}})\prod_{l=1}^{n_1} x_{lj_l}^* \times \prod_{l=n_1+1}^{n_2} x_{lj_l}'^* \end{aligned} \quad (l \in N_2) \quad (2.6)$$

利用最优竞争局势（即最优混合策略概率）$\boldsymbol{x}^*$及$n_2 - n_1$个局中人$P_l\,(l \in N_2)$的最优期望支付值$E_l(\boldsymbol{x}^*)$，结合只参加合作博弈部分的$n - n_2$个局中人$P_l\,(l \in N_3)$得到的利润分配值$\rho_l(\boldsymbol{\alpha})$，可以求解得到$n_2 - n_1$个局中人$P_l\,(l \in N_2)$在合作博弈部分选择$m_l - \bar{m}_l$个纯策略$\alpha_l'' \in S_l''$的最优概率$\boldsymbol{x}_l''^* = (x_{l,\bar{m}_l+1}''^*, x_{l,\bar{m}_l+2}''^*, \cdots, x_{lm_l}''^*)^{\mathrm{T}}$和$n - n_2$个局中人$P_l\,(l \in N_3)$选择$m_l$个纯策略$\alpha_l \in S_l$的最优概率$\boldsymbol{x}_l^* = (x_{l1}^*, x_{l2}^*, \cdots, x_{lm_l}^*)^{\mathrm{T}}$及其最优期望支付值$E_l(\boldsymbol{x}'^*)$，其中$\boldsymbol{x}'^* = (\boldsymbol{x}_{n_1+1}''^*, \boldsymbol{x}_{n_1+2}''^*, \cdots, \boldsymbol{x}_{n_2}''^*, \boldsymbol{x}_{n_2+1}^*, \boldsymbol{x}_{n_2+2}^*, \cdots, \boldsymbol{x}_n^*)$。由局中人$P_l\,(l \in N_2)$应用于非合作博弈部分的最优概率$\boldsymbol{x}_l'^* = (x_{l1}'^*, x_{l2}'^*, \cdots, x_{l\bar{m}_l}'^*)^{\mathrm{T}}$与应用于合作博弈部分的最优概率$\boldsymbol{x}_l''^* = (x_{l,\bar{m}_l+1}''^*, x_{l,\bar{m}_l+2}''^*, \cdots, x_{lm_l}''^*)^{\mathrm{T}}$，可以得到同时参加非合作博弈、合作博弈两个部分的局中人$P_l\,(l \in N_2)$选择m_l个纯策略$\alpha_l \in S_l$的最优概率$\boldsymbol{x}_l^* = (\boldsymbol{x}_l'^{*\mathrm{T}}, \boldsymbol{x}_l''^{*\mathrm{T}})^{\mathrm{T}}$，从而可以得到离散型$n$人非合作-合作两型博弈$\Gamma_{|N|=|N_1|+|N_2|+|N_3|}$的最优策略（即最优混合策略概率）$\bar{\boldsymbol{x}}^* = (\boldsymbol{x}^*, \boldsymbol{x}'^*)$，如图2.4所示。

类似2.1.2节，根据是否存在同时参加非合作博弈、合作博弈两个部分的局中

人的数量，可以分析离散型非合作-合作两型博弈的不同具体形式或退化形式。这里不再赘述，有兴趣的读者可自行研究。

如前所述，离散型非合作-合作两型博弈比连续型非合作-合作两型博弈在模型表述与解法等上都更显烦琐、计算量更大。例如，n_1 个局中人 $P_l\,(l\in N_1)$ 利用各自 m_l 个纯策略 $\alpha_l\in S_l$ 和 n_2-n_1 个局中人 $P_l\,(l\in N_2)$ 利用各自 $\bar{m}_l$ 个纯策略 $\alpha_l'\in S_l'$，形成非合作博弈部分的 $\prod_{l=1}^{n_1} m_l\times\prod_{l=n_1+1}^{n_2}\bar{m}_l$ 个竞争局势 $\boldsymbol{\alpha}=(\alpha_1,\alpha_2,\cdots,\alpha_{n_1},\alpha_{n_1+1}',\alpha_{n_1+2}',\cdots,\alpha_{n_2}')\in\prod_{l=1}^{n_1}S_l\times\prod_{l=n_1+1}^{n_2}S_l'$。在合作博弈部分中，针对每个竞争局势 $\boldsymbol{\alpha}$，$n-n_1$ 个局中人 $P_l\,(l\in N_2\cup N_3)$ 可能形成 $2^{n-n_1}-1$ 个联盟 $S\subseteq N_2\cup N_3$（除空联盟之外）。因此，在离散型非合作-合作两型博弈 $\Gamma_{|N|=|N_1|+|N_2|+|N_3|}$ 中，一共需要构建 $(2^{n-n_1}-1)\prod_{l=1}^{n_1}m_l\times\prod_{l=n_1+1}^{n_2}\bar{m}_l$ 个联盟特征值 $\upsilon(\boldsymbol{\alpha})(S)$。

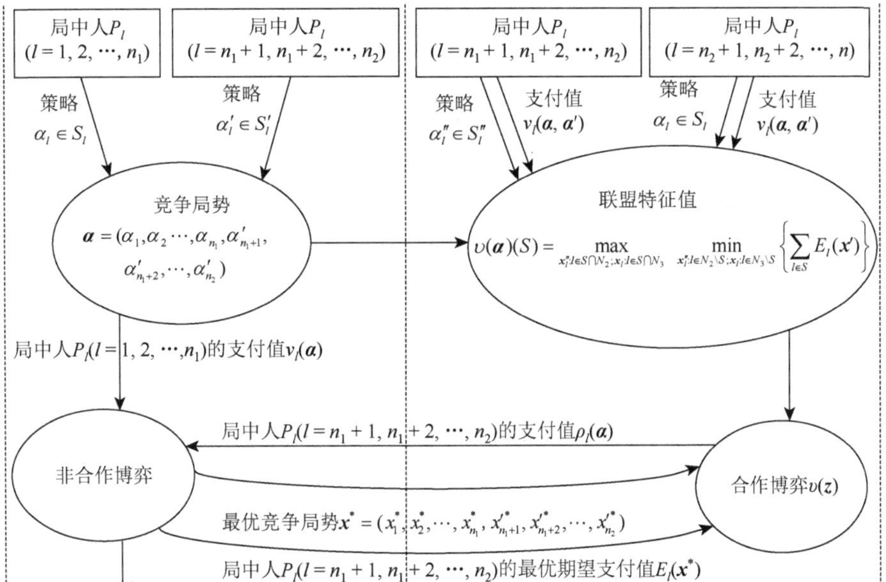

图 2.4　离散型非合作-合作两型博弈的求解过程

此外，矩阵博弈（即离散型二人零和博弈）不一定存在最优纯策略（即纯策略鞍点）及最优博弈值，因此式（2.3）采用混合策略（即概率）计算任意给定竞争局势 $\boldsymbol{\alpha}$ 的联盟特征值 $\upsilon(\boldsymbol{\alpha})(S)$ 。类似地，在非合作博弈部分中，n_2 个局中人 $P_l\,(l\in N_1\cup N_2)$的非合作博弈不一定存在纯策略意义下的最优解（如不一定存在纯策略纳什均衡解）。显然，尽管 n_2 个局中人 $P_l\,(l\in N_1\cup N_2)$的非合作博弈存在混合策略意义下的纳什均衡解，但求解是非常困难的。因此，离散型非合作-合作两型博弈只有在局中人数量和局中人纯策略数量都很少的情况下可以求解得到最优解（尤其是解析解），大多数情况下很难甚至无法求解。

下面通过一个例子说明离散型非合作-合作两型博弈的求解方法与过程。

【例 2.3】 考虑两个局中人同时参加非合作博弈、合作博弈两个部分的离散型非合作-合作两型博弈问题，即下面离散型 2 人非合作-合作两型博弈的具体含义及求解过程与方法：$\Gamma_{2=0+2+0}=(N=\varnothing\cup\{1,2\}\cup\varnothing;S_l,l\in N;v_l(\boldsymbol{\alpha},\boldsymbol{\alpha}'),l\in N,\boldsymbol{\alpha}'\in S_1''\times S_2'';$ $\upsilon(\boldsymbol{\alpha})(S),S\subseteq N,\boldsymbol{\alpha}\in S_1'\times S_2')$ 。

在这种情形下，没有只参加非合作博弈部分和只参加合作博弈部分的局中人，即局中人指标集 $N_1=N_3=\varnothing$ ，也即 $|N_1|=n_1=0$ 和 $|N_3|=0$ （即 $n=n_2$ ），而同时参加非合作博弈、合作博弈两个部分的局中人的指标集为 $N_2=\{1,2\}$ ，即 $n_2=2$ ，两个局中人分别表示为 P_1 与 P_2 。因此，离散型非合作-合作两型博弈 $\Gamma_{2=0+2+0}$ 的局中人是 P_1 与 P_2 ，局中人指标集为 $N=N_2=\{1,2\}$ 。

每个局中人 $P_l\,(l=1,2)$都有四个纯策略，即 $m_l=4$ ，纯策略集合表示为 $S_l=\{\alpha_{l1},\alpha_{l2},\alpha_{l3},\alpha_{l4}\}$ ，相应的纯策略指标集为 $\Lambda_l=\{1,2,3,4\}$ 。局中人 $P_l\,(l=1,2)$的前两个纯策略 α_{l1} 与 α_{l2} 是应用于非合作博弈部分的纯策略，即 $\overline{m}_l=2$ ，用纯策略集合表示为 $S_l'=\{\alpha_{l1},\alpha_{l2}\}$ ，相应的纯策略指标集为 $\Lambda_l'=\{1,2\}$ ，而局中人 $P_l\,(l=1,2)$ 的后两个纯策略 α_{l3} 与 α_{l4} 是应用于合作博弈部分的纯策略，用纯策略集合表示为 $S_l''=\{\alpha_{l3},\alpha_{l4}\}$ ，相应的纯策略指标集为 $\Lambda_l''=\{3,4\}$ 。显然，$S_l=S_l'\cup S_l''$ ，$\Lambda_l=\Lambda_l'\cup\Lambda_l''$ ，且 $S_l'\cap S_l''=\varnothing$ ，$\Lambda_l'\cap\Lambda_l''=\varnothing\,(l=1,2)$。

在非合作博弈部分中，两个局中人 $P_l\,(l=1,2)$通过选择各自两个纯策略 $\alpha_l'\in S_l'$ ，形成四个纯策略组合即竞争局势 $\boldsymbol{\alpha}=(\alpha_1',\alpha_2')\in S_1'\times S_2'$ ，即 $(\alpha_{11},\alpha_{21})$ 、$(\alpha_{11},\alpha_{22})$ 、$(\alpha_{12},\alpha_{21})$ 与 $(\alpha_{12},\alpha_{22})$ 。两个局中人 $P_l\,(l=1,2)$各自都有两个纯策略 α_{l3} 与 α_{l4} 应用于合作博弈部分，因此对于上述任意给定的竞争局势 $\boldsymbol{\alpha}=(\alpha_1',\alpha_2')$ ，局中人 $P_l\,(l=1,2)$的支付值 $v_l(\boldsymbol{\alpha},\boldsymbol{\alpha}')$ 无法事先具体确定，需要通过求解合作博弈部分中任意给定竞争局势 $\boldsymbol{\alpha}$ 的合作博弈才能具体得到，其中 $\boldsymbol{\alpha}'=(\alpha_1'',\alpha_2'')\in S_1''\times S_2''$ 是合作博弈部分的两个局中人应用于合作博弈的纯策略。为了明确和突出竞争局势 $\boldsymbol{\alpha}=(\alpha_1',\alpha_2')$ ，通常把离散型非合作-合作两型博弈 $\Gamma_{2=0+2+0}$ 的策略 $\overline{\boldsymbol{\alpha}}=((\alpha_1',\alpha_1''),(\alpha_2',\alpha_2''))$ 重新排列并表示成 $\overline{\boldsymbol{\alpha}}=(\alpha_1',\alpha_2',\alpha_1'',\alpha_2'')$ （简记为上述形式 $\overline{\boldsymbol{\alpha}}=(\boldsymbol{\alpha},\boldsymbol{\alpha}')$ ）或 $\overline{\boldsymbol{\alpha}}=(\boldsymbol{\alpha},\alpha_1'',\alpha_2'')$ 。具体地，对四个竞争局势 $(\alpha_{11},\alpha_{21})$ 、$(\alpha_{11},\alpha_{22})$ 、

$(\alpha_{12},\alpha_{21})$ 与 $(\alpha_{12},\alpha_{22})$ 中的任意 $\boldsymbol{\alpha}=(\alpha_1',\alpha_2')$，两个局中人 P_l（$l=1,2$）的支付值 $v_l(\boldsymbol{\alpha},\boldsymbol{\alpha}')$ 可以直观地表示为双矩阵：

$$(v_1(\boldsymbol{\alpha},\alpha_1'',\alpha_2''),v_2(\boldsymbol{\alpha},\alpha_1'',\alpha_2''))_{2\times2}=\begin{array}{c} \\ \alpha_{13} \\ \alpha_{14}\end{array}\begin{array}{c}\begin{array}{cc}\alpha_{23} & \alpha_{24}\end{array}\\ \begin{pmatrix}(v_1(\boldsymbol{\alpha},\alpha_{13},\alpha_{23}),v_2(\boldsymbol{\alpha},\alpha_{13},\alpha_{23})) & (v_1(\boldsymbol{\alpha},\alpha_{13},\alpha_{24}),v_2(\boldsymbol{\alpha},\alpha_{13},\alpha_{24}))\\ (v_1(\boldsymbol{\alpha},\alpha_{14},\alpha_{23}),v_2(\boldsymbol{\alpha},\alpha_{14},\alpha_{23})) & (v_1(\boldsymbol{\alpha},\alpha_{14},\alpha_{24}),v_2(\boldsymbol{\alpha},\alpha_{14},\alpha_{24}))\end{pmatrix}\end{array}$$

通常可以简记为 $(\boldsymbol{v}_1(\boldsymbol{\alpha}),\boldsymbol{v}_2(\boldsymbol{\alpha}))=(v_1(\boldsymbol{\alpha},\alpha_1'',\alpha_2''),v_2(\boldsymbol{\alpha},\alpha_1'',\alpha_2''))_{2\times2}$。也可以把局中人 P_l（$l=1,2$）的支付值 $v_l(\boldsymbol{\alpha},\boldsymbol{\alpha}')$ 分别表示为支付值矩阵 $\boldsymbol{v}_1(\boldsymbol{\alpha})=(v_1(\boldsymbol{\alpha},\alpha_1'',\alpha_2''))_{2\times2}$ 和 $\boldsymbol{v}_2(\boldsymbol{\alpha})=(v_2(\boldsymbol{\alpha},\alpha_1'',\alpha_2''))_{2\times2}$，直观上可以分别表示为

$$\boldsymbol{v}_1(\boldsymbol{\alpha})=\begin{array}{c} \\ \alpha_{13} \\ \alpha_{14}\end{array}\begin{array}{c}\begin{array}{cc}\alpha_{23} & \alpha_{24}\end{array}\\ \begin{pmatrix}v_1(\boldsymbol{\alpha},\alpha_{13},\alpha_{23}) & v_1(\boldsymbol{\alpha},\alpha_{13},\alpha_{24})\\ v_1(\boldsymbol{\alpha},\alpha_{14},\alpha_{23}) & v_1(\boldsymbol{\alpha},\alpha_{14},\alpha_{24})\end{pmatrix}\end{array}$$

和

$$v_2(\boldsymbol{\alpha})=\begin{array}{c} \\ \alpha_{13} \\ \alpha_{14}\end{array}\begin{array}{c}\begin{array}{cc}\alpha_{23} & \alpha_{24}\end{array}\\ \begin{pmatrix}v_2(\boldsymbol{\alpha},\alpha_{13},\alpha_{23}) & v_2(\boldsymbol{\alpha},\alpha_{13},\alpha_{24})\\ v_2(\boldsymbol{\alpha}_1,\alpha_{14},\alpha_{23}) & v_2(\boldsymbol{\alpha}_1,\alpha_{14},\alpha_{24})\end{pmatrix}\end{array}$$

局中人 P_l（$l=1,2$）在合作博弈部分中选择纯策略 α_{l3} 与 α_{l4} 的概率分别表示为 x_{l3}'' 和 x_{l4}''，概率向量为 $\boldsymbol{x}_l''=(x_{l3}'',x_{l4}'')^{\mathrm{T}}$，即混合策略空间为

$$X_l''=\{\boldsymbol{x}_l''\in\mathbf{R}^2\mid x_{l3}''+x_{l4}''=1,x_{l3}''\geqslant0,x_{l4}''\geqslant0\}\qquad(l=1,2)$$

合作博弈部分的所有两个局中人 P_l（$l=1,2$）的混合策略（概率）向量表示为 $\boldsymbol{x}'=(\boldsymbol{x}_1'',\boldsymbol{x}_2'')$。按照式（2.4），可得局中人 P_l（$l=1,2$）的期望支付值为

$$E_l(\boldsymbol{x}')=\sum_{j_1=3}^{4}\sum_{j_2=3}^{4}v_l(\boldsymbol{\alpha},\alpha_{1j_1}'',\alpha_{2j_2}'')\prod_{l=1}^{2}x_{lj_l}''\qquad(l=1,2)$$

在合作博弈部分中，两个局中人 P_l（$l=1,2$）可能形成 $2^2=4$ 个联盟，具体分别为：$\{1,2\}$（即最大联盟 N_2）、$\{1\}$、$\{2\}$ 与 $\varnothing$（即空联盟）。利用式（2.3），可以计算得到上述每个联盟的联盟特征值分别为

$$\upsilon(\boldsymbol{\alpha})(\varnothing)=0$$

$$\upsilon(\boldsymbol{\alpha})(1)=\max_{\boldsymbol{x}_1''\in X_1''}\min_{\boldsymbol{x}_2''\in X_2''}\{E_1(\boldsymbol{x}')\}=\max_{\boldsymbol{x}_1''\in X_1''}\min_{\boldsymbol{x}_2''\in X_2''}\{E_1(\boldsymbol{x}_1'',\boldsymbol{x}_2'')\}$$

$$\upsilon(\boldsymbol{\alpha})(2)=\max_{\boldsymbol{x}_2''\in X_2''}\min_{\boldsymbol{x}_1''\in X_1''}\{E_2(\boldsymbol{x}')\}=\max_{\boldsymbol{x}_2''\in X_2''}\min_{\boldsymbol{x}_1''\in X_1''}\{E_2(\boldsymbol{x}_1'',\boldsymbol{x}_2'')\}$$

$$\upsilon(\boldsymbol{\alpha})(1,2)=\max_{x_1''\in X_1'',x_2''\in X_2''}\{E_1(\boldsymbol{x}')\}=\max_{x_1''\in X_1'',x_2''\in X_2''}\{E_1(\boldsymbol{x}_1'',\boldsymbol{x}_2'')\}$$

于是，构建了任意给定竞争局势 $\boldsymbol{\alpha}=(\alpha_1',\alpha_2')$ 的合作博弈 $\upsilon(\boldsymbol{\alpha})$，即四个合作博弈 $\upsilon(\alpha_1',\alpha_2')$，其中 $\boldsymbol{\alpha}=(\alpha_1',\alpha_2')\in S_1'\times S_2'$。

对于每个合作博弈 $\upsilon(\boldsymbol{\alpha})$，利用合作博弈的解（如 1.3 节的夏普利值即式（1.21）），可以计算得到局中人 $P_l\,(l=1,2)$ 的夏普利值（即利润分配值）$\rho_l(\boldsymbol{\alpha})$，即局中人 $P_l\,(l=1,2)$ 在任意给定竞争局势 $\boldsymbol{\alpha}$ 中的支付值，可以直观地表示为双矩阵：

$$(\rho_1(\alpha_1',\alpha_2'),\rho_2(\alpha_1',\alpha_2'))_{2\times 2}=\begin{matrix} & \alpha_{21} & \alpha_{22} \\ \alpha_{11} & (\rho_1(\alpha_{11},\alpha_{21}),\rho_2(\alpha_{11},\alpha_{21})) & (\rho_1(\alpha_{11},\alpha_{22}),\rho_2(\alpha_{11},\alpha_{22})) \\ \alpha_{12} & (\rho_1(\alpha_{12},\alpha_{21}),\rho_2(\alpha_{12},\alpha_{21})) & (\rho_1(\alpha_{12},\alpha_{22}),\rho_2(\alpha_{12},\alpha_{22})) \end{matrix}$$

通常可以简记为 $(\boldsymbol{\rho}_1,\boldsymbol{\rho}_2)=(\rho_1(\alpha_1',\alpha_2'),\rho_2(\alpha_1',\alpha_2'))_{2\times 2}$。

对这个 2×2 双矩阵博弈 $(\boldsymbol{\rho}_1,\boldsymbol{\rho}_2)$，利用 1.2 节的 2×2 双矩阵博弈纳什均衡点求解方法，具体即利用式（1.10）与式（1.13），可以求解得到 2×2 双矩阵博弈 $(\boldsymbol{\rho}_1,\boldsymbol{\rho}_2)$ 的（混合策略）纳什均衡点 $(x_{11}'^*,x_{21}'^*)$，即 $(\boldsymbol{x}_1'^*,\boldsymbol{x}_2'^*)=((x_{11}'^*,1-x_{11}'^*)^{\mathrm{T}},(x_{21}'^*,1-x_{21}'^*)^{\mathrm{T}})$。按照式（2.6），可以计算得到局中人 $P_l\,(l=1,2)$ 的最优期望支付值为

$$E_l(\boldsymbol{x}_1'^*,\boldsymbol{x}_2'^*)=\sum_{j_1=1}^{2}\sum_{j_2=1}^{2}\rho_l(\alpha_{1j_1}',\alpha_{2j_2}')\prod_{l=1}^{2}x_{lj_l}'^*\qquad(l=1,2)$$

结合 $E_l(\boldsymbol{x}')=\sum_{j_1=3}^{4}\sum_{j_2=3}^{4}v_l(\boldsymbol{\alpha},\alpha_{1j_1}'',\alpha_{2j_2}'')\prod_{l=1}^{2}x_{lj_l}''$，求解下列方程组：

$$\begin{cases}\sum_{j_1=3}^{4}\sum_{j_2=3}^{4}\left(\sum_{j_1=1}^{2}\sum_{j_2=1}^{2}v_l(\alpha_{1j_1}',\alpha_{2j_2}',\alpha_{1j_1}'',\alpha_{2j_2}'')\prod_{l=1}^{2}x_{lj_l}'^*\right)\prod_{l=1}^{2}x_{lj_l}''=\sum_{j_1=1}^{2}\sum_{j_2=1}^{2}\rho_l(\alpha_{1j_1}',\alpha_{2j_2}')\prod_{l=1}^{2}x_{lj_l}'^*\quad(l=1,2)\\ x_{l3}''+x_{l4}''=1\quad(l=1,2)\\ x_{l3}''\geqslant 0,x_{l4}''\geqslant 0\quad(l=1,2)\end{cases}$$

可以得到局中人 $P_l\,(l=1,2)$ 选择纯策略 α_{l3} 与 α_{l4} 的最优概率 $\boldsymbol{x}_l''^*=(x_{l3}''^*,x_{l4}''^*)^{\mathrm{T}}$，从而得到局中人 $P_l\,(l=1,2)$ 选择四个纯策略 α_{l1}、α_{l2}、α_{l3} 与 α_{l4} 的最优概率 $\boldsymbol{x}_l^*=(\boldsymbol{x}_l'^{*\mathrm{T}},\boldsymbol{x}_l''^{*\mathrm{T}})^{\mathrm{T}}$ 以及离散型非合作-合作两型博弈 $\Gamma_{2=0+2+0}$ 的最优策略（即最优混合策略概率）$\overline{\boldsymbol{x}}^*=(\boldsymbol{x}^*,\boldsymbol{x}'^*)$，其中 $\boldsymbol{x}^*=(\boldsymbol{x}_1'^*,\boldsymbol{x}_2'^*)$，$\boldsymbol{x}'^*=(\boldsymbol{x}_1''^*,\boldsymbol{x}_2''^*)$，如图 2.5 所示。

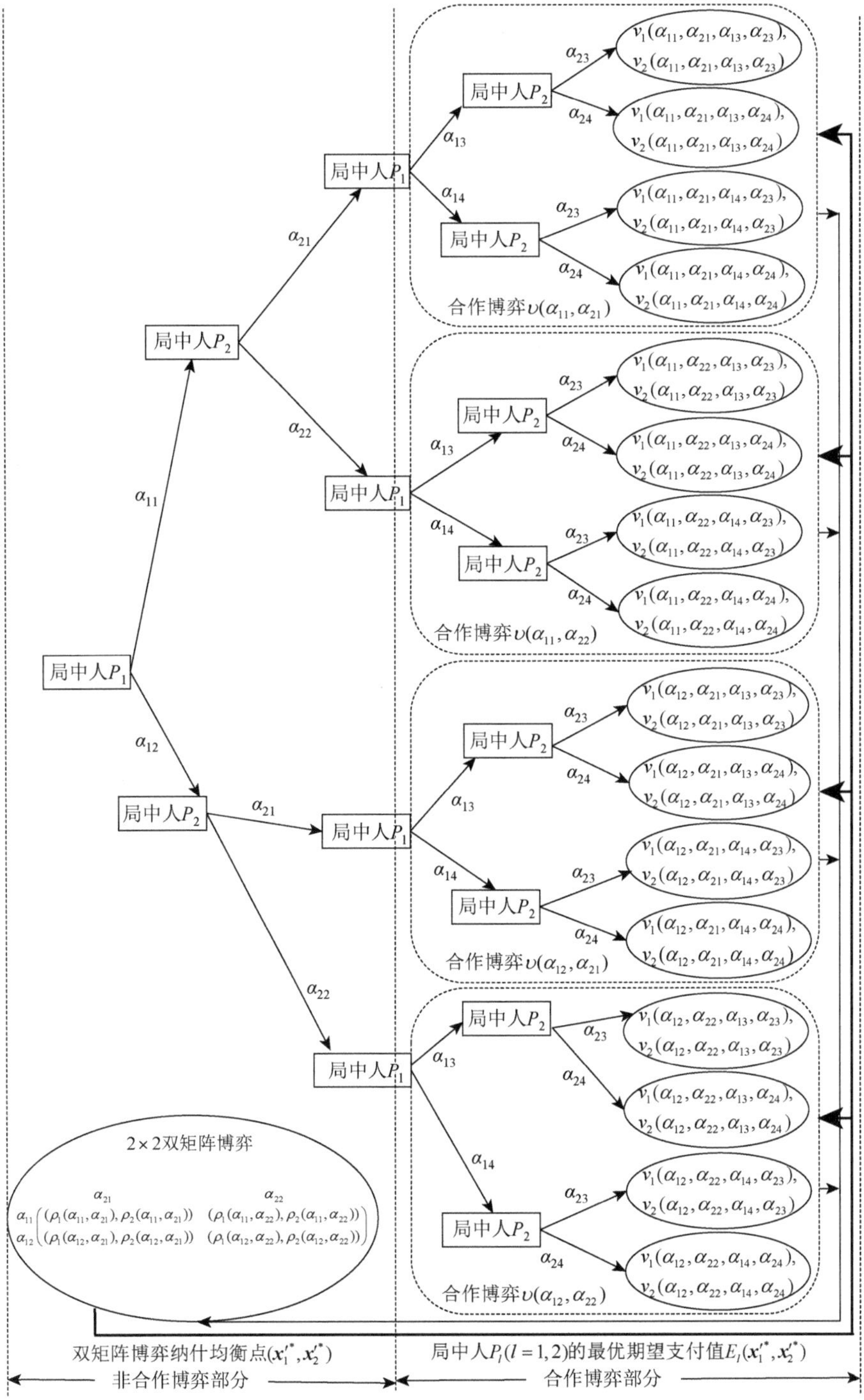

图 2.5　离散型 2 人非合作-合作两型博弈 $\Gamma_{2=0+2+0}$ 的解法框图

2.3 非合作-合作两型博弈作为新范式的不可替代性与普适性

前面阐述了非合作-合作两型博弈（包括 2.1 节的连续型非合作-合作两型博弈和 2.2 节的离散型非合作-合作两型博弈）的基本组成要素、规范化刻画与求解过程及方法。非合作-合作两型博弈通过局中人的策略把非合作博弈、合作博弈两个部分耦合融通为统一的博弈，不能分割独立求解。非合作博弈部分通过各个局中人的策略选择，形成策略组合，为合作博弈部分的局中人创造竞争局势；合作博弈部分通过局中人的可能联盟（结盟方式），并通过利用局中人的策略，开展联盟合作、创造联盟利益，联盟利益的分配反过来影响非合作博弈部分的局中人策略选择。通过局中人策略在非合作博弈部分与合作博弈部分之间的耦合互动，不仅解决了联盟特征值（或利润、价值）如何创造的问题，而且解决了局中人在各个竞争局势（或策略组合）下的效益（或支付值、收入）预测问题[38, 39]。正如前面分析，当非合作博弈部分所有局中人都只有一个策略（从而只有一个竞争局势）时，不需要考虑局中人的策略优化选择问题（其实就是没有非合作博弈部分），非合作-合作两型博弈退化为经典的合作博弈(即仅考虑局中人联盟形成及利益分配问题)；当非合作博弈部分每个局中人的所有策略相对应的支付值（或函数）都事先已知时，不需要考虑各个竞争局势（或策略组合）下的局中人联盟形成及利益分配问题（其实就是没有合作博弈部分），非合作-合作两型博弈退化为经典的非合作博弈（即仅考虑局中人的策略优化选择问题）。非合作-合作两型博弈作为一种新范式，不仅同时包含传统的非合作博弈、合作博弈并将其作为其特殊情形，而且显著区别于目前一些似是而非的博弈概念。本节着重从科学范式与研究内容、求解方法等多方面多角度，阐述本书创建的非合作-合作两型博弈从根本上不同于 B-S 两型博弈[40]、竞合博弈[41, 42]、两阶段博弈[43, 44]，并具有不可替代性与普适性。

2.3.1 B-S 两型博弈缺失规范化刻画和联盟特征值的策略链接

2003年，针对企业战略或策略选择问题[45, 46]，国际著名管理学与博弈论专家布兰登勃格和斯图尔特[47]合作研究，提出了一个新的分析企业战略（或策略）交互作用的概念：biform game，将其看作非合作博弈与合作博弈的混合形式。2007 年，布兰登勃格和斯图尔特[40]采用博弈论的术语（如局中人、策略、核心、联盟、联盟特征值），在管理科学、运筹学领域的国际顶级期刊*Management Science*上发表文章，把非合作博弈模型与合作博弈模型组合在一起，创造了一种新的博弈模型：混合非合作-合作博弈模型（hybrid noncooperative-cooperative game model），称为biform game model。根据牛津大学出版社于1989年出版的《牛津英语词典》（*The Oxford English Dictionary*）第二版，从概念与术语上，biform game表示具有两种形式的博弈。为明确和不容易混淆起见，本书把布兰登勃格和斯图尔特提出的biform game称为B-S两型博弈，类似地，把biform game model称为B-S两型博弈模型。

布兰登勃格和斯图尔特[40]指出，B-S 两型博弈旨在对企业战略概念进行形式化刻画，用于描述企业如何选择策略能够形成有利的竞争环境。B-S 两型博弈模型由非合作博弈模型、合作博弈模型混合而成，其中非合作博弈模型用于策略选择的建模分析，合作博弈模型用于对所形成的竞争环境的建模分析，并确定各个竞争局势下的合作博弈的核心，即局中人的利益分配。利用核心的投影（局中人利益分配的范围即有界闭区间），并结合他们事先给定的信心指数（外生变量），确定局中人的纳什均衡策略或最优决策（只有一个局中人时，就是单人决策优化问题）。为了简洁、明确起见并基于叙述一致性，本书把布兰登勃格和斯图尔特给出的 B-S 两型博弈定义进行如下规范化正确叙述①。

布兰登勃格和斯图尔特[40]把 n 人 B-S 两型博弈定义为 $(S^i, i\in N; \upsilon(\boldsymbol{s}), \boldsymbol{s}\in\prod_{i\in N}S^i; \alpha^i, i\in N)$，其中 S^i 是局中人 P_i（$i=1,2,\cdots,n$）的有限纯策略集；$N=\{1,2,\cdots,n\}$ 是局中人 P_i（$i=1,2,\cdots,n$）的指标集合；$\boldsymbol{s}=(s^1,s^2,\cdots,s^n)\in\prod_{i\in N}S^i = S^1\times S^2\times\cdots\times S^n$ 是 n 个局中人 P_i（$i=1,2,\cdots,n$）的策略组合即竞争局势，$\upsilon(\boldsymbol{s})$ 是 N 的幂集 $P(N)$（即 N 的所有可能子集组成的集合，包括空集 $\varnothing$ 与单元素集）到实数集 $\mathbf{R}$ 的映射，即

$$\upsilon(\boldsymbol{s}): P(N)\to\mathbf{R}$$
$$A\subseteq N\mapsto\upsilon(\boldsymbol{s})(A)\in\mathbf{R}$$

显然要求满足 $\upsilon(\boldsymbol{s})(\varnothing)=0$；$\alpha^i$ 是局中人 P_i（$i=1,2,\cdots,n$）的信心指数，满足 $0\leqslant\alpha^i\leqslant 1$。

布兰登勃格和斯图尔特把他们给出的 B-S 两型博弈解释为两阶段博弈（two-stage game）[40]。第一阶段是非合作博弈，用于描述局中人的策略选择，以便形成局中人的各种竞争环境（即竞争局势）。这些竞争环境不能直接确定局中人的支付值，而是导致了第二阶段的合作博弈。第二阶段是合作博弈，用于确定各

① 为了便于比较分析和不引起理解歧义，除英文译成中文之外，此处把布兰登勃格与斯图尔特给出的两型博弈定义摘抄出来，其数学符号与数学表述完全照抄文献[40]第 541 页的定义 4.1，保留但不讨论文献[40]的所有数学不规范、表述不准确与错误，因为这些不是博弈论的本质问题，也不是本书关注的问题或错误，更不是本书作者撰写过程中的问题或错误。文献[40]的定义 4.1 中把 n 人两型博弈定义为 $(S^1,\cdots,S^n;V;\alpha^1,\cdots,\alpha^n)$，其中 S^n 是局中人 i（$i=1,\cdots,n$）的有限策略集；V 是 $S^1\times\cdots\times S^n$ 上从 N 的幂集到实数集的映射，且对任意 $S^1,\cdots,S^n\in S^1\times\cdots\times S^n$，满足 $V(S^1,\cdots,S^n)(\varnothing)=0$，这里 N 是由 n 个局中人组成的集合，$N=\{1,\cdots,n\}$，$\varnothing$ 表示空集；α^i 是局中人 i（$i=1,\cdots,n$）的信心指数，$0\leqslant\alpha^i\leqslant 1$。

个局中人在第一阶段非合作博弈的支付值。同时，布兰登勃格和斯图尔特把 B-S 两型博弈模型求解过程归纳为两个步骤①，即两个阶段，具体如下。

第 1 步（第二阶段合作博弈）。对每个竞争局势（或纯策略组合）$\boldsymbol{s} \in S = \prod_{i=1}^{n} S^i$ 及所得到的相应合作博弈 $\upsilon(\boldsymbol{s})$（事先已知或直接给定）：

（1）计算合作博弈 $\upsilon(\boldsymbol{s})$ 的核心，并对每个局中人 $P_i\,(i=1,2,\cdots,n)$，转入步骤（2）；

（2）计算核心在第 i 个坐标轴上的投影；

（3）按照 α^i 与 $1-\alpha^i$ 对核心投影的上、下端点值加权平均，计算得到局中人 P_i 收益加权平均值。

第 2 步（第一阶段非合作博弈）。对每个竞争局势 $\boldsymbol{s} \in S$ 和每个局中人 $P_i\,(i=1,2,\cdots,n)$：

（1）把第 1 步（3）中的局中人 P_i 收益加权平均值看作局中人 P_i 的支付值；

（2）分析所得到的（策略型）非合作博弈。

本书对上述算法流程与框图给出直观展示，如图 2.6 所示。

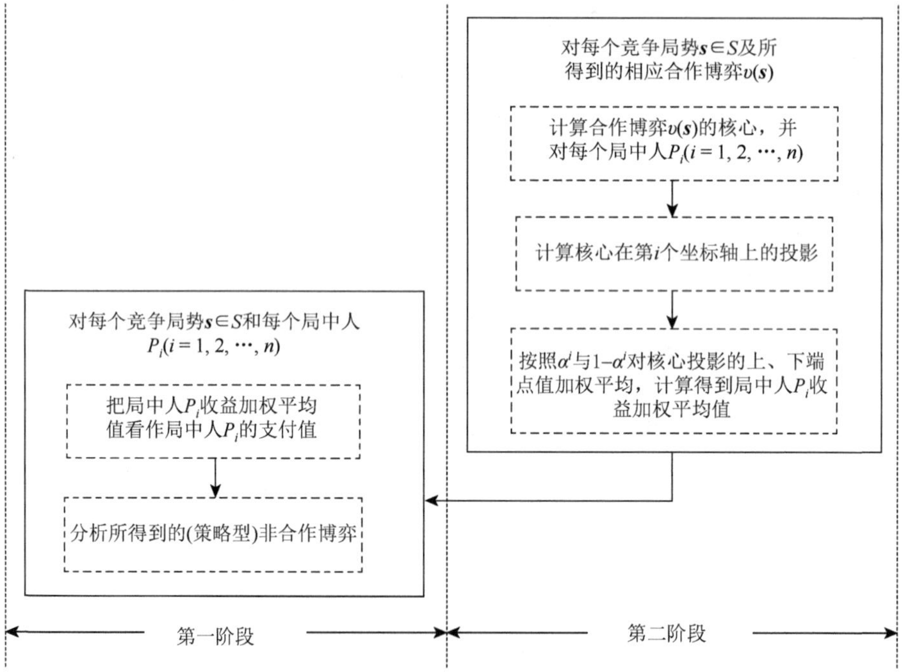

图 2.6 B-S 两型博弈模型求解过程框图

① 为了叙述前后一致和不引起误解，此处第 1 步即第二阶段、第 2 步即第一阶段分别对应文献[40]的步骤（4.1）、步骤（4.2），而且第 1 步中的（1）～（3）分别对应文献[40]的步骤（4.1.1）～步骤（4.1.3），第 2 步中的（1）和（2）分别对应文献[40]的步骤（4.2.1）和步骤（4.2.2）。

从布兰登勃格和斯图尔特给出的 B-S 两型博弈定义及其求解步骤容易看出，B-S 两型博弈具有五个明显局限性或错误。

1. B-S 两型博弈的局中人没有准确界定和正确表述

在上述布兰登勃格和斯图尔特给出的 B-S 两型博弈定义和图 2.6 中，参与 B-S 两型博弈的局中人由可以选择纯策略的局中人组成，即 n 个局中人 $P_i\,(i=1,2,\cdots,n)$，局中人（指标）集合是 $N=\{1,2,\cdots,n\}$。显然，在 B-S 两型博弈中，无论在第一阶段非合作博弈还是在第二阶段合作博弈，局中人都是完全相同的 n 个局中人 $P_i\,(i=1,2,\cdots,n)$。但是，在布兰登勃格和斯图尔特给出的五个例子（如例 2.4 和例 2.5）中，无一例外都是第二阶段合作博弈的局中人多于并不同于第一阶段非合作博弈的局中人，即 B-S 两型博弈的局中人既不是第一阶段非合作博弈的局中人也不是第二阶段合作博弈的局中人。换句话说，B-S 两型博弈定义不符合博弈论范式，显然不同于本书创建的非合作-合作两型博弈。后者能够准确界定参与非合作-合作两型博弈的局中人，并通过局中人策略的应用，严格区分参加非合作博弈部分、合作博弈部分的局中人。

例 2.4 和例 2.5 选自文献[40]，只对例子的背景与过程进行更加便于理解的详细、完整叙述，而没有更改其本质上的关键内容。

【例 2.4】 考虑布兰登勃格和斯图尔特给出的贴品牌商标（branded ingredient）博弈例子，选自文献[40]的例 2.1。假设有两个制造商（或公司）f_1 与 f_2，各自能够生产一个单位的某种产品。所需原材料可向一家供应商 s 购买，费用为 1 美元，但供应商 s 的原材料至多只能够满足一家制造商的需要。市场上有无数个消费者（或买家），消费者只能向制造商 f_1 或制造商 f_2 购买一个单位产品。不妨假定市场上有两个消费者 b_1 与 b_2。每个消费者购买制造商 f_1 单位产品的支付意愿是 9 美元，而购买制造商 f_2 单位产品的支付意愿是 3 美元。供应商 s 利用贴品牌商标策略，即通过把自己品牌商标贴在制造商 f_2 的产品上，提升消费者对制造商 f_2 单位产品的支付意愿（但不影响消费者对制造商 f_1 单位产品的支付意愿）。假定供应商 s 花费 1 美元前期投入对制造商 f_2 产品进行贴品牌商标包装赋能，使得每个消费者对制造商 f_2 单位产品的支付意愿提高到 7 美元。

布兰登勃格和斯图尔特把贴品牌商标博弈作为 B-S 两型博弈分析的第一个例子。正如其所述，在这个 B-S 两型博弈中，只有供应商 s 可以选择两个策略中的一个：维持现状（记为策略 s_1^1）与贴品牌商标（记为策略 s_2^1），即供应商 s 的纯策略集是 $S^s=\{s_1^1,s_2^1\}$。因此，按照 B-S 两型博弈的定义，这个 B-S 两型博弈的局中人只有供应商一个。但是，在这个 B-S 两型博弈第一阶段非合作博弈中，供应商 s 通过分别采取维持现状策略 s_1^1、贴品牌商标策略 s_2^1 形成了两个竞争局势：s_1^1 与 s_2^1。针对每个竞争局势，在这个 B-S 两型博弈第二阶段合作博弈中，每个合作博弈都有五个局中人，即一个供应商 s、两个制造商 f_1 与 f_2、两个消费者 b_1 与 b_2。贴品牌商标的 B-S 两型博弈如图 2.7 所示。显然，这个 B-S 两型博弈对局中人的界定是不准确、不正确的。

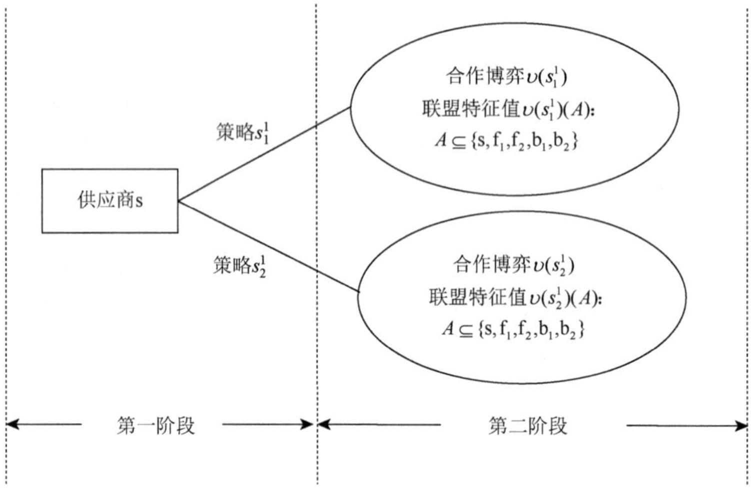

图 2.7　贴品牌商标的 B-S 两型博弈示意图

贴品牌商标的 B-S 两型博弈可以看作离散型非合作-合作两型博弈的特殊情形，即 $\Gamma_{5=0+1+4}=(N=\varnothing\cup\{s\}\cup\{f_1,f_2,b_1,b_2\};S^s,s;v_i(\boldsymbol{\alpha}),i\in N,\boldsymbol{\alpha}\in S^s;\upsilon(\boldsymbol{\alpha})(A),A\subseteq N,\boldsymbol{\alpha}\in S^s)$，其中 $N_2=\{s\}$ 是同时参加非合作博弈、合作博弈两个部分的局中人（即供应商 s）集合，$N_3=\{f_1,f_2,b_1,b_2\}$ 是只参加合作博弈部分的局中人（即制造商 f_1 与 f_2、消费者 b_1 与 b_2）集合。离散型 5 人非合作-合作两型博弈 $\Gamma_{5=0+1+4}$ 的局中人集合 $N=\{s,f_1,f_2,b_1,b_2\}$，即 $N=N_2\cup N_3$ 由参加非合作博弈、合作博弈两个部分的所有局中人组成。供应商 s 只有两个纯策略 s_1^1 与 s_2^1，并全部应用于非合作博弈部分构建竞争局势。这个离散型 5 人非合作-合作两型博弈 $\Gamma_{5=0+1+4}$ 能够准确、规范、完整地刻画贴品牌商标博弈问题。

【例 2.5】　考虑布兰登勃格和斯图尔特给出的负面广告（negative advertising）博弈例子，选自文献[40]的例 5.1。假设有三家公司（或零售商）f_1、f_2 与 f_3，各自都有一个单位某种产品可以销售给消费者，销售成本都为 0。现有两个消费者（或买方）b_1 与 b_2。每个消费者可以从三家公司中购买一个单位产品。公司 f_1 有两个纯策略可供选择：维持现状（记为策略 s_1^1）与做负面广告（记为策略 s_2^1），即公司 f_1 的纯策略集合是 $S^{f_1}=\{s_1^1,s_2^1\}$。公司 f_1 如果维持现状即不做负面广告，则每个消费者购买任意一家公司的单位产品的支付意愿是 2 美元。反之，公司 f_1 如果做负面广告，则每个消费者购买公司 f_1 的单位产品的支付意愿保持不变，仍然是 2 美元，但由于负面广告损害公司 f_2 与 f_3 在消费者心目中的形象，每个消费者购买公司 f_2 与 f_3 的单位产品的支付意愿下降到 1 美元。

在负面广告的 B-S 两型博弈中，三家公司 f_1、f_2 与 f_3 都看作有纯策略可供选择，其中公司 f_1 有两个纯策略即维持现状策略 s_1^1、做负面广告策略 s_2^1，而公司 f_2 与 f_3 都只有一个纯策略即维持现状策略 s_1^1（其实就是没有策略选择），记公司 f_2 与 f_3 的纯策略集合分别为 $S^{f_2}=\{s_1^1\}$、$S^{f_3}=\{s_1^1\}$。因此，按照 B-S 两型博弈的定义，负面广告 B-S 两型博弈的局中人只有三个即三家公司 f_1、f_2 与 f_3。但是，在这个 B-S 两型博弈的第一阶段非合作博弈中，公司 f_1 分别选择维持现状策略 s_1^1 或做负面广告策略 s_2^1 而公司 f_2、f_3 选择维持现状策略 s_1^1，形成了两个竞争局势：(s_1^1,s_1^1,s_1^1) 与 (s_2^1,s_1^1,s_1^1)。针对每个竞争局势，在这个 B-S 两型博弈的第二阶段合作博弈中，每个合作博弈都有五个局中人，即三家公司 f_1、f_2、f_3 与两个消费者 b_1、b_2。负面广告的 B-S 两型博弈如图 2.8 所示。显然，这个 B-S 两型博弈对局中人的界定也是不准确、不正确的。

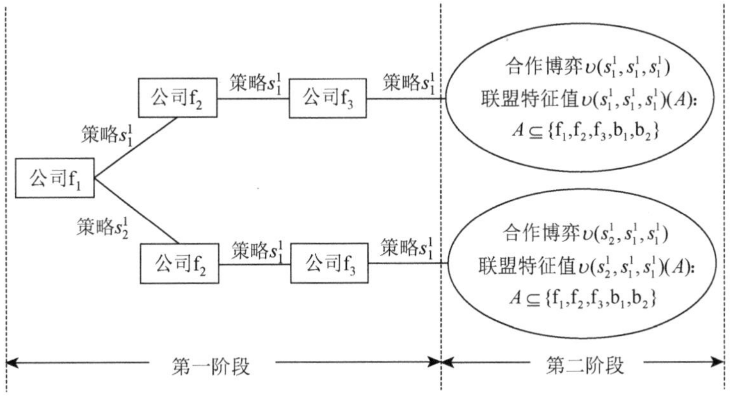

图 2.8　负面广告的 B-S 两型博弈示意图

负面广告的 B-S 两型博弈可以看作离散型非合作-合作两型博弈的特殊情形，即 $\Gamma_{5=0+3+2}=(N=\varnothing\cup N_2\cup N_3;S^i,i\in N_2;v_i(\boldsymbol{\alpha}),i\in N,\boldsymbol{\alpha}\in\prod_{i\in N_2}S^i;\upsilon(\boldsymbol{\alpha})(A),A\subseteq N,\boldsymbol{\alpha}\in\prod_{i\in N_2}S^i)$，其中 $N_2=\{f_1,f_2,f_3\}$ 是同时参加非合作博弈、合作博弈两个部分的局中人（即三家公司 f_1、f_2 与 f_3）集合，$N_3=\{b_1,b_2\}$ 是只参加合作博弈部分的局中人（即两个消费者 b_1 与 b_2）集合。离散型 5 人非合作-合作两型博弈 $\Gamma_{5=0+3+2}$ 的局中人集合是 $N=\{f_1,f_2,f_3,b_1,b_2\}$，即 $N=N_2\cup N_3$ 由参加非合作博弈、合作博弈两个部分的所有局中人组成。公司 f_1 的两个纯策略 s_1^1、s_2^1 和公司 f_2、f_3 的一个纯策略 s_1^1 全部应用于非合作博弈部分构建竞争局势。这个离散型 5 人非合作-合作两型博弈 $\Gamma_{5=0+3+2}$ 准确、规范、完整地刻画了负面广告博弈问题。

2. B-S 两型博弈的第二阶段合作博弈没有考虑局中人策略选择

从上述布兰登勃格和斯图尔特给出的B-S两型博弈定义中可以看到，参与B-S两型博弈的局中人其实就是第一阶段具有纯策略选择的 n 个局中人 $P_i\,(i=1,2,\cdots,n)$，局中人（指标）集合是 $N=\{1,2,\cdots,n\}$。所有这些局中人通过各自纯策略组合，形成第一阶段的所有可能竞争局势。针对任意给定的竞争局势，第一阶段原来所有 n 个局中人 $P_i\,(i=1,2,\cdots,n)$ 在第二阶段合作博弈中仅仅通过联盟创造联盟特征值（即利润），没有涉及局中人策略选择问题。换句话说，B-S 两型博弈的定义仅仅给出局中人之间组成什么联盟及相应联盟特征值（大多数是臆想的数值或仅凭经济与管理常识可以算出的数值），并未解释或论述 n 个局中人采取什么途径、策略或方式通过局中人之间的联盟合作创造联盟特征值。其实，对于任意给定的竞争局势，B-S 两型博弈定义中的第二阶段合作博弈只是一个传统的合作博弈，与第一阶段非合作博弈中局中人（即 B-S 两型博弈的局中人）的策略选择没有任何关系。因此，B-S 两型博弈可以看作由相对独立的 $\prod_{i=1}^{n}|S^i|$ 个（第二阶段）合作博弈（对应于第一阶段非合作博弈的 $\prod_{i=1}^{n}|S^i|$ 个竞争局势）及由这些合作博弈导出的支付值构成的一个（第一阶段）非合作博弈组成。这显然不同于本书创建的离散型非合作-合作两型博弈。

在离散型 n 人非合作-合作两型博弈中，合作博弈部分的联盟特征值不仅与非合作博弈部分的竞争局势相关，而且与局中人（包括同时参加非合作博弈与合作博弈两个部分的局中人、只参加合作博弈部分的局中人）应用于合作博弈部分的纯策略紧密相关。这可以从图 2.5 中直观看到。这种纯策略融通耦合非合作博弈、合作博弈两个部分，使得无法将离散型非合作-合作两型博弈分割成为两个独立的非合作博弈部分、合作博弈部分。简单分析，可以看到，B-S 两型博弈只是离散型 n 人非合作-合作两型博弈 $\varGamma_{|N|=|N_1|+|N_2|+|N_3|}$ 的特殊情形，即 $\varGamma_{n=0+n+0}=(N=\varnothing\cup\{1,2,\cdots;n\}\cup\varnothing,S_l,l\in N;v_l(\boldsymbol{\alpha}),l\in N,\boldsymbol{\alpha}\in\prod_{l=1}^{n}S_l;\upsilon(\boldsymbol{\alpha})(S),S\subseteq N,\boldsymbol{\alpha}\in\prod_{l=1}^{n}S_l)$。这相当于在离散型 n 人非合作-合作两型博弈 $\varGamma_{|N|=|N_1|+|N_2|+|N_3|}$ 中：没有只参加非合作博弈部分的局中人即 $N_1=\varnothing$ 或 $|N_1|=n_1=0$，也没有只参加合作博弈部分的局中人即 $N_3=\varnothing$ 或 $|N_3|=0$ 即 $n=n_2$；所有 n 个局中人全部同时参加非合作博弈、合作博弈两个部分即 $N_2=N=\{1,2,\cdots,n\}$，而且 n 个局中人各自所有纯策略都应用于非合作博弈部分形成竞争局势 $\boldsymbol{\alpha}\in\prod_{l=1}^{n}S_l$，没有应用于合作博弈部分的纯策略即 $\bar{m}_l=m_l$，

使得 n 个局中人的支付值 $v_l(\boldsymbol{\alpha})$ ($l \in N$)完全由非合作博弈部分的竞争局势 $\boldsymbol{\alpha}$ 决定而与合作博弈部分无关。换句话说，对于任意给定的竞争局势 $\boldsymbol{\alpha}$ ，所有 n 个局中人的支付值 $v_l(\boldsymbol{\alpha})$ ($l \in N$)在非合作博弈部分中已经是事先可以完全知晓的。值得指出的是，在离散型 n 人非合作-合作两型博弈 $\Gamma_{|N|=|N_1|+|N_2|+|N_3|}$ 中，合作博弈部分的联盟特征值 $\upsilon(\boldsymbol{\alpha})(S)$ 是按照式（2.3）计算得到的①，而 B-S 两型博弈在第二阶段合作博弈的联盟特征值主要是根据实际场景并结合经济学或管理学的常识与经验直接设计出来的，这正是诺贝尔经济学奖得主西蒙教授所说的“天才的游戏”[48]。

下面继续说明 B-S 两型博弈在第二阶段合作博弈中与局中人的纯策略选择没有任何关系，即联盟特征值不受第二阶段合作博弈中局中人纯策略选择的任何影响，因而 B-S 两型博弈本质上没有融通非合作博弈与合作博弈于一体，仅仅是一种“分步走”求解思路的具体实现，即布兰登勃格和斯图尔特[40]采用的两阶段博弈求解方法。

【例 2.6】 问题背景与数值按照例 2.4 中贴品牌商标的 B-S 两型博弈例子给定，即文献[40]的例 2.1。考虑这个 B-S 两型博弈在第二阶段合作博弈中各竞争局势下的联盟特征值。

从例 2.4 的叙述中可知，只有供应商 s 可以通过分别采取维持现状策略 s_1^1 或贴品牌商标策略 s_2^1 形成两个竞争局势：s_1^1 与 s_2^1 。在第二阶段合作博弈中，针对每个给定竞争局势，都有五个局中人（即供应商 s、制造商 f_1 与 f_2、消费者 b_1 与 b_2）参与合作博弈，即组成最大联盟 $N=\{\mathrm{s},\mathrm{f}_1,\mathrm{f}_2,\mathrm{b}_1,\mathrm{b}_2\}$ ，相应的两个不同的竞争局势有两个不同的合作博弈，如图 2.7 所示。

显然，根据供需匹配与支付意愿等事先规定，一个联盟只有包含供应商 s 并同时至少包含一个制造商与一个消费者，才有可能合作创造联盟价值即利润。因此，下面按照两个竞争局势 s_1^1 与 s_2^1，具体构建联盟特征值。

针对给定竞争局势 s_1^1 即维持现状，对任意联盟 $A \subseteq N=\{\mathrm{s},\mathrm{f}_1,\mathrm{f}_2,\mathrm{b}_1,\mathrm{b}_2\}$ ，若 A 不包含供应商 s 或者 A 不包含制造商或者 A 不包含消费者，则按照前面所述，显然联盟特征值 $\upsilon(s_1^1)(A)=0$ 。反之，若 A 同时包含供应商 s、制造商和消费者，则考虑消费者对购买制造商 f_1、f_2 单位产品的不同支付意愿和制造商购买供应商 s 原材料的费用，容易看出，当联盟 A 包含制造商 f_1 时，联盟特征值 $\upsilon(s_1^1)(A)=9-1=8$ ，而当联盟 A 不包含制造商 f_1（即包括制造商 f_2）时，联盟特征值 $\upsilon(s_1^1)(A)=3-1=2$ 。

① 不一定非得采用这种方法。这种方法的理论基础是定理 1.5 即式（1.15）。本书仅以定理 1.5 作为导出联盟特征值确定方法的示范，并确保所述方法的严谨性与科学性，因为这种方法总能保证联盟 S 与 $N\backslash S$ 组成的二人零和博弈一定存在最优（混合）策略及博弈值，即保证联盟在最坏情况下获得最好结果。这体现一种“最坏处着想、最好处入手”的决策理念，属于保守型决策。自然地，在一定条件下，可以考虑类似的冒险型或中立型决策理念。

综合上述分析，可以得到竞争局势 s_1^1 下任意联盟 $A\subseteq N$ 的联盟特征值为

$$\upsilon(s_1^1)(A)=\begin{cases}0 & (\mathrm{s}\notin A\text{或}A\cap N_{3\mathrm{f}}=\varnothing\text{或}A\cap N_{3\mathrm{b}}=\varnothing)\\ 8 & (\mathrm{f}_1\in A,\mathrm{s}\in A\text{且}A\cap N_{3\mathrm{f}}\neq\varnothing\text{且}A\cap N_{3\mathrm{b}}\neq\varnothing)\\ 2 & (\mathrm{f}_1\notin A,\mathrm{s}\in A\text{且}A\cap N_{3\mathrm{f}}\neq\varnothing\text{且}A\cap N_{3\mathrm{b}}\neq\varnothing)\end{cases}\tag{2.7}$$

其中，$N_{3\mathrm{f}}=\{\mathrm{f}_1,\mathrm{f}_2\}$ 与 $N_{3\mathrm{b}}=\{\mathrm{b}_1,\mathrm{b}_2\}$ 分别为制造商集合、消费者集合，且例 2.4 中的只参加合作博弈部分的局中人集合 $N_3=N_{3\mathrm{f}}\cup N_{3\mathrm{b}}$。

显然，确定式（2.7）的联盟特征值即利润，不需要考虑任何局中人（即供应商 s、制造商 f_1 与 f_2、消费者 b_1 与 b_2）的任何纯策略选择，只需要使用简单的常识与算术运算即可。

类似地，针对给定竞争局势 s_2^1 即贴品牌商标，对任意联盟 $A\subseteq N=\{\mathrm{s},\mathrm{f}_1,\mathrm{f}_2,\mathrm{b}_1,\mathrm{b}_2\}$，在 A 不包含制造商或者 A 不包含消费者的情况下，当 A 也不包含供应商 s 时，按照前面所述，联盟特征值 $\upsilon(s_2^1)(A)=0$，但需要注意的是，当 A 包含供应商 s 时，由于供应商 s 前期投入 1 美元对制造商 f_2 产品进行贴品牌商标包装赋能，这种情况下的联盟损失 1 美元即联盟特征值 $\upsilon(s_2^1)(A)=-1$。同样地，若联盟 A 同时包含供应商 s、制造商和消费者，则考虑消费者对购买制造商 f_2 单位产品的支付意愿提高到 7 美元、制造商购买供应商原材料费用为 1 美元和供应商 s 前期投入 1 美元对制造商 f_2 产品进行贴品牌商标包装赋能，容易看出，当联盟 A 包含制造商 f_1 时，联盟特征值 $\upsilon(s_2^1)(A)=9-1-1=7$，而当联盟 A 不包含制造商 f_1（即包括制造商 f_2）时，联盟特征值 $\upsilon(s_2^1)(A)=7-1-1=5$。综合上述分析，可以得到竞争局势 s_2^1 下任意联盟 $A\subseteq N$ 的联盟特征值为

$$\upsilon(s_2^1)(A)=\begin{cases}0 & (\mathrm{s}\notin A\text{或}A\cap N_{3\mathrm{f}}=\varnothing\text{或}A\cap N_{3\mathrm{b}}=\varnothing)\\ -1 & (\mathrm{s}\in A\text{且}A\cap N_{3\mathrm{f}}=\varnothing\text{或}\mathrm{s}\in A\text{且}A\cap N_{3\mathrm{b}}=\varnothing)\\ 7 & (\mathrm{f}_1\in A,\mathrm{s}\in A\text{且}A\cap N_{3\mathrm{f}}\neq\varnothing\text{且}A\cap N_{3\mathrm{b}}\neq\varnothing)\\ 5 & (\mathrm{f}_1\notin A,\mathrm{s}\in A\text{且}A\cap N_{3\mathrm{f}}\neq\varnothing\text{且}A\cap N_{3\mathrm{b}}\neq\varnothing)\end{cases}\tag{2.8}$$

从式（2.7）与式（2.8）的联盟特征值的计算过程中可以看出，在贴品牌商标的 B-S 两型博弈的第二阶段合作博弈中，若竞争局势即策略 s_1^1 与 s_2^1 给定，则 $\upsilon(s_1^1)(A)$、$\upsilon(s_2^1)(A)$ 只与局中人之间的组合即联盟有关，而与局中人在合作博弈部分的策略无关。其实，在贴品牌商标的 B-S 两型博弈的第二阶段合作博弈中，五个局中人（供应商 s、制造商 f_1 与 f_2、消费者 b_1 与 b_2）都没有任何可以用来创造联盟利润的具体策略或方式，联盟特征值（即利润）完全依靠事先设定的消费者支付意愿、原材料购买费用与制造商产品销售费用，并通过简单的常识与算术运算就可以计算得到。

【例 2.7】 问题背景与数值按照例 2.5 中负面广告的 B-S 两型博弈例子给定，

即文献[40]的例 5.1。考虑这个 B-S 两型博弈在第二阶段合作博弈中各竞争局势下的联盟特征值。

由例 2.5 的叙述可以看到，三家公司 f_1、f_2 与 f_3 在第一阶段非合作博弈中形成两个竞争局势 (s_1^1,s_1^1,s_1^1) 与 (s_2^1,s_1^1,s_1^1)。在这个 B-S 两型博弈的第二阶段合作博弈中，针对每个竞争局势，都有五个局中人（即公司 f_1、f_2、f_3 与消费者 b_1、b_2）参与合作博弈，即组成最大联盟 $N=\{f_1,f_2,f_3,b_1,b_2\}$，相应的两个不同竞争局势有两个不同的合作博弈，如图 2.8 所示。

根据例 2.5 的叙述与规定，三家公司 f_1、f_2 或 f_3 可以销售一个单位某种产品给消费者 b_1 或 b_2，而消费者各自只能从三家公司中购买一个单位产品。用 $N_2=\{f_1,f_2,f_3\}$ 表示三家公司 f_1、f_2 与 f_3 的集合，$N_3=\{b_1,b_2\}$ 表示两个消费者 b_1 与 b_2 的集合。这样，在 B-S 两型博弈的第二阶段合作博弈中，最大联盟 $N=N_2\cup N_3=\{f_1,f_2,f_3,b_1,b_2\}$。按照例 2.5 的场景设计，一个联盟只有同时包含公司和消费者，才有可能合作创造联盟利润即联盟特征值。为此，针对两个给定竞争局势，根据联盟 $A\subseteq N$、$N_2=\{f_1,f_2,f_3\}$ 与 $N_3=\{b_1,b_2\}$ 的数量情况以及消费者支付意愿，可以具体构建如下联盟 A 的联盟特征值。

为了叙述简便，对任意联盟 $A\subseteq N=\{f_1,f_2,f_3,b_1,b_2\}$，用 $\kappa(A)=\min\{|A\cap N_2|,|A\cap N_3|\}$ 表示联盟 A 中包括公司或消费者的最少数量。显然，联盟 A 中若包括公司或消费者的最少数量是 0 即没有包含公司或没有包含消费者，也即 $\kappa(A)=0$，则联盟中没有匹配成交的公司与消费者，从而联盟没有创造利润。因此，结合 $N_2=\{f_1,f_2,f_3\}$ 与 $N_3=\{b_1,b_2\}$，容易看出，$\kappa(A)$ 只有等于 1 或 2 两种情形，联盟 A 才可能创造联盟利润。换句话说，$0\leqslant\kappa(A)\leqslant 2$ 且 $\kappa(A)$ 只能选取 0、1 与 2 之一。

针对给定竞争局势 (s_1^1,s_1^1,s_1^1) 即三家公司 f_1、f_2 与 f_3 都采取纯策略（维持现状）s_1^1，由于三家公司各自都可提供一个单位产品但只有两个消费者各自只购买一个单位产品且支付意愿是 2 美元，按照供需数量匹配关系，可以得到联盟 $A\subseteq N$ 的联盟特征值为

$$\upsilon(s_1^1,s_1^1,s_1^1)(A)=\begin{cases}2\kappa(A) & (\kappa(A)\geqslant 1)\\ 0 & (\kappa(A)=0)\end{cases}\tag{2.9}$$

类似地，针对给定竞争局势 (s_2^1,s_1^1,s_1^1) 即公司 f_1 选择做负面广告策略 s_2^1 而公司 f_2、f_3 仍然选择维持现状策略 s_1^1，由于受到公司 f_1 负面广告影响，消费者对公司 f_2 与 f_3 单位产品的支付意愿下降到 1 美元，而对公司 f_1 单位产品的支付意愿没有变化，同样根据供需数量匹配关系，可以得到联盟 $A\subseteq N$ 的联盟特征值为

$$\upsilon(s_2^1,s_1^1,s_1^1)(A)=\begin{cases}\kappa(A) & (f_1\notin A\text{且}\kappa(A)\geqslant 1)\\ \kappa(A)+1 & (f_1\in A\text{且}\kappa(A)\geqslant 1)\\ 0 & (\kappa(A)=0)\end{cases}\tag{2.10}$$

容易看到，在式（2.9）与式（2.10）的联盟特征值的计算过程中，在负面广告的 B-S 两型博弈第二阶段合作博弈中，当竞争局势(s_1^1,s_1^1,s_1^1)与(s_2^1,s_1^1,s_1^1)具体给定时，联盟特征值$\upsilon(s_1^1,s_1^1,s_1^1)(A)$、$\upsilon(s_2^1,s_1^1,s_1^1)(A)$只与局中人之间的组合$\kappa(A)$即联盟有关，而与局中人在合作博弈部分的策略无关。其实，在负面广告的 B-S 两型博弈的第二阶段合作博弈中，五个局中人（三家公司 f_1、f_2、f_3 与两个消费者 b_1、b_2）都没有任何可以用来创造联盟利润的具体策略或方式，联盟特征值（即利润）完全依靠事先设定的消费者支付意愿与供需数量匹配关系，并通过简单的常识与算术运算就可以计算得到。

对比例 2.6、例 2.7 与例 2.1（连续型 3 人非合作-合作两型博弈$\Gamma_{3=0+3+0}$）、例 2.2（连续型 3 人非合作-合作两型博弈$\Gamma_{3=1+1+1}$）、例 2.3（离散型 2 人非合作-合作两型博弈），尤其 B-S 两型博弈相对应的离散型非合作-合作两型博弈，非常明显，B-S 两型博弈在第二阶段合作博弈的联盟特征值构建中根本没有考虑合作过程中局中人策略的任何影响，只是简单套用传统合作博弈的联盟特征值（或函数）概念，而本书创建的（包括离散型、连续型两种类型）非合作-合作两型博弈在合作博弈部分明显设置局中人的策略。这些策略不仅直接影响与制约着局中人在合作过程中的联盟利润（即联盟特征值），而且受到非合作博弈部分的局中人策略组合即竞争局势的影响与制约，因此非合作-合作两型博弈的局中人利润（或收益）不能分割为独立两个阶段博弈的利润之和，如图 2.2、图 2.3 与图 2.5 所示。

3. B-S 两型博弈的两阶段博弈解法导致概念误解

正如前面所述，布兰登勃格和斯图尔特把 B-S 两型博弈解释为两阶段博弈，清楚地表明 B-S 两型博弈是具有明确先后顺序的。进一步，布兰登勃格和斯图尔特给出了 B-S 两型博弈的求解步骤，如图 2.6 所示，更加凸显求解 B-S 两型博弈可以按照逆序方式进行，即首先求解第二阶段合作博弈，然后求解第一阶段非合作博弈。这两个步骤的求解完全可以独立完成。究其原因，正如前面分析所指出，B-S 两型博弈在第二阶段合作博弈中没有涉及局中人策略选择问题，即第二阶段合作博弈的局中人联盟特征值与第一阶段非合作博弈的局中人支付值是独立、可分离的，因为除竞争局势之外，第一阶段非合作博弈与第二阶段合作博弈是完全独立的。但其实，B-S 两型博弈不是两阶段博弈，而只是使用两阶段方法求解 B-S 两型博弈模型而已。这里的 B-S 两型博弈是布兰登勃格和斯图尔特定义的一个博弈概念，而两阶段博弈则是布兰登勃格和斯图尔特使用的一种求解方法。

在例 2.6 中，通过第二阶段确定两个竞争局势s_1^1与s_2^1下的联盟特征值之后，可以求解得到供应商 s 在两个竞争局势下的收益，进而作为第一阶段选择供应商 s 策略的依据，即对供应商 s 纯策略s_1^1（维持现状）与s_2^1（贴品牌商标）进行优化选择，如图 2.7 所示。这样就完全解决了贴品牌商标策略选择问题。类似地，对例 2.7 的求解过程进行分析，如图 2.8 所示，也容易得到相同的结论。

但是，通过对比例 2.1～例 2.3，尤其是连续型、离散型非合作-合作两型博弈的求解过程，如图 2.1 和图 2.4 所示，可以非常明显看到，非合作-合作两型博弈的求解不能独立完成，即不能通过首先求解合作博弈部分，然后求解非合作博弈部分就完成全部求解过程。主要原因在于：在非合作-合作两型博弈中，有些局中人同时参加非合作博弈、合作博弈两个部分，这些局中人的策略有一部分应用于非合作博弈部分形成竞争局势而另一部分应用于合作博弈部分通过局中人之间的联盟与策略选择创造联盟利润（或收益、价值）。这些策略融通耦合非合作博弈部分与合作博弈部分，使得无法将非合作-合作两型博弈分割为两个独立的部分，即使首先求解合作博弈部分获得局中人的利润分配值，然后求解非合作博弈部分的最优竞争局势（或局中人最优策略）与局中人最优支付值，也仍然需要返回合作博弈部分求解局中人应用于合作博弈部分的最优策略与最优支付值等，包括只参加合作博弈部分的局中人的最优策略及最优支付值。显然，这不是逆序、先后次序或左右问题，而是循环交叉过程。本书之所以不把非合作-合作两型博弈的两个组成部分称为第一部分、第二部分，是因为第一部分、第二部分隐含着先后或顺序，而非合作博弈部分、合作博弈部分能够更加清楚地表明每个部分的作用，意为“一体两翼”，也能够把传统的合作博弈、非合作博弈与 B-S 两型博弈等特殊情形融合、包含在一起。

4. B-S 两型博弈定义中引入外生变量不符合博弈论规范

在B-S两型博弈定义中，布兰登勃格和斯图尔特[40]不仅引入信心指数作为B-S两型博弈的组成要素，而且利用信心指数对局中人利益分配值投影区间的左、右端点值进行加权平均，获得一个精确的局中人利益分配值（即实数），然后利用纳什均衡概念或决策分析（单个局中人情况），求解局中人的纳什均衡策略或最优决策。信心指数是 B-S 两型博弈的外生变量，用于描述局中人的偏好程度，完全属于主观性的指数。不同的信心指数对 B-S 两型博弈的解会产生明显的影响[49]，即局中人的纳什均衡策略或最优决策取决于信心指数。

【例 2.8】　问题背景与数值按照例 2.4 中贴品牌商标的 B-S 两型博弈例子给定，即文献[40]的例 2.1。讨论信心指数对贴品牌商标问题中供应商 s 策略选择的影响。

从例 2.6 可知，在给定竞争局势 s_1^1（即维持现状）下，合作博弈 $\upsilon(s_1^1)$ 的联盟特征值 $\upsilon(s_1^1)(A)$ 由式（2.7）确定。根据核心的定义即式（1.20），对任意局中人 $i \in N \setminus \{\mathrm{s},\mathrm{f}_1\}$，并结合式（2.7），可以得到

$$\eta^i(s_1^1) \leqslant \upsilon(s_1^1)(N) - \upsilon(s_1^1)(N \setminus i) = 8 - 8 = 0$$

即 $\eta^i(s_1^1) \leqslant 0$。再利用式（2.7），容易得到

$$\eta^{i}(s_1^1) \geqslant \upsilon(s_1^1)(i) = 0$$

因此，制造商 f_2 与消费者 b_1、b_2 在合作博弈 $\upsilon(s_1^1)$ 的核心中的分配值 $\eta^{i}(s_1^1) = 0$ $(i = f_2, b_1, b_2)$。

利用式（1.20）与式（2.7），可以得到供应商 s 与制造商 f_1 在合作博弈 $\upsilon(s_1^1)$ 的核心中的分配值满足：

$$\eta^{s}(s_1^1) + \eta^{f_1}(s_1^1) = 8$$

类似地，利用式（1.20）与式（2.7），可以分别得到

$$\eta^{s}(s_1^1) \leqslant \upsilon(s_1^1)(N) - \upsilon(s_1^1)(N \setminus s) = 8 - 0 = 8$$

与

$$\eta^{f_1}(s_1^1) \leqslant \upsilon(s_1^1)(N) - \upsilon(s_1^1)(N \setminus f_1) = 8 - 2 = 6$$

即 $\eta^{s}(s_1^1) \leqslant 8$ 与 $\eta^{f_1}(s_1^1) \leqslant 6$。于是，可以得到竞争局势 s_1^1 下合作博弈 $\upsilon(s_1^1)$ 的核心为

$$C(\upsilon(s_1^1)) = \{(\eta^{s}(s_1^1), \eta^{f_1}(s_1^1), \eta^{f_2}(s_1^1), \eta^{b_1}(s_1^1), \eta^{b_2}(s_1^1))^{T} \mid 2 \leqslant \eta^{s}(s_1^1) \leqslant 8, \eta^{f_1}(s_1^1) = 8 - \eta^{s}(s_1^1), \eta^{f_2}(s_1^1) = \eta^{b_1}(s_1^1) = \eta^{b_2}(s_1^1) = 0\}$$

类似地，对于竞争局势 s_2^1（即贴品牌商标）下的合作博弈 $\upsilon(s_2^1)$，根据核心的定义即式（1.20），并结合式（2.8），容易得到

$$\upsilon(s_2^1)(i) \leqslant \eta^{i}(s_2^1) \leqslant \upsilon(s_2^1)(N) - \upsilon(s_2^1)(N \setminus i) = 7 - 7 = 0 \qquad (i = f_2, b_1, b_2)$$

即 $\eta^{i}(s_2^1) = 0$ $(i = f_2, b_1, b_2)$。

结合式（1.20）与式（2.8），可以得到供应商 s 与制造商 f_1 在合作博弈 $\upsilon(s_2^1)$ 的核心中的分配值满足：

$$\eta^{s}(s_2^1) + \eta^{f_1}(s_2^1) = 7$$

再利用式（1.20）与式（2.8），可以得到

$$\eta^{s}(s_2^1) \leqslant \upsilon(s_2^1)(N) - \upsilon(s_2^1)(N \setminus s) = 7 - 0 = 7$$

即 $\eta^{s}(s_2^1) \leqslant 7$。

类似地，可以得到

$$\eta^{f_1}(s_2^1) \leqslant \upsilon(s_2^1)(N) - \upsilon(s_2^1)(N \setminus f_1) = 7 - 5 = 2$$

即 $\eta^{f_1}(s_2^1) \leqslant 2$。

因此，可以得到竞争局势 s_2^1 下合作博弈 $\upsilon(s_2^1)$ 的核心为

$$C(\upsilon(s_2^1)) = \{(\eta^{s}(s_2^1), \eta^{f_1}(s_2^1), \eta^{f_2}(s_2^1), \eta^{b_1}(s_2^1), \eta^{b_2}(s_2^1))^{T} \mid 5 \leqslant \eta^{s}(s_2^1) \leqslant 7, \eta^{f_1}(s_2^1) = 7 - \eta^{s}(s_2^1), \eta^{f_2}(s_2^1) = \eta^{b_1}(s_2^1) = \eta^{b_2}(s_2^1) = 0\}$$

按照 B-S 两型博弈的求解方法，在第一阶段非合作博弈中，供应商 s 对应两个纯策略 s_1^1 与 s_2^1 的支付值分别是闭区间 $[2,8]$ 与 $[5,7]$，对应合作博弈 $\upsilon(s_1^1)$ 核心 $C(\upsilon(s_1^1))$、合作博弈 $\upsilon(s_2^1)$ 核心 $C(\upsilon(s_2^1))$ 在第一个坐标轴上的投影。闭区间 $[2,8]$ 包

含区间[5,7]，很难比较它们的大小[①]。为此，布兰登勃格和斯图尔特通过给供应商 s 引入外生变量的信心指数 $\alpha^s \in [0,1]$，对两个闭区间[2,8]与[5,7]的左、右端点值做加权平均并比较大小。布兰登勃格和斯图尔特认为，当 $\alpha^s < 3/4$ 即 $7\alpha^s + 5(1-\alpha^s) > 8\alpha^s + 2(1-\alpha^s)$ 时，供应商选择纯策略 s_2^1 即贴品牌商标；反之，当 $\alpha^s > 3/4$ 即 $7\alpha^s + 5(1-\alpha^s) < 8\alpha^s + 2(1-\alpha^s)$ 时，供应商选择纯策略 s_1^1 即维持现状[②]。很显然，供应商 s 的最优策略选择及其支付值（即赢得）完全取决于信心指数 $\alpha^s \in [0,1]$，但除了布兰登勃格和斯图尔特两位“天才”，其他人包括供应商 s 可能真不知道该具体确定多大的信心指数 $\alpha^s \in [0,1]$，因而不知道该如何解决这个策略选择问题。

一般情况下，在实际供应链管理中，一方面，合理、准确地确定局中人的信心指数非常困难。例如，目前全球供应链中断风险不断增加、全球经济持续低迷衰退，供应链管理者、决策者、经营者等的信心估计也是一日三变，很难甚至无法准确评估。另一方面，由于不同信心指数会导致不同的局中人纳什均衡策略及其相应的利益（或利润、赢得），如何判断或预测这些结果的正确性或出现的可能性是一个无法回避的重要实际问题。因此，在形式化表示上，布兰登勃格和斯图尔特在定义中把属于外生变量的信心指数纳入 B-S 两型博弈模型，显然不仅不符合博弈论的规范化形式，而且加剧 B-S 两型博弈的复杂性与不确定性。

对比 1.2 节的非合作博弈基本组成要素、1.3 节的合作博弈基本组成要素与 1.4.1 节的非合作-合作两型博弈基本组成要素，容易看到，这些基本组成要素里面没有任何外生变量，符合博弈论的科学范式。同时，B-S 两型博弈是否使用外生变量（信心指数）取决于第二阶段合作博弈中求解得到的核心是不是单点集合。这无疑导致 B-S 两型博弈成为不同于现有博弈的另类。但其实，在不需要信心指数的情况下，正如前面多次指出，B-S 两型博弈只是离散型非合作-合作两型博弈的特殊情形，即 B-S 两型博弈是局中人、策略、联盟特征值都比较特殊的一类离散型非合作-合作两型博弈：①只有同时参加非合作博弈、合作博弈两个部分的局中人，而没有只参加非合作博弈部分或合作博弈部分的局中人；②所有局中人的策略都只用于形成合作博弈部分的竞争局势，并在非合作博弈部分进行策略优化；③在合作博弈部分中，针对任意给定的竞争局势，合作博弈的联盟特征值与所有

---

① 两个区间可能有嵌套、包含、相交、重叠、分离等多种复杂位置关系，区间大小比较或排序仅凭单指标方式很难合理、可靠。具体可参阅文献[50]和[51]。

② 这是文献[40]的表述，但严格的准确表述是：当 $0 \leqslant \alpha^s < 3/4$ 即 $7\alpha^s + 5(1-\alpha^s) > 8\alpha^s + 2(1-\alpha^s)$ 时，供应商选择纯策略 s_2^1 即贴品牌商标；当 $1 \geqslant \alpha^s > 3/4$ 即 $7\alpha^s + 5(1-\alpha^s) < 8\alpha^s + 2(1-\alpha^s)$ 时，供应商选择纯策略 s_1^1 即维持现状；当 $\alpha^s = 3/4$ 即 $7\alpha^s + 5(1-\alpha^s) = 8\alpha^s + 2(1-\alpha^s)$ 时，供应商选择纯策略 s_2^1 与 s_1^1 的可能性相同，即选择 s_2^1 或 s_1^1 获得相同的支付值即利润。

局中人的策略选择都无关、都是事先直接给出或通过实际场景的设计与规定就可以简单计算得到的。

【例 2.9】 问题背景与数值按照例 2.5 中负面广告的 B-S 两型博弈例子给定，即文献[40]的例 5.1。讨论这个 B-S 两型博弈的核心及三家公司的策略选择。

从例 2.7 中可知，在给定竞争局势 (s_1^1,s_1^1,s_1^1)（即三家公司都维持现状）下，合作博弈 $\upsilon(s_1^1,s_1^1,s_1^1)$ 的联盟特征值 $\upsilon(s_1^1,s_1^1,s_1^1)(A)$ 由式（2.9）确定。根据核心的定义即式（1.20），对任意局中人 $i \in N \setminus \{\mathrm{f}_1,\mathrm{f}_2,\mathrm{f}_3\}$，并结合式（2.9），可以得到

$$\begin{aligned}\upsilon(s_1^1,s_1^1,s_1^1)(i)&=0\leqslant\eta^i(s_1^1,s_1^1,s_1^1)\\&\leqslant\upsilon(s_1^1,s_1^1,s_1^1)(N)-\upsilon(s_1^1,s_1^1,s_1^1)(N\setminus i)=4-4=0\end{aligned}$$

即 $\eta^i(s_1^1,s_1^1,s_1^1)=0\,(i=\mathrm{f}_1,\mathrm{f}_2,\mathrm{f}_3)$。

对任意局中人 $i \in N \setminus \{\mathrm{b}_1,\mathrm{b}_2\}$，利用式（1.20）与式（2.9），可以得到

$$\begin{aligned}\upsilon(s_1^1,s_1^1,s_1^1)(i)&=0\leqslant\eta^i(s_1^1,s_1^1,s_1^1)\\&\leqslant\upsilon(s_1^1,s_1^1,s_1^1)(N)-\upsilon(s_1^1,s_1^1,s_1^1)(N\setminus i)=4-2=2\end{aligned}$$

即 $0\leqslant\eta^i(s_1^1,s_1^1,s_1^1)\leqslant2\,(i=\mathrm{b}_1,\mathrm{b}_2)$。显然，两个消费者在合作博弈 $\upsilon(s_1^1,s_1^1,s_1^1)$ 的核心中的分配值满足：

$$\eta^{\mathrm{b}_1}(s_1^1,s_1^1,s_1^1)+\eta^{\mathrm{b}_2}(s_1^1,s_1^1,s_1^1)=4$$

于是，可以得到

$$\eta^{\mathrm{b}_1}(s_1^1,s_1^1,s_1^1)=\eta^{\mathrm{b}_2}(s_1^1,s_1^1,s_1^1)=2$$

因此，可以得到竞争局势 (s_1^1,s_1^1,s_1^1) 下合作博弈 $\upsilon(s_1^1,s_1^1,s_1^1)$ 的核心为

$$\begin{aligned}C(\upsilon(s_1^1,s_1^1,s_1^1))=\{&(\eta^{\mathrm{f}_1}(s_1^1,s_1^1,s_1^1),\eta^{\mathrm{f}_2}(s_1^1,s_1^1,s_1^1),\eta^{\mathrm{f}_3}(s_1^1,s_1^1,s_1^1),\eta^{\mathrm{b}_1}(s_1^1,s_1^1,s_1^1),\eta^{\mathrm{b}_2}(s_1^1,s_1^1,\\&s_1^1))^{\mathrm{T}}\mid\eta^{\mathrm{f}_1}(s_1^1,s_1^1,s_1^1)=\eta^{\mathrm{f}_2}(s_1^1,s_1^1,s_1^1)=\eta^{\mathrm{f}_3}(s_1^1,s_1^1,s_1^1)=0,\eta^{\mathrm{b}_1}(s_1^1,s_1^1,\\&s_1^1)=\eta^{\mathrm{b}_2}(s_1^1,s_1^1,s_1^1)=2\}\end{aligned}$$

类似地，针对给定竞争局势 (s_2^1,s_1^1,s_1^1)（即公司 f_1 做负面广告而其他两家公司都维持现状）下的合作博弈 $\upsilon(s_2^1,s_1^1,s_1^1)$，根据核心的定义即式（1.20），对任意局中人 $i \in N \setminus \{\mathrm{f}_2,\mathrm{f}_3\}$，并结合式（2.10），可以得到

$$\begin{aligned}\upsilon(s_2^1,s_1^1,s_1^1)(i)&=0\leqslant\eta^i(s_2^1,s_1^1,s_1^1)\\&\leqslant\upsilon(s_2^1,s_1^1,s_1^1)(N)-\upsilon(s_2^1,s_1^1,s_1^1)(N\setminus i)=3-3=0\end{aligned}$$

即 $\eta^i(s_2^1,s_1^1,s_1^1)=0\,(i=\mathrm{f}_2,\mathrm{f}_3)$。

对公司 f_1，同样利用式（1.20）与式（2.10），可以得到

$$\begin{aligned}\upsilon(s_2^1,s_1^1,s_1^1)(\mathrm{f}_1)&=0\leqslant\eta^{\mathrm{f}_1}(s_2^1,s_1^1,s_1^1)\\&\leqslant\upsilon(s_2^1,s_1^1,s_1^1)(N)-\upsilon(s_2^1,s_1^1,s_1^1)(N\setminus \mathrm{f}_1)=3-2=1\end{aligned}$$

即 $0\leqslant\eta^{\mathrm{f}_1}(s_2^1,s_1^1,s_1^1)\leqslant1$。

类似地，对任意局中人 $i \in N \setminus \{\mathrm{b}_1,\mathrm{b}_2\}$，利用式（1.20）与式（2.10），可以

得到

$$\upsilon(s_2^1,s_1^1,s_1^1)(i)=0\leqslant\eta^i(s_2^1,s_1^1,s_1^1)$$
$$\leqslant\upsilon(s_2^1,s_1^1,s_1^1)(N)-\upsilon(s_2^1,s_1^1,s_1^1)(N\setminus i)=3-2=1$$

即 $0\leqslant\eta^i(s_2^1,s_1^1,s_1^1)\leqslant 1\ (i=\mathrm{b}_1,\mathrm{b}_2)$。

由式（2.10）容易看出

$$\begin{cases}\eta^{\mathrm{f}_1}(s_2^1,s_1^1,s_1^1)+\eta^{\mathrm{b}_1}(s_2^1,s_1^1,s_1^1)\geqslant\upsilon(s_2^1,s_1^1,s_1^1)(\mathrm{f}_1,\mathrm{b}_1)=2\\ \eta^{\mathrm{f}_1}(s_2^1,s_1^1,s_1^1)+\eta^{\mathrm{b}_2}(s_2^1,s_1^1,s_1^1)\geqslant\upsilon(s_2^1,s_1^1,s_1^1)(\mathrm{f}_1,\mathrm{b}_2)=2\end{cases}$$

可以得到

$$\eta^{\mathrm{f}_1}(s_2^1,s_1^1,s_1^1)=\eta^{\mathrm{b}_1}(s_2^1,s_1^1,s_1^1)=\eta^{\mathrm{b}_2}(s_2^1,s_1^1,s_1^1)=1$$

于是，可以得到竞争局势 (s_2^1,s_1^1,s_1^1) 下合作博弈 $\upsilon(s_2^1,s_1^1,s_1^1)$ 的核心为

$$C(\upsilon(s_2^1,s_1^1,s_1^1))=\{(\eta^{\mathrm{f}_1}(s_2^1,s_1^1,s_1^1),\eta^{\mathrm{f}_2}(s_2^1,s_1^1,s_1^1),\eta^{\mathrm{f}_3}(s_2^1,s_1^1,s_1^1),\eta^{\mathrm{b}_1}(s_2^1,s_1^1,s_1^1),\eta^{\mathrm{b}_2}(s_2^1,s_1^1,s_1^1))^{\mathrm{T}}\mid\eta^{\mathrm{f}_1}(s_2^1,s_1^1,s_1^1)=1,\eta^{\mathrm{f}_2}(s_2^1,s_1^1,s_1^1)=\eta^{\mathrm{f}_3}(s_2^1,s_1^1,s_1^1)=0,\eta^{\mathrm{b}_1}(s_2^1,s_1^1,s_1^1)=\eta^{\mathrm{b}_2}(s_2^1,s_1^1,s_1^1)=1\}$$

显然，在负面广告的 B-S 两型博弈的第二阶段合作博弈中，从竞争局势 (s_1^1,s_1^1,s_1^1) 下合作博弈 $\upsilon(s_1^1,s_1^1,s_1^1)$ 的核心 $C(\upsilon(s_1^1,s_1^1,s_1^1))$ 中可以得到，三家公司 f_1、f_2 与 f_3 在核心中的利润分配值都是 0，是完全确定的实数，不需要对核心 $C(\upsilon(s_1^1,s_1^1,s_1^1))$ 做投影，更不需要考虑信心指数。类似地，从竞争局势 (s_2^1,s_1^1,s_1^1) 下合作博弈 $\upsilon(s_2^1,s_1^1,s_1^1)$ 的核心 $C(\upsilon(s_2^1,s_1^1,s_1^1))$ 中可以得到，公司 f_1 在核心中的利润分配值是 1 美元、公司 f_2 与 f_3 在核心中的利润分配值都是 0，也是完全确定的实数，同样不需要对核心 $C(\upsilon(s_2^1,s_1^1,s_1^1))$ 做投影，更不需要考虑信心指数。进一步地，在负面广告的B-S两型博弈的第一阶段非合作博弈中，公司 f_2 与 f_3 在两个竞争局势 (s_1^1,s_1^1,s_1^1) 与 (s_2^1,s_1^1,s_1^1) 中的支付值（即利润分配值）都是 0，因此 (s_2^1,s_1^1,s_1^1) 是最优竞争局势，即纯策略 s_2^1（做负面广告）是公司 f_1 的最优策略（其实三家公司中也只有公司 f_1 有两个纯策略可以选择），相应的公司 f_1 最优支付值是 1 美元，比在竞争局势 (s_1^1,s_1^1,s_1^1) 下的支付值 0 要好。

在例 2.9 中，没有引入信心指数，同样可以很容易分析三家公司 f_1、f_2 与 f_3 的策略选择。结合例 2.8，可以看到，布兰登勃格和斯图尔特在 B-S 两型博弈定义中添加信心指数概念，使得 B-S 两型博弈缺乏科学规范，而且进一步增加人为因素与求解的复杂性及不确定性。

5. B-S 两型博弈由于第二阶段合作博弈使用核心缺乏一般性

通过对B-S两型博弈的研究，可以发现，在B-S两型博弈求解过程中，利用

经典合作博弈的核心概念，求解第二阶段合作博弈的利益分配值。但由于核心是一个集合解，有时可能存在无穷多个元素，即无穷多个利益分配值，如例2.8中贴品牌商标的B-S两型博弈的核心；很少时候只有单个元素（即唯一利益分配值），往往需要满足很苛刻的限制条件，如例2.9中负面广告的B-S两型博弈的核心；有时核心可能是空集[5, 9]①。核心是空集和包含无穷多个元素都会给B-S两型博弈求解带来很大的麻烦与困难。特别地，在B-S两型博弈的解的存在性上，由于利用核心作为第二阶段合作博弈的解，当核心是空集时，无法求解第一阶段非合作博弈，从而无法保证B-S两型博弈存在局中人的纳什均衡策略或最优决策。

布兰登勃格和斯图尔特最初提出 B-S 两型博弈时，通过假定增值可加性（adding up）即传统合作博弈的局中人边际利润、无外部性（no externality）、无协调性（no coordination）三个条件，使得第二阶段合作博弈的核心非空，从而可以求解得到第一阶段非合作博弈的局中人纳什纯策略均衡解或最优决策。正如布兰登勃格和斯图尔特所指出，上述三个假设条件在现实经济与管理问题尤其是供应链管理问题中很难同时满足。

正如前面指出，核心非空时，通常可能包含无穷多个元素即利润分配方案，如例 2.8，而很少和例 2.9 那样，核心只有单个元素即一个利润分配方案。在核心包含无穷多个元素时，布兰登勃格和斯图尔特不得不引入一组外生变量即信心指数，这导致 B-S 两型博弈的形式化表示无法退化到传统的合作博弈、非合作博弈的对应形式。换句话说，B-S 两型博弈无法包含真正的合作博弈、非合作博弈两种特殊情形。显然，这与布兰登勃格和斯图尔特声称不一致，因为他们认为 B-S 两型博弈是非合作博弈、合作博弈两种形式的严格拓展[40]。

2.3.2 非合作–合作两型博弈显著区别于竞合博弈

很多人把 1996 年布兰登勃格与内勒巴夫（Nalebuff）[52]出版的 *Co-opetition*（《合作竞争》[53]）一书看作竞合理论的开始。竞合理论主要包括下面三种形式：第一种表示企业之间存在的既竞争又合作的关系[54, 55]；第二种表示一家企业与另一家企业相互竞争，而与第三家企业相互合作的三方关系[56]；第三种表示商业网络中多家企业之间的网络关系[57]。本书研究的是第一种竞合关系，即针对各主体（局中人）之间的竞争与合作关系，构建一套非合作–合作两型博弈分析理论。因此，在前面的讨论与分析中已经多次指出，非合作–合作两型博弈显著不同于竞合

① 传统合作博弈的核心是空集的具体例子可参见文献[5]；B-S 两型博弈的核心是空集的具体例子可参见文献[28]和[30]。

博弈[41,42]，但竞合博弈经常被误认为B-S两型博弈。其实，由于B-S两型博弈在第二阶段合作博弈中并未研究局中人之间如何通过策略与联盟创造联盟价值或利润，即宏观上直接给出各竞争局势下合作博弈的联盟特征值（或利润），本质上没有研究局中人之间如何合作问题。换句话说，B-S 两型博弈并未真正研究局中人之间竞争与合作并存的博弈关系。

非合作-合作两型博弈不同于B-S两型博弈，也显著不同于以研究如何形成企业竞争优势为主的竞合博弈[58]。目前，竞合博弈主要停留在概念层面，针对一些实际问题，套用非合作博弈、合作博弈与竞合概念，求解具体问题、产生相应答案，但尚未形成一套可遵循的建模分析理论与方法。

2.3.3　非合作-合作两型博弈显著区别于两阶段博弈

博弈论中的两阶段博弈主要是指可以按照时间阶段或先后顺序划分为两个相对独立并分别进行求解的一类博弈问题。两阶段博弈通常在两个阶段上都是非合作博弈或合作博弈，它们之间没有固定的先后顺序，且第二阶段的博弈不一定需要为第一阶段的博弈确定或预测局中人的利益（或利润分配）值。

如前面所述，布兰登勃格和斯图尔特[40]把B-S两型博弈解释为两阶段博弈，并按照两阶段方法分别求解，即首先求解第二阶段合作博弈中各竞争局势下合作博弈的核心，然后求解第一阶段非合作博弈中各个局中人的最优策略。显然，这是一个简单的两阶段博弈逆序求解过程，致使很多人常常直接把B-S两型博弈等同于两阶段博弈。但是，非合作-合作两型博弈的非合作博弈、合作博弈两个部分都涉及局中人的策略选择，非合作博弈部分中一些局中人的支付值需要通过求解合作博弈部分中任意给定竞争局势的合作博弈才能确定，而合作博弈部分中一些局中人的策略与支付值需要通过求解非合作博弈部分中的非合作博弈才能具体确定，如例2.2与例2.3。因此，非合作-合作两型博弈的非合作博弈、合作博弈两个部分没有先后或阶段之分，局中人的策略与支付值（或利润分配值）交叉、融通、耦合，无法独立分割或分离，显著不同于两阶段博弈和B-S两型博弈。

以上分别简单叙述了非合作-合作两型博弈、竞合博弈、两阶段博弈的区别与联系。为了更加便于理解非合作-合作两型博弈的概念与融通分析范式，下面从博弈定义、基本组成要素、子博弈类型及顺序、描述方式、解的定义、解的构成、解是否受外生变量影响、解的存在性、求解顺序与过程、解决的问题或研究对象等主要方面，系统比较分析非合作-合作两型博弈、B-S两型博弈、竞合博弈、两阶段博弈的异同点，如表2.1所示。值得指出的是，有些文献直接把biform game翻译为双体博弈[59,60]，即本书所说的B-S两型博弈。

表 2.1　非合作-合作两型博弈、B-S 两型博弈、竞合博弈与两阶段博弈的异同点

比较准则	非合作-合作两型博弈	B-S 两型博弈	竞合博弈	两阶段博弈
博弈定义	非合作博弈、合作博弈按照固定先后顺序融通、耦合为统一博弈	非合作博弈、合作博弈的混合博弈	未明确定义	未明确定义
基本组成要素	局中人，策略，支付值，联盟，联盟特征值	局中人，策略，联盟特征值，信心指数	未明确给出	未明确给出
局中人	包含三种类型的局中人：只参加非合作博弈部分，同时参加非合作博弈与合作博弈两个部分，只参加合作博弈部分	只给出参加第一阶段非合作博弈的局中人，而未明确给出参加第二阶段合作博弈的局中人	未明确给出	未明确给出
支付值	直接给出只参加非合作博弈部分的局中人支付值（事先已知），而无法确定同时参加非合作博弈与合作博弈两个部分、只参加合作博弈部分的局中人支付值（未事先已知）	没有具体给出任何局中人的支付值	未明确给出	未明确给出
策略	三种类型的局中人都有策略，且同时参加非合作博弈与合作博弈两个部分的局中人有部分策略应用于非合作博弈部分而另一部分策略应用于合作博弈部分	所有局中人的全部策略应用于第一阶段非合作博弈	未明确给出	未明确给出
联盟	由同时参加非合作博弈与合作博弈两个部分、只参加合作博弈部分的局中人组成的各种可能子集	定义中的联盟是由第一阶段非合作博弈的局中人组成的各种可能子集，但具体例子中不是	未明确给出	未明确给出
联盟特征值	由同时参加非合作博弈与合作博弈两个部分、只参加合作博弈部分的局中人通过利用他们的策略与局中人之间的联盟创造出联盟特征值	直接给出联盟特征值	未明确给出	未明确给出
子博弈类型	非合作博弈，合作博弈	非合作博弈，合作博弈	未明确	未明确，通常两阶段都是同类型博弈
子博弈顺序	非合作博弈在前，合作博弈在后	隐含非合作博弈在前，合作博弈在后	未明确	按阶段先后顺序
描述方式	非合作博弈部分，合作博弈部分	第一阶段非合作博弈，第二阶段合作博弈	未明确，通常称集中决策为合作、分散决策为竞争	第一阶段博弈，第二阶段博弈
解的定义	按一个非合作-合作两型博弈给出解的定义	分别定义合作博弈的解为核心，非合作博弈的解为纳什均衡解或最优决策	未明确定义	未明确定义
解的构成	同时包含局中人最优策略与利益分配	包含局中人纳什均衡解或最优决策，不一定包含利益分配（只得到含有信心指数的虚拟数值）	未明确给出	未明确给出

续表

比较准则	非合作-合作两型博弈	B-S 两型博弈	竞合博弈	两阶段博弈
解是否受外生变量影响	否，因未引入外生变量	是，通常情况下解受外生变量影响很大	未明确，因没有定义解	未明确，因未明确解的定义
解的存在性	构建解的存在性条件，保证解的存在	解不一定存在，因核心可能是空集	未明确	未明确
求解顺序	交叉循环求解	逆序求解	未明确	逆序求解
求解过程	先求合作博弈部分的解，再求非合作博弈部分的解，返回求解合作博弈部分的解	先求第二阶段合作博弈的核心，再求第一阶段非合作博弈的纳什均衡解或最优决策	通常独立求解，即分别求解集中决策、分散决策的解	先求第一阶段的解，再求第二阶段的解
解决的问题或研究对象	同时解决局中人策略优化与局中人联盟形成及利益分配问题	解决局中人策略优化问题；通常无法解决利益分配问题，因为有信心指数	解决集中或分散决策的策略优化问题	解决具有层次结构或先后顺序的局中人策略优化问题

第 3 章　押金返还制造商的闭环供应链制造商之间竞争及制造商与回收商利润共享

3.1　问 题 描 述

考虑一条由两个制造商 R、M 和一个回收商 C 组成的闭环供应链。制造商 R 可以选择直接使用新材料生产新产品，也可以选择从回收商 C 处回购废旧产品进行加工再制造新产品。由于生产设备与技术条件等原因，制造商 M 只能直接使用新材料生产新产品。制造商使用回收的废旧产品零部件再制造新产品的单位成本 c_r 低于制造商直接使用新材料生产新产品的单位成本 c_n，即 $c_n > c_r$，其中 $c_r \geqslant 0$ 和 $c_n \geqslant 0$ 都是事先已知的常数。换句话说，制造商使用回收的废旧产品零部件再制造新产品可以降低生产新产品的单位成本，即有利可图，生产新产品可节约的单位成本为 $\varDelta = c_n - c_r$，显然 $\varDelta > 0$。$\varDelta$ 体现一种成本优势，即 $\varDelta$ 大，则制造商使用废旧产品零部件再制造新产品要比直接使用新材料生产新产品更加有利于节约成本进而增加利润。

通常对消费者而言，制造商通过回收废旧产品零部件再制造生产的新产品与通过新材料生产的新产品是同质产品或者没有质量差异的产品。两个制造商 R 与 M 生产的新产品都可以直接销售给同一市场的消费者，因此他们的新产品之间存在价格竞争。假设制造商 R 与 M 新产品的销售价格分别为 p_r 和 p_m（连续决策变量），产品需求函数不妨假定为线性形式，即制造商 R 与 M 新产品的市场需求函数可以分别表示为

$$q_r(p_r, p_m) = \phi - p_r + \varepsilon p_m$$

和

$$q_m(p_r, p_m) = \phi - p_m + \varepsilon p_r$$

其中，$\phi > 0$ 为潜在市场规模；$\varepsilon \in [0,1]$ 为两个制造商 R 与 M 新产品的产品替代系数，而且 ϕ 与 ε 都是事先已知的常数或参数。当 $\varepsilon = 0$ 时，两个制造商的新产品完全不可替代；当 $\varepsilon = 1$ 时，两个制造商的新产品完全可以替代。替代系数 ε 越大，两个制造商的新产品替代程度越高，从而制造商之间销售价格竞争越激烈。

回收商 C 从消费者处回收废旧产品，再按照制造商 R 的回购价格 ω（连续决

策变量）卖给制造商R。假设回收商C从消费者处回收的废旧产品可全部用于再制造。回收商C从消费者处回收废旧产品的单位成本为$c \geqslant 0$。回收商C从消费者处回收的投资成本I与废旧产品的回收率$\tau \in [0,1]$（连续决策变量）、回收废旧产品的难度系数$b \geqslant 0$有关。回收废旧产品的难度系数越大或废旧产品的回收率越高，回收商回收废旧产品需要付出的投资成本越高。为了计算方便起见，不失一般性，不妨假设回收商C的投资成本是关于废旧产品回收率的二次函数，即$I = b\tau^2$。其中c和b都是事先已知的常数或参数。

为激励制造商使用回收的废旧产品进行再制造，实现资源的循环利用，减少碳排放量，保护环境，政府对制造商实施押金返还制度，即对制造商生产的新产品按照单位产品收取事先确定的押金$e \geqslant 0$。若制造商使用回收的废旧产品再制造新产品，则政府将返还押金给制造商，否则，若制造商直接使用新材料生产新产品，则政府将不再返还押金给制造商。

政府对制造商实施押金返还制度时，闭环供应链中两个制造商R、M的新产品生产与销售及回收商C回收废旧产品与制造商R回购废旧产品的具体关系与过程如图3.1所示。

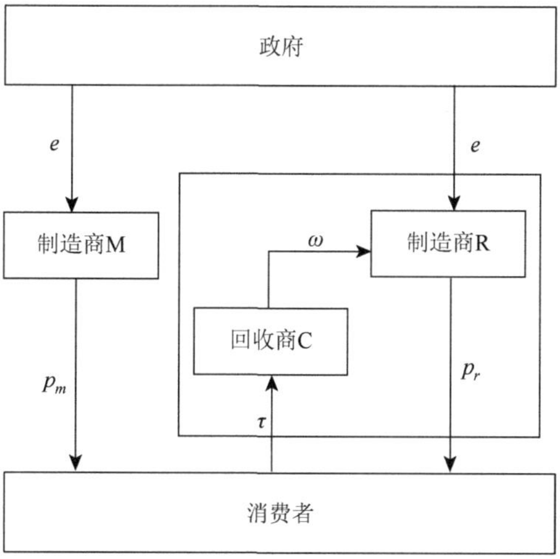

图3.1　制造商新产品生产与销售及回收商回收废旧产品与制造商回购废旧产品的关系与过程

3.2　非合作-合作两型博弈建模及解法

根据3.1节所述的两个制造商和一个回收商组成的闭环供应链定价与利润共享问题，针对制造商R同时直接使用新材料生产新产品和使用回购废旧产品再制造新产品、制造商M只能直接使用新材料生产新产品的情况，可以分别得到闭环

供应链中各成员（即制造商 R、M 与回收商 C）的利润函数表达式。具体地，制造商 R 的利润函数为①

$$g_r(p_r,p_m,\omega,\tau)=(1-\tau)(p_r-c_n)(\phi-p_r+\varepsilon p_m)+\tau(p_r-\omega-c_r)(\phi-p_r+\varepsilon p_m)$$
$$-e(\phi-p_r+\varepsilon p_m)+e\tau(\phi-p_r+\varepsilon p_m)$$

即

$$g_r(p_r,p_m,\omega,\tau)=[p_r-c_n-e+\tau(\Delta-\omega+e)](\phi-p_r+\varepsilon p_m) \tag{3.1}$$

制造商 M 的利润函数为

$$g_m(p_r,p_m)=(p_m-c_n-e)(\phi-p_m+\varepsilon p_r) \tag{3.2}$$

回收商 C 的利润函数为

$$g_c(p_r,p_m,\omega,\tau)=\tau(\omega-c)(\phi-p_r+\varepsilon p_m)-b\tau^2 \tag{3.3}$$

两个制造商 R 与 M 将生产的新产品销售给同一市场的消费者时存在价格竞争，制造商 R 和 M 新产品的销售价格 p_r、 p_m 形成策略组合，即构成非合作博弈部分的竞争局势 (p_r,p_m)。针对任意给定竞争局势 (p_r,p_m)，制造商 R 需要使用从回收商 C 处回收的废旧产品再制造新产品（如前所述具有成本优势），从而制造商 R 通过确定回购价格 ω、回收商 C 通过确定回收率 τ，建立他们之间的合作关系并获得各自利润，即构建合作博弈部分各个竞争局势下的联盟特征函数（即利润函数），再利用式（1.21）的夏普利值分配得到制造商 R 的利润分配值，结合式（3.2）的制造商 M 的利润函数，把这两个利润函数作为非合作博弈部分的支付值，建立制造商 R 与 M 的销售价格非合作博弈，据此求解他们的纳什均衡策略（即制造商 R 与 M 的最优销售价格）。在这个闭环供应链中既包括非合作博弈又包括合作博弈，具体博弈关系如图 3.2 所示。

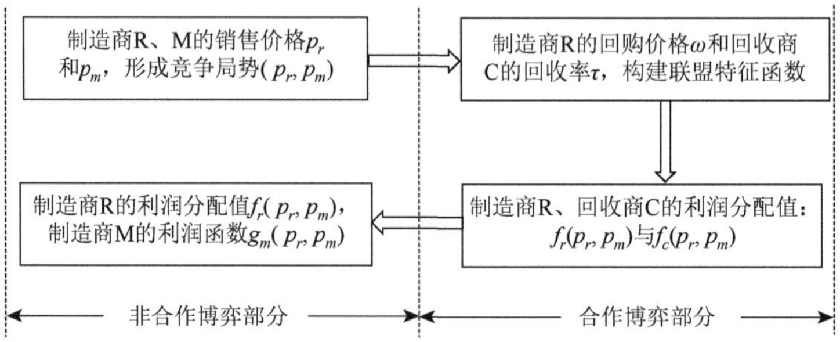

图 3.2 制造商之间竞争及制造商与回收商利润共享非合作-合作两型博弈结构与流程

从图 3.2 中可以看出，这是一个连续型 3 人非合作-合作两型博弈 $\Gamma_{3=1+1+1}$。参

① 为了叙述方便并突出竞争局势 (p_r,p_m)，制造商 R 的策略 (p_r,ω) 分开书写，并把两个局中人（即制造商 R 和回收商 C）的利润函数 $g_r(p_r,\omega,p_m,\tau)$ 和 $g_c(p_r,\omega,p_m,\tau)$ 分别写成 $g_r(p_r,p_m,\omega,\tau)$、 $g_c(p_r,p_m,\omega,\tau)$。

与这个非合作–合作两型博弈的局中人有三个：制造商 M、制造商 R、回收商 C。制造商 M 只参加非合作博弈部分，局中人集合记为 $N_1=\{M\}$，只有一个连续决策变量即销售价格 p_m，用于非合作博弈部分，参与制造商 R 的销售价格竞争，即形成竞争局势。制造商 R 同时参加非合作博弈、合作博弈两个部分，局中人集合记为 $N_2=\{R\}$，有两个连续决策变量即销售价格 p_r 和回购价格 ω，其中销售价格 p_r 用于非合作博弈部分，参与制造商 M 的销售价格竞争，而回购价格 ω 用于合作博弈部分，通过与回收商 C 合作，创造联盟利润。回收商 C 只参加合作博弈部分，局中人集合记为 $N_3=\{C\}$，只有一个连续决策变量即回收率 τ，用于合作博弈部分，通过与制造商 R 合作，创造联盟利润。因此，这个非合作–合作两型博弈 $\varGamma_{3=1+1+1}$ 的局中人集合记为 $N=N_1\cup N_2\cup N_3=\{M,R,C\}$。

如前所述，由于制造商 R 与 M 生产并销售可替代新产品给同一市场的消费者，他们的销售价格 p_r 与 p_m 存在价格竞争，即形成非合作博弈部分的竞争局势 (p_r,p_m)。对于任意给定的竞争局势 (p_r,p_m)，从式（3.2）中可以看出，制造商 M 的利润 $g_m(p_r,p_m)$ 是已知的。但是，从式（3.1）与式（3.3）中可以看出，制造商 R 与回收商 C 的利润都不是已知的，因为他们的利润函数中包含两个待决策变量，即制造商 R 的回购价格 ω 和回收商 C 的回收率 τ。回购价格 ω 和回收率 τ 分别是制造商 R、回收商 C 在合作博弈部分构建任意给定竞争局势 (p_r,p_m) 下的联盟特征函数（即利润函数）的策略。回收商 C 从消费者处回收废旧产品、制造商 R 从回收商 C 处回购废旧产品，据此回收商 C 与制造商 R 建立合作关系，创造联盟利润，即形成合作博弈。通过求解任意给定竞争局势 (p_r,p_m) 的合作博弈，可以分别获得制造商 R 与回收商 C 的利润分配值 $f_r(p_r,p_m)$、$f_c(p_r,p_m)$。这就解决了前面提到的制造商 R 与回收商 C 的利润无法事先确定的问题。把所求得的制造商 R 的利润分配值 $f_r(p_r,p_m)$ 与已知的制造商 M 的利润 $g_m(p_r,p_m)$ 一起作为非合作博弈部分的局中人支付值，求解相应的非合作博弈，可得最优竞争局势（即最优销售价格）及制造商 R 与回收商 C 的最优利润。进一步结合合作博弈部分的联盟特征值构建及相应的合作博弈求解过程，可以获得制造商 R 的最优回购价格、回收商 C 的最优回收率及制造商 R 与回收商 C 的最优利润。

通过上述分析与图 3.2 的求解结构及流程，按照 2.1.2 节的连续型非合作–合作两型博弈的求解方法与过程，下面逐步进行具体的建模与求解。

3.2.1　制造商 R 与回收商 C 的联盟利润函数及利润分配

当制造商 R 选择使用回收的废旧产品再制造新产品时，制造商 R 通过优化回购价格 ω、回收商 C 通过优化回收率 τ 使得共同创造的联盟利润最大化，再将这些利润在制造商 R 和回收商 C 之间进行分配。因此，本节将从合作博弈的联盟形成及制造商 R、回收商 C 的利润共享两个过程进行研究。

1. 制造商 R 与回收商 C 的联盟利润函数构建

如前所述，对于任意给定竞争局势(p_r, p_m)，制造商 R 与回收商 C 参加合作博弈部分，即局中人最大联盟为$N_2 \cup N_3 = \{\mathrm{R,C}\}$，简记最大联盟为$N' = N_2 \cup N_3 = \{\mathrm{R,C}\}$。制造商 R 与回收商 C 可以形成四个联盟：$\varnothing$、$\{\mathrm{R}\}$、$\{\mathrm{C}\}$与$N'$。对任意联盟$S \subseteq N'$，给定竞争局势$(p_r, p_m)$下的联盟特征函数$v(p_r, p_m)(S)$即联盟$S$的利润函数，可以利用定理 1.4 即式（1.14）进行确定，具体如下。

显然，空联盟$\varnothing$的特征函数为$v(p_r, p_m)(\varnothing) = 0$。

利用式（1.14），并结合式（3.1），可得制造商 R 单干（即不合作）时的联盟特征函数（即利润函数）为①

$$\begin{aligned} v(p_r, p_m)(\mathrm{R}) &= \max_{\omega} \min_{\tau} \{g_r(p_r, p_m, \omega, \tau)\} \\ &= \max_{\omega} \min_{\tau} \{[p_r - c_n - e + \tau(\Delta - \omega + e)](\phi - p_r + \varepsilon p_m)\} \end{aligned}$$

在制造商 R 的利润函数$g_r(p_r, p_m, \omega, \tau)$中，对于制造商 R 的任意回购价格$\omega$，回收率$\tau$的系数为正数，即$(\Delta - \omega + e)(\phi - p_r + \varepsilon p_m) > 0$，因此回收率$\tau^* = 0$使得制造商 R 的利润函数$g_r(p_r, p_m, \omega, \tau)$达到最小值，从而可得

$$v(p_r, p_m)(\mathrm{R}) = \max_{\omega} \{(p_r - c_n - e)(\phi - p_r + \varepsilon p_m)\}$$

此时，$(p_r - c_n - e)(\phi - p_r + \varepsilon p_m)$与制造商 R 的回购价格$\omega$无关。因此，可得制造商 R 单干时的联盟特征函数为

$$v(p_r, p_m)(\mathrm{R}) = (p_r - c_n - e)(\phi - p_r + \varepsilon p_m) \tag{3.4}$$

这个联盟特征函数表明，单干联盟$\{\mathrm{R}\}$的联盟特征函数为制造商 R 不使用回购废旧产品而是只直接使用新材料生产新产品所获得的利润。

类似地，利用式（1.14），并结合式（3.3），可得回收商 C 单干时的联盟特征函数即利润函数为

$$\begin{aligned} v(p_r, p_m)(\mathrm{C}) &= \max_{\tau} \min_{\omega} \{g_c(p_r, p_m, \omega, \tau)\} \\ &= \max_{\tau} \min_{\omega} \{\tau(\omega - c)(\phi - p_r + \varepsilon p_m) - b\tau^2\} \end{aligned}$$

在回收商 C 的利润函数$g_c(p_r, p_m, \omega, \tau)$中，对于回收商 C 的任意回收率$\tau$，回购价格$\omega$的系数为正数，即$\tau(\phi - p_r + \varepsilon p_m) > 0$，因此回购价格$\omega^* = 0$能够使得回收商 C 的利润函数$g_c(p_r, p_m, \omega, \tau)$取得最小值，从而可得

① 如 1.3 节的记法，常把$v(p_r, p_m)(\{\mathrm{C}\})$、$v(p_r, p_m)(\{\mathrm{R}\})$与$v(p_r, p_m)(\{\mathrm{R,C}\})$分别简记为$v(p_r, p_m)(\mathrm{C})$、$v(p_r, p_m)(\mathrm{R})$与$v(p_r, p_m)(\mathrm{R,C})$。

$$v(p_r, p_m)(\mathrm{C}) = \max_{\tau}\{-\tau c(\phi - p_r + \varepsilon p_m) - b\tau^2\}$$

显然，$-\tau c(\phi - p_r + \varepsilon p_m) - b\tau^2 \leqslant 0$，因此回收商 C 只有回收率 $\tau^* = 0$ 才能使得其利润达到最大值，即回收商 C 单干时的联盟特征函数为

$$v(p_r, p_m)(\mathrm{C}) = 0 \tag{3.5}$$

这个联盟特征函数表明，由于制造商 R 的回购价格为 0，回收商不可能回收任何废旧产品，即回收率为 0，从而回收商单干时的联盟特征值即利润为 0。

制造商 R 和回收商 C 合作时，即形成联盟 $N' = \{\mathrm{R,C}\}$，此时联盟 N' 确定回收率 τ（其实原来的回购价格 ω 因制造商 R 和回收商 C 的联盟不再需要单独考虑）使得最大联盟 N' 的利润达到最大值，即结合式（3.1）与式（3.3），可得联盟 N' 的联盟特征值即利润函数为

$$\begin{aligned} v(p_r, p_m)(\mathrm{R,C}) &= \max_{\omega,\tau}\{g_r(p_r, p_m, \omega, \tau) + g_c(p_r, p_m, \omega, \tau)\} \\ &= \max_{\omega,\tau}\{[p_r - c_n - e + \tau(\varDelta - \omega + e)](\phi - p_r + \varepsilon p_m) \\ &\quad + \tau(\omega - c)(\phi - p_r + \varepsilon p_m) - b\tau^2\} \\ &= \max_{\tau}\{[p_r - c_n - e + \tau(\varDelta + e - c)](\phi - p_r + \varepsilon p_m) - b\tau^2\} \end{aligned} \tag{3.6}$$

记 $h(\tau) = [p_r - c_n - e + \tau(\varDelta + e - c)](\phi - p_r + \varepsilon p_m) - b\tau^2$。显然，制造商 R 和回收商 C 合作形成最大联盟时，$h(\tau)$ 与制造商 R 的回购价格 ω 无关。对函数 $h(\tau)$ 关于回收率 τ 求一阶导数并令其等于 0，即

$$\frac{\mathrm{d}h(\tau)}{\mathrm{d}\tau} = (\varDelta + e - c)(\phi - p_r + \varepsilon p_m) - 2b\tau = 0$$

求解上述方程，可以得到回收商 C 的最优回收率为

$$\tau^* = \frac{(\varDelta + e - c)(\phi - p_r + \varepsilon p_m)}{2b} \tag{3.7}$$

进一步对函数 $h(\tau)$ 关于回收率 τ 求二阶导数，可得

$$\frac{\mathrm{d}^2 h(\tau)}{\mathrm{d}\tau^2} = -2b < 0$$

因此，在 $0 \leqslant (\varDelta + e - c)(\phi - p_r + \varepsilon p_m) \leqslant 2b$ 条件下，式（3.7）给定的回收率 τ^* 确实是使得最大联盟 $N' = \{\mathrm{R,C}\}$ 的联盟利润函数 $v(p_r, p_m)(\mathrm{R,C})$ 达到最大值的唯一解。将最优回收率 τ^* 代入式（3.6），可以得到最大联盟 $\{\mathrm{R,C}\}$ 的联盟特征函数即利润函数为

$$v(p_r, p_m)(\mathrm{R,C}) = (p_r - c_n - e)(\phi - p_r + \varepsilon p_m) + \frac{1}{4b}[(\varDelta + e - c)(\phi - p_r + \varepsilon p_m)]^2 \tag{3.8}$$

2. 制造商 R 和回收商 C 利润分配的夏普利值

对于任意给定竞争局势 (p_r, p_m)，利用式（3.4）、式（3.5）、式（3.8）和

$v(p_r, p_m)(\varnothing)=0$，根据式（1.16），容易验证：

$$v(p_r, p_m)(\mathrm{R,C})+v(p_r, p_m)(\mathrm{R}\cap\mathrm{C})\geqslant v(p_r, p_m)(\mathrm{R})+v(p_r, p_m)(\mathrm{C})$$

因此，$v(p_r, p_m)$是凸合作博弈。根据定理 1.7，合作博弈$v(p_r, p_m)$的夏普利值属于核心$C(v(p_r, p_m))$，从而满足个体合理性。

利用式（3.4）、式（3.5）、式（3.8）和$v(p_r, p_m)(\varnothing)=0$，并按照式（1.20），简单求解，可以得到合作博弈$v(p_r, p_m)$的核心$C(v(p_r, p_m))$为

$$C(v(p_r, p_m))=\{(\eta_r(v(p_r, p_m)),\eta_c(v(p_r, p_m)))^{\mathrm{T}}\mid \eta_r(v(p_r, p_m))=v(p_r, p_m)(\mathrm{R,C})\\ -\eta_c(v(p_r, p_m)),0\leqslant\eta_c(v(p_r, p_m))\leqslant\frac{1}{4b}[(\varDelta+e-c)(\phi-p_r+\varepsilon p_m)]^2\} \tag{3.9}$$

类似地，利用夏普利值计算公式即式（1.21），可以得到制造商 R 和回收商 C 在合作博弈部分给定竞争局势(p_r, p_m)下合作博弈$v(p_r, p_m)$的夏普利值即利润分配值分别为

$$\begin{aligned}\varphi_{\mathrm{R}}(v(p_r, p_m))&=\frac{1}{2}\left(v(p_r, p_m)(\mathrm{R})-v(p_r, p_m)(\varnothing)\right)+\frac{1}{2}\left(v(p_r, p_m)(\mathrm{R,C})-v(p_r, p_m)(\mathrm{C})\right)\\&=\frac{(p_r-c_n-e)(\phi-p_r+\varepsilon p_m)}{2}\\&\quad+\frac{(p_r-c_n-e)(\phi-p_r+\varepsilon p_m)+\frac{1}{4b}[(\varDelta+e-c)(\phi-p_r+\varepsilon p_m)]^2}{2}\\&=(p_r-c_n-e)(\phi-p_r+\varepsilon p_m)+\frac{1}{8b}[(\varDelta+e-c)(\phi-p_r+\varepsilon p_m)]^2\end{aligned}$$

和

$$\begin{aligned}\varphi_{\mathrm{C}}(v(p_r, p_m))&=\frac{1}{2}\left(v(p_r, p_m)(\mathrm{C})-v(p_r, p_m)(\varnothing)\right)+\frac{1}{2}\left(v(p_r, p_m)(\mathrm{R,C})-v(p_r, p_m)(\mathrm{R})\right)\\&=\frac{(p_r-c_n-e)(\phi-p_r+\varepsilon p_m)}{2}\\&\quad+\frac{\frac{1}{4b}[(\varDelta+e-c)(\phi-p_r+\varepsilon p_m)]^2-(p_r-c_n-e)(\phi-p_r+\varepsilon p_m)}{2}\\&=\frac{1}{8b}[(\varDelta+e-c)(\phi-p_r+\varepsilon p_m)]^2\end{aligned}$$

简记$f_r(p_r, p_m)=\varphi_{\mathrm{R}}(v(p_r, p_m))$和$f_c(p_r, p_m)=\varphi_{\mathrm{C}}(v(p_r, p_m))$，即

$$f_r(p_r, p_m)=(p_r-c_n-e)(\phi-p_r+\varepsilon p_m)+\frac{1}{8b}[(\varDelta+e-c)(\phi-p_r+\varepsilon p_m)]^2 \tag{3.10}$$

$$f_c(p_r, p_m)=\frac{1}{8b}[(\varDelta+e-c)(\phi-p_r+\varepsilon p_m)]^2 \tag{3.11}$$

由此，结合式（3.4）与式（3.5），容易得到

$$f_r(p_r,p_m)-v(p_r,p_m)(\mathrm{R})=\frac{1}{8b}\left[(\varDelta+e-c)(\phi-p_r+\varepsilon p_m)\right]^2\geqslant 0$$

$$f_c(p_r,p_m)-v(p_r,p_m)(\mathrm{C})=\frac{1}{8b}\left[(\varDelta+e-c)(\phi-p_r+\varepsilon p_m)\right]^2\geqslant 0$$

即 $f_r(p_r,p_m)\geqslant v(p_r,p_m)(\mathrm{R})$ 与 $f_c(p_r,p_m)\geqslant v(p_r,p_m)(\mathrm{C})$ 。这里再次验证，制造商R和回收商C的利润分配值（夏普利值）都满足个体合理性，即制造商R和回收商C合作之后各自分配得到的利润都不少于他们各自单干时的利润。这样能够保证他们愿意合作，否则他们不会有任何合作的动机与愿望。换句话说，在任意给定竞争局势 (p_r,p_m) 下，制造商R与回收商C分别通过回购废旧产品和回收废旧产品开展合作比各自单干时有利于增加双方的利润。此外，从式（3.9）～式（3.11）中可以容易看到，制造商R与回收商C的利润分配值（夏普利值）$(f_r(p_r,p_m),f_c(p_r,p_m))^{\mathrm{T}}$ 属于 $C(v(p_r,p_m))$，因此把夏普利值 $f_r(p_r,p_m)$ 与 $f_c(p_r,p_m)$ 作为制造商R与回收商C的利润分配方案既满足个体合理性又具有稳定性，是公平、合理、有效的。

3.2.2　制造商R与M的销售价格非合作博弈纳什均衡

在非合作博弈部分中，只有制造商R和制造商M两个局中人，他们进行新产品销售价格 p_r 和 p_m 的竞争。制造商R在非合作博弈部分的支付函数是在合作博弈部分中分配得到的利润即夏普利值 $f_r(p_r,p_m)$ 。制造商M由于没有参加合作博弈部分的利润分配，在非合作博弈部分中的支付函数为式（3.2）给定的利润函数 $g_m(p_r,p_m)$ 。

根据定义1.1，对制造商R和制造商M的支付函数 $f_r(p_r,p_m)$、$g_m(p_r,p_m)$ 分别关于销售价格 p_r、p_m 求一阶偏导数并令其分别等于0，可以得到

$$\frac{\partial f_r(p_r,p_m)}{\partial p_r}=(\phi-2p_r+\varepsilon p_m+c_n+e)-\frac{1}{4b}(\varDelta+e-c)^2(\phi-p_r+\varepsilon p_m)=0$$

和

$$\frac{\partial g_m(p_r,p_m)}{\partial p_m}=\phi-2p_m+\varepsilon p_r+c_n+e=0$$

联立方程组：

$$\begin{cases}(\phi-2p_r+\varepsilon p_m+c_n+e)-\dfrac{1}{4b}(\varDelta+e-c)^2(\phi-p_r+\varepsilon p_m)=0\\ \phi-2p_m+\varepsilon p_r+c_n+e=0\end{cases}$$

简单求解上述方程组，可以得到制造商 R 和制造商 M 的纳什均衡解，即最优销售价格分别为

$$p_r^* = \frac{4b(2+\varepsilon)(\phi+c_n+e)-\left[2\phi+\varepsilon(\phi+c_n+e)\right](\Delta+e-c)^2}{4b(4-\varepsilon^2)+(\varepsilon^2-2)(\Delta+e-c)^2} \tag{3.12}$$

和

$$p_m^* = \frac{4b(2+\varepsilon)(\phi+c_n+e)-(\varepsilon\phi+\phi+c_n+e)(\Delta+e-c)^2}{4b(4-\varepsilon^2)+(\varepsilon^2-2)(\Delta+e-c)^2} \tag{3.13}$$

即非合作博弈部分的纳什均衡解或最优竞争局势为 (p_r^*, p_m^*)。

把纳什均衡解 (p_r^*, p_m^*) 即式（3.12）与式（3.13）分别代入制造商 R 和制造商 M 新产品的需求函数，可以得到制造商 R 和制造商 M 新产品的最优需求分别为

$$q_r^* = \frac{4b(2+\varepsilon)[\phi+(\varepsilon-1)(c_n+e)]}{4b(4-\varepsilon^2)+(\varepsilon^2-2)(\Delta+e-c)^2} \tag{3.14}$$

和

$$q_m^* = \frac{[4b(2+\varepsilon)-(1+\varepsilon)(\Delta+e-c)^2][\phi+(\varepsilon-1)(c_n+e)]}{4b(4-\varepsilon^2)+(\varepsilon^2-2)(\Delta+e-c)^2} \tag{3.15}$$

把式（3.12）与式（3.13）即纳什均衡解 (p_r^*, p_m^*) 分别代入式（3.10）、式（3.2）和式（3.11），可以得到制造商 R、制造商 M 和回收商 C 的最优利润分别为

$$f_r(p_r^*, p_m^*) = \frac{2b(2+\varepsilon)^2[8b-(\Delta+e-c)^2][\phi+(\varepsilon-1)(c_n+e)]^2}{[4b(4-\varepsilon^2)+(\varepsilon^2-2)(\Delta+e-c)^2]^2} \tag{3.16}$$

$$g_m(p_r^*, p_m^*) = \frac{[4b(2+\varepsilon)-(1+\varepsilon)(\Delta+e-c)^2]^2[\phi+(\varepsilon-1)(c_n+e)]^2}{[4b(4-\varepsilon^2)+(\varepsilon^2-2)(\Delta+e-c)^2]^2} \tag{3.17}$$

$$f_c(p_r^*, p_m^*) = \frac{2b(2+\varepsilon)^2(\Delta+e-c)^2[\phi+(\varepsilon-1)(c_n+e)]^2}{[4b(4-\varepsilon^2)+(\varepsilon^2-2)(\Delta+e-c)^2]^2} \tag{3.18}$$

简记 $f_r^* = f_r(p_r^*, p_m^*)$、$g_m^* = g_m(p_r^*, p_m^*)$ 和 $f_c^* = f_c(p_r^*, p_m^*)$。

由上可知，非合作博弈部分的纳什均衡局势为 (p_r^*, p_m^*)，连续型 3 人非合作-合作两型博弈 $\Gamma_{3=1+1+1}$ 的解为 $(((p_r^*, \omega^*), p_m^*, \tau^*); (f_r^*, g_m^*, f_c^*))$。显然，通过求解构建的连续型 3 人非合作-合作两型博弈模型 $\Gamma_{3=1+1+1}$，可同时得到两个制造商的最优销售价格和最优利润以及回收商的最优利润。

3.2.3 闭环供应链定价与利润共享非合作-合作两型博弈模型求解算法

综合 3.2.1 节与 3.2.2 节的分析和讨论，并结合图 3.2，可以把押金返还制造商的闭环供应链中制造商之间销售价格竞争及制造商与回收商利润共享非合作-合作两型博弈 $\Gamma_{3=1+1+1}$ 的建模、求解算法归纳为图 3.3。

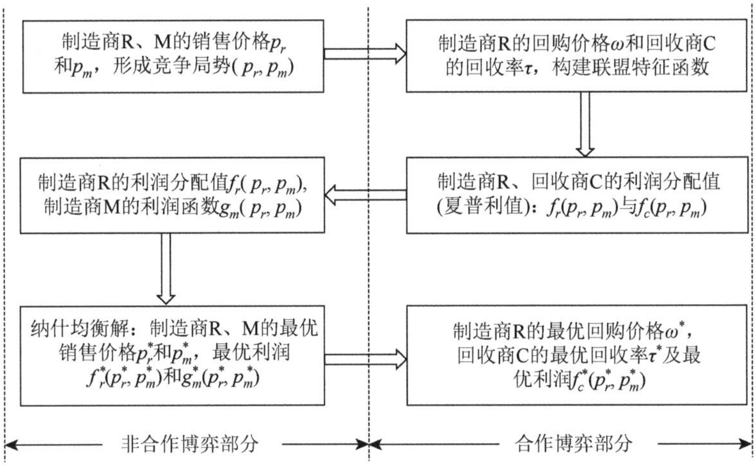

图 3.3　制造商之间竞争及制造商与回收商利润共享非合作-合作两型博弈模型算法框图

从前述讨论与图 3.3 中可以明显看出，本节构建的连续型 3 人非合作-合作两型博弈模型 $\Gamma_{3=1+1+1}$ 与求解方法显著不同于两阶段博弈，更不是 B-S 两型博弈。

3.3 数 值 例 子

3.1 节完整叙述了由两个制造商 R、M 和一个回收商 C 组成的闭环供应链定价与利润共享问题，3.2 节详细论述了利用 2.1.2 节的连续型非合作-合作两型博弈方法对押金返还制造商的闭环供应链制造商之间竞争及制造商与回收商利润共享问题进行具体建模与求解，本节将结合一些具体参数取值，具体计算求解闭环供应链制造商的销售价格、回购价格、利润及回收商的回收率与利润。

针对 3.1 节的各种参数，具体选定一组参数值如下：制造商 R 与 M 直接使用新材料制造新产品的单位成本 $c_n = 45$ 、新产品的潜在市场规模 $\phi = 85$ 、新产品替代系数 $\varepsilon = 0.3$ ；制造商 R 使用回收的废旧产品零部件再制造新产品的单位成本 $c_r = 12$ ；回收商 C 从消费者处回收废旧产品的单位成本为 $c = 5$ 、回收废旧产品的难度系数 $b = 680$ ；政府对制造商生产新产品收取的单位产品押金 $e = 8$ 。

结合 3.2 节的计算公式，为了简化计算与叙述简洁，先把一些共用的参数项记为常数项，即

$$D_1 = \phi + c_n + e = 85 + 45 + 8 = 138$$

$$D_2 = \Delta + e - c = c_n - c_r + e - c = 45 - 12 + 8 - 5 = 36$$

$$
\begin{aligned}
D_3 &= 4b(4-\varepsilon^2)+(\varepsilon^2-2)(\Delta+e-c)^2 \\
&= 4b(4-\varepsilon^2)+(\varepsilon^2-2)(D_2)^2 \\
&= 4\times 680\times(4-0.3^2)+(0.3^2-2)\times 36^2 \\
&= 8159.84
\end{aligned}
$$

和

$$
\begin{aligned}
D_4 &= \phi+(\varepsilon-1)(c_n+e) \\
&= 85+(0.3-1)\times(45+8) \\
&= 47.9
\end{aligned}
$$

由此，利用式（3.12）与式（3.13），计算可以得到制造商 R 与 M 的最优销售价格分别为

$$
\begin{aligned}
p_r^* &= \frac{4b(2+\varepsilon)D_1-(2\phi+\varepsilon D_1)(D_2)^2}{D_3} \\
&= \frac{4\times 680\times(2+0.3)\times 138-(2\times 85+0.3\times 138)\times 36^2}{8159.84} \\
&= 72.23
\end{aligned}
$$

和

$$
\begin{aligned}
p_m^* &= \frac{4b(2+\varepsilon)D_1-(\varepsilon\phi+D_1)(D_2)^2}{D_3} \\
&= \frac{4\times 680\times(2+0.3)\times 138-(0.3\times 85+138)\times 36^2}{8159.84} \\
&= 79.83
\end{aligned}
$$

从而制造商 R 和制造商 M 生产的新产品的最优需求量分别为

$$
\begin{aligned}
q_r^* &= \phi-p_r^*+\varepsilon p_m^* \\
&= 85-72.23+0.3\times 79.83 \\
&= 36.72
\end{aligned}
\tag{3.19}
$$

和

$$
\begin{aligned}
q_m^* &= \phi-p_m^*+\varepsilon p_r^* \\
&= 85-79.83+0.3\times 72.23 \\
&= 26.84
\end{aligned}
$$

利用式（3.7），并结合式（3.19），计算可以得到回收商 C 的最优回收率为

$$
\begin{aligned}
\tau^* &= \frac{D_2(\phi-p_r^*+\varepsilon p_m^*)}{2b} \\
&= \frac{36\times 36.72}{2\times 680} \\
&= 0.97
\end{aligned}
$$

利用式（3.16）～式（3.18），计算可以得到制造商 R、制造商 M 和回收商 C 的最优利润分别为

$$f_r^* = \frac{2b(2+\varepsilon)^2[8b-(D_2)^2](D_4)^2}{(D_3)^2}$$

$$= \frac{2\times 680\times(2+0.3)^2\times(8\times 680-36^2)\times 47.9^2}{8159.84^2}$$

$$= 1027.36$$

$$g_m^* = \frac{[4b(2+\varepsilon)-(1+\varepsilon)(D_2)^2]^2(D_4)^2}{(D_3)^2}$$

$$= \frac{[4\times 680\times(2+0.3)-(1+0.3)\times 36^2]^2\times 47.9^2}{8159.84^2}$$

$$= 720.06$$

和

$$f_c^* = \frac{2b(2+\varepsilon)^2(D_2)^2(D_4)^2}{(D_3)^2}$$

$$= \frac{2\times 680\times(2+0.3)^2\times 36^2\times 47.9^2}{8159.84^2}$$

$$= 321.3$$

利用式（3.3）和 $f_c^* = f_c(p_r^*, p_m^*) = g_c(p_r^*, p_m^*, \omega^*, \tau^*)$，并结合上述 f_c^*、τ^* 和式（3.19），可以得到

$$f_c^* = \tau^*(\omega - c)q_r^* - b(\tau^*)^2$$

从而可以计算得到制造商 R 的最优回购价格为

$$\omega^* = \frac{f_c^* + b(\tau^*)^2}{\tau^* q_r^*} + c$$

$$= \frac{321.3 + 680\times 0.97^2}{0.97\times 36.72} + 5$$

$$= 31.98$$

由此可见，制造商 R、M 分别以销售价格 72.23 与 79.83 把各自生产的新产品（数量）36.72、26.84 单位销售给消费者，回收商 C 以回收率 0.97（即 97%）从消费者处回收制造商 R 生产产品使用后的废旧产品，并按照制造商 R 的回购价格 31.98 卖给制造商 R，这样能够保证制造商 R、制造商 M、回收商 C 分别获得利润 1027.36、720.06 与 321.3。容易看到，制造商 R 与 M 生产的新产品数量相差只有 36.72−26.84=9.88 单位，占制造商 M 生产新产品数量的 36.81%，但制造商 R 与 M 的利润相差 1027.36−720.06=307.3，占制造商 M 利润的 42.68%。这个原因在于制造商 R 使用了 97%的回收废旧产品，一方面，可以节省生产新产品的成本，

另一方面，可以获得政府返还的押金。此外，回收商 C 通过为制造商 R 回收废旧产品，不仅使得制造商 R 生产的新产品被消费者使用后的 97%废旧产品得到再制造循环利用、节约资源，而且获得了比较丰厚的利润，占制造商 R 利润的 31.27%，而占制造商 M 利润的 44.62%。反之，若回收商 C 不与制造商 R 合作回收废旧产品并卖给制造商 R，则回收商 C 肯定无法共享制造商 R 的任何利润，且制造商 R 只能直接使用新材料生产新产品；进一步，若制造商 R 仍然生产相同数量的新产品即 36.72 单位，则利用式（3.1），可以得到制造商 R 的利润为

$$(p_r^* - c_n - e)q_r^* = (72.23 - 45 - 8) \times 36.72 = 706.13$$

显然，这个利润比原来的利润 1027.36 减少了 321.23，减少的利润占原来利润的 31.27%，与制造商 M 的利润 720.06 相差不大，而且浪费了新材料。

前面所述参数（即直接使用新材料制造新产品的单位成本 c_n 、新产品的潜在市场规模 ϕ 、新产品替代系数 ε 、使用回收的废旧产品零部件再制造新产品的单位成本 c_r 、回收废旧产品的单位成本 c 和难度系数 b 、政府对制造商生产新产品收取的单位产品押金 e ）选取不同数值或参数值的不同组合，可能会对制造商的销售价格、制造商对废旧产品的回购价格、回收商回收废旧产品的回收率，以及制造商、回收商的利润等产生不同程度的影响，具体分析可参见文献[39]，这里不再赘述。

第 4 章　押金返还回收商的闭环供应链制造商之间竞争及回收商与制造商利润共享

4.1　问 题 描 述

考虑由两个相互竞争的制造商 M_1、M_2 和一个回收商 C 组成的闭环供应链。两个制造商生产相互可替代的新产品并销售给同一市场的消费者，回收商 C 负责从消费者处回收废旧产品并销售给两个制造商 M_1、M_2。两个制造商都可以直接使用新材料生产新产品和使用从回收商处回购的废旧产品零部件再制造新产品。回收商负责废旧产品的回收，承担了部分绿色生产的责任。政府对回收商实施押金返还制度，可能有利于加大回收废旧产品力度和资源再利用、保护社会环境，也可能影响闭环供应链中各个成员的策略选择（即决策）与利润。对回收商实施押金返还制度，回收商承担了回收废旧产品的压力，但也可能激励回收商提高废旧产品的回收率以获得更多利润。押金返还回收商的闭环供应链制造商之间竞争及回收商与制造商之间合作的关系和过程如图 4.1 所示。

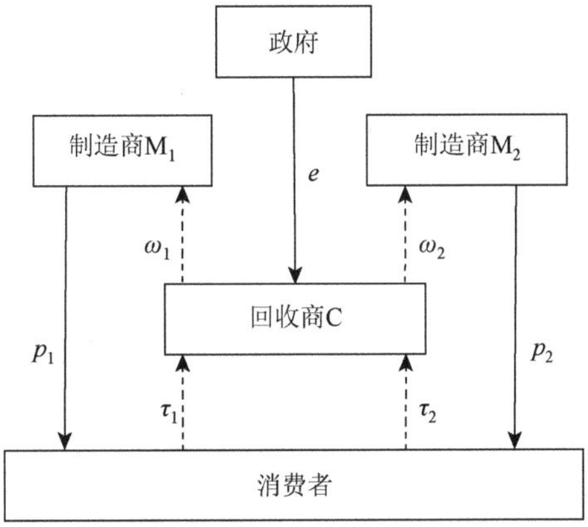

图 4.1　押金返还回收商的闭环供应链制造商之间竞争及回收商与制造商之间合作的关系与过程

竞争制造商所拥有的生产技术或工艺流程不同，因而生产新产品的单位成本不同。设制造商 M_i ($i=1,2$)直接使用新材料生产新产品的单位成本为 c_n^i ，而使用回收的废旧产品零部件再制造新产品的单位成本为c_r^i，其中$c_n^i \geqslant 0$和$c_r^i \geqslant 0$都是给定常数。一般情况下，使用回收的废旧产品零部件再制造新产品的单位成本会低于直接使用新材料生产新产品的单位成本[61]，即$c_n^i > c_r^i\,(i=1,2)$。这说明使用回收的废旧产品零部件再制造新产品降低了单位生产成本，所节省的成本为$\varDelta^i = c_n^i - c_r^i > 0$，即前面所述的成本优势。因此，两个竞争的制造商都有意愿与回收商 C 合作，通过回购回收商 C 回收的废旧产品并用于再制造新产品，节省生产新产品的单位成本进而增加利润。从回收商 C 回购的所有废旧产品均可用于再制造新产品，而且对消费者而言，制造商直接使用新材料生产的新产品与使用回收的废旧产品零部件再制造的新产品是同质或没有质量差异的。制造商$\mathrm{M}_i\,(i=1,2)$分别以销售价格p_i（连续决策变量）将其新产品销售给同一市场的消费者。对于相互竞争或可替代新产品，制造商$\mathrm{M}_i\,(i=1,2)$新产品的需求会随着自身销售价格p_i的增加而减少、随着对方销售价格p_{3-i}的增加而增加。因此，制造商$\mathrm{M}_i\,(i=1,2)$新产品的需求函数分别为

$$q_i(p_1,p_2)=\phi - p_i + \varepsilon p_{3-i} \qquad (i=1,2) \tag{4.1}$$

其中，$\phi > 0$为潜在市场规模；$\varepsilon \in [0,1]$为两个制造商新产品的替代系数。

回收商 C 从消费者处回收废旧产品，废旧产品的回收成本为$c \geqslant 0$。两个制造商$\mathrm{M}_i\,(i=1,2)$分别以回购价格ω_i（连续决策变量）从回收商 C 处回购废旧产品。为了保证使用回收的废旧产品再制造新产品能对制造商产生积极影响，同时保证回收商积极参与废旧产品的回收，有利于绿色生产环境的构建和资源节约，即保证制造商与回收商有利可图，不妨假定$\varDelta^i > \omega^i \geqslant c\,(i=1,2)$。针对制造商$\mathrm{M}_i\,(i=1,2)$的回购价格，回收商 C 对这两个制造商销售产品被消费者使用之后的废旧产品的回收率分别是$\tau_i \in [0,1]$（连续决策变量）。政府对回收商实施押金返还制度，一方面，政府对回收商 C 收取的单位产品押金为$e \geqslant 0$，另一方面，回收商 C 从消费者处回收废旧产品需要投入一定的回收投资成本。类似 3.1 节，不妨假定回收商 C 对制造商$\mathrm{M}_i\,(i=1,2)$销售产品被使用之后的废旧产品的回收投资成本I_i是回收率τ_i的二次函数，即

$$I_i(\tau_i)=b\tau_i^2 \quad (i=1,2) \tag{4.2}$$

其中，$b > 0$为回收商 C 回收废旧产品的难度系数。显然，回收投资成本是凸函数，回收率越大，回收投资成本越高。

4.2 非合作-合作两型博弈建模及解法

可以把 4.1 节的押金返还回收商的闭环供应链制造商之间竞争及回收商与制造商利润共享问题看作一个非合作-合作两型博弈问题。

从图 4.1 中可以看出，不仅两个制造商 $M_i\ (i=1,2)$ 将生产的新产品销售给同一市场的消费者时存在价格竞争，他们的销售价格 $p_i\ (i=1,2)$ 形成策略组合，即构成非合作博弈部分的竞争局势 (p_1,p_2)，而且由于制造商使用回收的废旧产品零部件再制造新产品时具有成本优势，两个制造商 $M_i\ (i=1,2)$ 都有意愿、动机与回收商 C 合作并回购回收商 C 回收的废旧产品，从而存在废旧产品回购价格的竞争。为此，针对任意给定竞争局势 (p_1,p_2)，两个制造商 $M_i\ (i=1,2)$ 通过确定各自对回收商 C 回收废旧产品的回购价格 ω_i 而回收商 C 通过确定对制造商 $M_i\ (i=1,2)$ 销售产品被消费者使用之后的废旧产品的回收率 τ_i，建立他们之间的合作关系并获得各自利润，即构建合作博弈部分各个竞争局势下的联盟特征函数（即利润函数），再利用式（1.21）的夏普利值分配得到制造商 $M_i\ (i=1,2)$ 的利润分配值。把这两个利润分配值（即夏普利值）作为非合作博弈部分的制造商 $M_i\ (i=1,2)$ 的支付值，建立制造商 $M_i\ (i=1,2)$ 的销售价格非合作博弈，据此求解他们的纳什均衡策略，即制造商 $M_i\ (i=1,2)$ 的最优销售价格。在这个闭环供应链中既包括非合作博弈又包括合作博弈，具体博弈关系如图 4.2 所示。

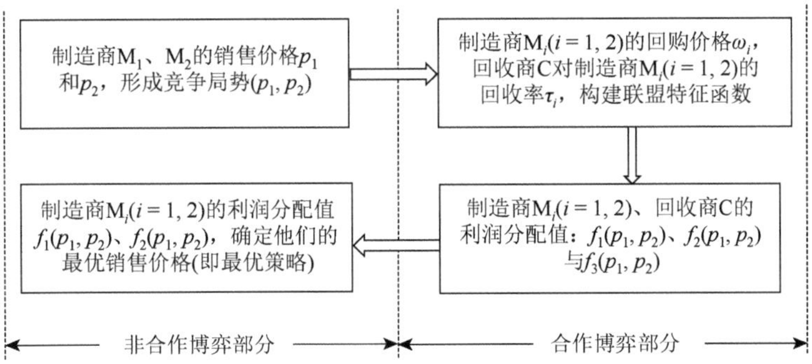

图 4.2　制造商之间竞争及回收商与制造商利润共享非合作-合作两型博弈结构与流程

从图 4.2 中可以看出，这是一个连续型 3 人非合作-合作两型博弈 $\Gamma_{3=0+2+1}$。参与这个非合作-合作两型博弈的局中人有三个：两个制造商 M_1 与 M_2、一个回收商 C。没有只参加非合作博弈部分的局中人，即局中人集合 $N_1=\varnothing$。同时参加非合作博弈、合作博弈两个部分的局中人有两个——制造商 M_1 与 M_2，即局中人集合 $N_2=\{M_1,M_2\}$。局中人（即制造商）$M_i\ (i=1,2)$ 都各自有两个连续决策变量即销售价格 p_i 和回购价格 ω_i，其中销售价格 p_i 用于非合作博弈部分，形成两个制造商销售价格的竞争局势 (p_1,p_2)，而回购价格 ω_i 用于合作博弈部分，通过与回收商 C 合作，创造联盟利润。回收商 C 只参加合作博弈部分，局中人集合 $N_3=\{C\}$，有两个连续决策变量即对制造商 $M_i\ (i=1,2)$ 销售产品被消费者使用之后的废旧产品的回收率 τ_i，全部用于合作博弈部分，通过与制造商 $M_i\ (i=1,2)$ 合作，创造联盟利润。因此，这个非合作-合作两型博弈$\Gamma_{3=0+2+1}$的局中人集合为$N = N_1 \cup N_2 \cup N_3 = \{M_1, M_2, C\}$。

进一步地，由图 4.2 可以看出，制造商M_i($i=1,2$)生产并销售可替代新产品给同一市场的消费者，使得他们存在价格竞争，即形成非合作博弈部分的竞争局势(p_1, p_2)。对于任意给定的竞争局势(p_1, p_2)，制造商M_i($i=1,2$)的利润无法事先具体确定，即他们的利润函数不只是销售价格的函数，还会受他们的回购价格ω_i和回收商 C 的回收率τ_i的影响。而回购价格ω_i和回收率τ_i分别是制造商M_i($i=1,2$)、回收商 C 在合作博弈部分构建任意给定竞争局势(p_1, p_2)下的联盟特征函数（即利润函数）的策略。回收商 C 对制造商M_i($i=1,2$)销售产品被消费者使用之后的废旧产品进行回收，制造商M_i($i=1,2$)从回收商 C 处回购废旧产品并应用于再制造新产品，可节省生产成本，据此回收商 C 与制造商M_i($i=1,2$)之间建立合作关系，创造联盟利润，即形成合作博弈。通过求解任意给定竞争局势(p_1, p_2)的合作博弈，可以分别获得制造商M_i($i=1,2$)的利润分配值$f_i(p_1, p_2)$。这就解决了前面提到的两个制造商的利润无法事先确定的问题。把所求得的制造商M_i($i=1,2$)的利润分配值$f_i(p_1, p_2)$作为非合作博弈部分的局中人支付值，求解相应的非合作博弈，可得最优竞争局势（即最优销售价格）及两个制造商的最优利润。进一步结合合作博弈部分的联盟特征值构建及相应的合作博弈求解过程，可以获得制造商M_i($i=1,2$)的最优回购价格、回收商 C 的最优回收率及他们的最优利润。

值得指出的是，上述连续型 3 人非合作-合作两型博弈模型$\Gamma_{3=0+2+1}$显著不同于 3.2 节的连续型 3 人非合作-合作两型博弈模型$\Gamma_{3=1+1+1}$，本质差异在于参加非合作博弈部分、合作博弈部分的局中人以及这些局中人的策略（即连续决策变量）和支付值（或利润函数）。非合作-合作两型博弈模型所具有的这些特点与解决问题的灵活性是 B-S 两型博弈不具备的。

通过上述分析与图 4.2 的求解结构及流程，按照 2.1.2 节的连续型非合作-合作两型博弈的求解方法与过程，针对任意给定的竞争局势(p_1, p_2)，按照从合作博弈部分到非合作博弈部分最后返回合作博弈部分的顺序逐步进行具体的建模与求解。

4.2.1 两个制造商与回收商的联盟利润函数及利润分配

1. 两个制造商与回收商组成的合作博弈的联盟利润函数构建

如前所述，在合作博弈部分，对于任意给定竞争局势(p_1, p_2)，有三个局中人（即两个制造商M_1、M_2与一个回收商 C）参加合作博弈，在不特别指定情况下，为了叙述与书写简洁，编号 1、2 和 3 分别依次代表制造商M_1、M_2与回收商 C，并简称为局中人 1、2 与 3。显然，三个局中人可能组成 $2^3 = 8$ 个联盟，具体包括：$\varnothing$，$\{1\}$，$\{2\}$，$\{3\}$，$\{1,2\}$，$\{1,3\}$，$\{2,3\}$，$\{1,2,3\}$（即最大联盟 $N=\{1,2,3\}$）①。两个局中人 1 和 2（即制造商 M_1 与 M_2）都与局中人 3（即回收商 C）合作并从回收商 C 处回购所销售产品被消费者使用之后的废旧产品，从而局中人 1 和 2 之间存在回购价格的竞争。局中人 1（或 2）与局中人 3 之间既存在利润的竞争也存在回收废旧产品与回购废旧产品的合作。因此，可以利用定理 1.4 即式（1.14）具体确定各个联盟的联盟特征值即联盟利润函数。

对任意给定的竞争局势 (p_1, p_2)，利用式（4.1），通过考虑局中人 1 即制造商 M_1 生产新产品的单位成本、新产品的销售价格、废旧产品的回购价格和局中人 3（即回收商 C）的回收率，可以得到局中人 1 的利润函数为②

$$h_1(p_1,p_2,\omega_1,\tau_1) = (1-\tau_1)(p_1 - c_n^1)(\phi - p_1 + \varepsilon p_2) + \tau_1(p_1 - \omega_1 - c_r^1)(\phi - p_1 + \varepsilon p_2)$$

即可以简写为

$$h_1(p_1,p_2,\omega_1,\tau_1) = [p_1 - c_n^1 + \tau_1(\Delta^1 - \omega_1)](\phi - p_1 + \varepsilon p_2) \tag{4.3}$$

其中，$\Delta^1 = c_n^1 - c_r^1 > \omega_1 \geqslant c$。

类似地，可以得到局中人 2 即制造商 M_2 的利润函数为

$$h_2(p_1,p_2,\omega_2,\tau_2) = (1-\tau_2)(p_2 - c_n^2)(\phi - p_2 + \varepsilon p_1) + \tau_2(p_2 - \omega_2 - c_r^2)(\phi - p_2 + \varepsilon p_1)$$

即可以简写为

$$h_2(p_1,p_2,\omega_2,\tau_2) = [p_2 - c_n^2 + \tau_2(\Delta^2 - \omega_2)](\phi - p_2 + \varepsilon p_1) \tag{4.4}$$

其中，$\Delta^2 = c_n^2 - c_r^2 > \omega_2 \geqslant c$。

通过考虑局中人 3（即回收商 C）的回收率、回收成本、回收投资成本即式（4.2）和政府对回收商 C 收取的回收废旧产品的单位押金以及两个制造商（即局中人 1 和 2）的回购价格，并结合式（4.1），可以得到局中人 3 的利润函数为

$$\begin{aligned} h_3(p_1,p_2,\omega_1,\omega_2,\tau_1,\tau_2) = {} & \tau_1(\phi - p_1 + \varepsilon p_2)(\omega_1 - c) - b\tau_1^2 + \tau_2(\phi - p_2 + \varepsilon p_1)(\omega_2 - c) - b\tau_2^2 \\ & - e(\phi - p_1 + \varepsilon p_2) - e(\phi - p_2 + \varepsilon p_1) + e\tau_1(\phi - p_1 + \varepsilon p_2) \\ & + e\tau_2(\phi - p_2 + \varepsilon p_1) \end{aligned}$$

即可以简写为

$$\begin{aligned} h_3(p_1,p_2,\omega_1,\omega_2,\tau_1,\tau_2) = {} & [\tau_1(\omega_1 - c + e) - e](\phi - p_1 + \varepsilon p_2) - b\tau_1^2 \\ & + [\tau_2(\omega_2 - c + e) - e](\phi - p_2 + \varepsilon p_1) - b\tau_2^2 \end{aligned} \tag{4.5}$$

显然，对于在非合作博弈部分中任意给定竞争局势 (p_1, p_2)，三个局中人的利

① 这 8 个联盟分别一一对应下面 8 个联盟：$\varnothing$，$\{M_1\}$，$\{M_2\}$，$\{C\}$，$\{M_1,M_2\}$，$\{M_1,C\}$，$\{M_2,C\}$，$N=\{M_1,M_2,C\}$。

② 为了保持与 1.3 节的记法前后一致，把局中人 1 和 2 的策略适当重组，并把利润函数 $h_1(p_1,\omega_1,p_2,\tau_1)$、$h_2(p_1,\omega_2,p_2,\tau_2)$ 与 $h_3(p_1,\omega_1,p_2,\omega_2,\tau_1,\tau_2)$ 分别记为 $h_1(p_1,p_2,\omega_1,\tau_1)$、$h_2(p_1,p_2,\omega_2,\tau_2)$ 与 $h_3(p_1,p_2,\omega_1,\omega_2,\tau_1,\tau_2)$，以便突出竞争局势 (p_1,p_2)。

润函数 $h_1(p_1,p_2,\omega_1,\tau_1)$、$h_2(p_1,p_2,\omega_2,\tau_2)$ 与 $h_3(p_1,p_2,\omega_1,\omega_2,\tau_1,\tau_2)$ 都无法事先具体确定，需要通过求解合作博弈部分的合作博弈 $v(p_1,p_2)$ 才能具体得到，因为在合作博弈 $v(p_1,p_2)$ 中涉及三个局中人 1、2 和 3 的策略及联盟特征值（即利润函数）。

显然，空联盟的特征函数为

$$v(p_1,p_2)(\varnothing)=0$$

利用定理 1.4 即式（1.14），并结合式（4.3），可以得到局中人 1（即制造商 M_1）单干时的联盟特征函数为

$$\begin{aligned}v(p_1,p_2)(1)&=\max_{\omega_1}\min_{\omega_2,\tau_1,\tau_2}\{h_1(p_1,p_2,\omega_1,\tau_1)\}\\&=\max_{\omega_1}\min_{\tau_1}\{[p_1-c_n^1+\tau_1(\varDelta^1-\omega_1)](\phi-p_1+\varepsilon p_2)\}\end{aligned}$$

上式右边函数中决策变量 τ_1 的系数 $(\varDelta^1-\omega_1)(\phi-p_1+\varepsilon p_2)$ 是正数，且 $\tau_1\in[0,1]$，因此 $\tau_1=0$ 使得 $[p_1-c_n^1+\tau_1(\varDelta^1-\omega_1)](\phi-p_1+\varepsilon p_2)$ 达到最小值，即

$$\min_{\tau_1}\{[p_1-c_n^1+\tau_1(\varDelta^1-\omega_1)](\phi-p_1+\varepsilon p_2)\}=(p_1-c_n^1)(\phi-p_1+\varepsilon p_2)$$

结合上式，即可计算得到局中人 1 单干时的联盟特征函数为

$$v(p_1,p_2)(1)=(p_1-c_n^1)(\phi-p_1+\varepsilon p_2) \tag{4.6}$$

这联盟特征函数表示：在局中人 1（即制造商 M_1）单干时，回收商 C 没有给制造商 M_1 回收任何废旧产品，制造商 M_1 只能全部使用新材料生产新产品。

类似地，利用式（1.14）与式（4.4），可以得到局中人 2（即制造商 M_2）单干时的联盟特征函数为

$$\begin{aligned}v(p_1,p_2)(2)&=\max_{\omega_2}\min_{\omega_1,\tau_1,\tau_2}\{h_2(p_1,p_2,\omega_2,\tau_2)\}\\&=\max_{\omega_2}\min_{\tau_2}\{[p_2-c_n^2+\tau_2(\varDelta^2-\omega_2)](\phi-p_2+\varepsilon p_1)\}\end{aligned}$$

上式右边函数中决策变量 $\tau_2\in[0,1]$ 的系数 $(\varDelta^2-\omega_2)(\phi-p_2+\varepsilon p_1)$ 是正数，因此 $\tau_2=0$ 使得 $[p_2-c_n^2+\tau_2(\varDelta^2-\omega_2)](\phi-p_2+\varepsilon p_1)$ 达到最小值。于是，可以计算得到局中人 2 单干时的联盟特征函数为

$$v(p_1,p_2)(2)=(p_2-c_n^2)(\phi-p_2+\varepsilon p_1) \tag{4.7}$$

这个联盟特征值表示：在局中人 2（即制造商 M_2）单干时，回收商 C 没有给制造商 M_2 回收任何废旧产品，制造商 M_2 只能全部使用新材料生产新产品。

利用式（4.5），可以得到局中人 3（回收商 C）单干时的联盟特征函数为

$$\begin{aligned}v(p_1,p_2)(3)&=\max_{\tau_1,\tau_2}\min_{\omega_1,\omega_2}\{h_3(p_1,p_2,\omega_1,\omega_2,\tau_1,\tau_2)\}\\&=\max_{\tau_1,\tau_2}\min_{\omega_1,\omega_2}\{[\tau_1(\omega_1-c+e)-e](\phi-p_1+\varepsilon p_2)-b{\tau_1}^2\\&\quad+[\tau_2(\omega_2-c+e)-e](\phi-p_2+\varepsilon p_1)-b{\tau_2}^2\}\end{aligned}$$

容易看出，上式右边函数中决策变量 ω_1 的系数 $\tau_1(\phi-p_1+\varepsilon p_2)$ 与决策变量 ω_2 的系数 $\tau_2(\phi-p_2+\varepsilon p_1)$ 都是正数，而且 $\omega_1\geqslant c$ 和 $\omega_2\geqslant c$，因此 $\omega_1=c$ 和 $\omega_2=c$ 使得

$[\tau_1(\omega_1-c+e)-e](\phi-p_1+\varepsilon p_2)-b\tau_1^{\ 2}+[\tau_2(\omega_2-c+e)-e](\phi-p_2+\varepsilon p_1)-b\tau_2^{\ 2}$ 达到最小值，即

$$\min_{\omega_1,\omega_2}\{[\tau_1(\omega_1-c+e)-e](\phi-p_1+\varepsilon p_2)-b\tau_1^{\ 2}+[\tau_2(\omega_2-c+e)-e](\phi-p_2+\varepsilon p_1)-b\tau_2^{\ 2}\}$$
$$=-(1-\tau_1)e(\phi-p_1+\varepsilon p_2)-b\tau_1^{\ 2}-(1-\tau_2)e(\phi-p_2+\varepsilon p_1)-b\tau_2^{\ 2}$$

对任意 $\tau_1\in[0,1]$ 与 $\tau_2\in[0,1]$，都有

$$-(1-\tau_1)e(\phi-p_1+\varepsilon p_2)-b\tau_1^{\ 2}-(1-\tau_2)e(\phi-p_2+\varepsilon p_1)-b\tau_2^{\ 2}\leqslant 0$$

从而可得

$$\begin{aligned}v(p_1,p_2)(3)&=\max_{\tau_1,\tau_2}\{-(1-\tau_1)e(\phi-p_1+\varepsilon p_2)-b\tau_1^{\ 2}-(1-\tau_2)e(\phi-p_2+\varepsilon p_1)-b\tau_2^{\ 2}\}\\&=0\end{aligned}$$

即得到局中人 3 单干时的联盟特征函数为

$$v(p_1,p_2)(3)=0 \tag{4.8}$$

这个联盟特征值表示：在局中人 3（即回收商 C）单干时，两个制造商 M_1 和 M_2 都按照回收商 C 的废旧产品回收成本 c 回购回收商 C 的废旧产品，显然回收商 C 无利可图，只能不回收任何废旧产品。

利用式（4.3）与式（4.4），可以得到两个局中人 1 和 2（即制造商 M_1 与 M_2）组成的联盟{1,2}的联盟特征函数（即利润函数）为

$$\begin{aligned}v(p_1,p_2)(1,2)&=\max_{\omega_1,\omega_2}\min_{\tau_1,\tau_2}\{h_1(p_1,p_2,\omega_1,\tau_1)+h_2(p_1,p_2,\omega_2,\tau_2)\}\\&=\max_{\omega_1,\omega_2}\min_{\tau_1,\tau_2}\{[p_1-c_n^1+\tau_1(\varDelta^1-\omega_1)](\phi-p_1+\varepsilon p_2)\\&\quad+[p_2-c_n^2+\tau_2(\varDelta^2-\omega_2)](\phi-p_2+\varepsilon p_1)\}\end{aligned}$$

容易看出，上式右边函数中决策变量 τ_1 的系数 $(\varDelta^1-\omega_1)(\phi-p_1+\varepsilon p_2)$ 与决策变量 τ_2 的系数 $(\varDelta^2-\omega_2)(\phi-p_2+\varepsilon p_1)$ 都是正数，而且 $\tau_1\in[0,1]$ 和 $\tau_2\in[0,1]$，因此 $\tau_1=0$ 和 $\tau_2=0$ 使得 $[p_1-c_n^1+\tau_1(\varDelta^1-\omega_1)](\phi-p_1+\varepsilon p_2)+[p_2-c_n^2+\tau_2(\varDelta^2-\omega_2)](\phi-p_2+\varepsilon p_1)$ 达到最小值，即

$$\min_{\tau_1,\tau_2}\{[p_1-c_n^1+\tau_1(\varDelta^1-\omega_1)](\phi-p_1+\varepsilon p_2)+[p_2-c_n^2+\tau_2(\varDelta^2-\omega_2)](\phi-p_2+\varepsilon p_1)\}$$
$$=(p_1-c_n^1)(\phi-p_1+\varepsilon p_2)+(p_2-c_n^2)(\phi-p_2+\varepsilon p_1)$$

上式右边函数与决策变量 ω_1、ω_2 无关，从而可得局中人联盟{1,2}的联盟特征函数为

$$v(p_1,p_2)(1,2)=(p_1-c_n^1)(\phi-p_1+\varepsilon p_2)+(p_2-c_n^2)(\phi-p_2+\varepsilon p_1) \tag{4.9}$$

这个联盟特征值表示：在局中人 1 和 2（即制造商 M_1 和 M_2）合作时，回收商 C 没有参加他们的合作而不为他们回收任何废旧产品，因此两个制造商都只能全部使用新材料生产新产品。

利用式（4.3）与式（4.5），可以得到局中人 1 与 3（即制造商 M_1 与回收商 C）

组成的联盟{1,3}的联盟特征函数（即利润函数）为

$$\begin{aligned}v(p_1,p_2)(1,3)&=\max_{\omega_1,\tau_1,\tau_2}\min_{\omega_2}\{h_1(p_1,p_2,\omega_1,\tau_1)+h_3(p_1,p_2,\omega_1,\omega_2,\tau_1,\tau_2)\}\\&=\max_{\omega_1,\tau_1,\tau_2}\min_{\omega_2}\{[p_1-c_n^1+\tau_1(\Delta^1-\omega_1)](\phi-p_1+\varepsilon p_2)+[\tau_1(\omega_1-c+e)-e]\\&\quad\times(\phi-p_1+\varepsilon p_2)-b\tau_1^2+[\tau_2(\omega_2-c+e)-e](\phi-p_2+\varepsilon p_1)-b\tau_2^2\}\end{aligned}$$

上式右边函数中决策变量 ω_2 的系数 $\tau_2(\phi-p_2+\varepsilon p_1)$ 是正数，而且 $\omega_2\geqslant c$，因此 $\omega_2=c$ 使得 $[p_1-c_n^1+\tau_1(\Delta^1-\omega_1)](\phi-p_1+\varepsilon p_2)+[\tau_1(\omega_1-c+e)-e](\phi-p_1+\varepsilon p_2)-b\tau_1^2+[\tau_2(\omega_2-c+e)-e](\phi-p_2+\varepsilon p_1)-b\tau_2^2$ 达到最小值，即

$$\begin{aligned}&\min_{\omega_2}\{[p_1-c_n^1+\tau_1(\Delta^1-\omega_1)](\phi-p_1+\varepsilon p_2)+[\tau_1(\omega_1-c+e)-e](\phi-p_1+\varepsilon p_2)-b\tau_1^2\\&+[\tau_2(\omega_2-c+e)-e](\phi-p_2+\varepsilon p_1)-b\tau_2^2\}\\&=[p_1-c_n^1+\tau_1(\Delta^1-\omega_1)](\phi-p_1+\varepsilon p_2)+[\tau_1(\omega_1-c+e)-e](\phi-p_1+\varepsilon p_2)-b\tau_1^2\\&-(1-\tau_2)e(\phi-p_2+\varepsilon p_1)-b\tau_2^2\end{aligned}$$

对任意 $\tau_2\in[0,1]$，都有

$$-(1-\tau_2)e(\phi-p_2+\varepsilon p_1)-b\tau_2^2\leqslant 0$$

因此，在 $0<e(\phi-p_2+\varepsilon p_1)/(2b)<1$ 条件下，$-(1-\tau_2)e(\phi-p_2+\varepsilon p_1)-b\tau_2^2$ 在 $\tau_2'=e(\phi-p_2+\varepsilon p_1)/(2b)$ 处取得最大值 0，从而前面的联盟特征函数 $v(p_1,p_2)(1,3)$ 经过简单合并同类项等运算，进一步可以简化成

$$v(p_1,p_2)(1,3)=\max_{\tau_1}\{[p_1-c_n^1+\tau_1(\Delta^1-c+e)-e](\phi-p_1+\varepsilon p_2)-b\tau_1^2\}$$

记上式右边函数为

$$g_{13}(\tau_1)=[p_1-c_n^1+\tau_1(\Delta^1-c+e)-e](\phi-p_1+\varepsilon p_2)-b\tau_1^2$$

显然，$g_{13}(\tau_1)$ 是 τ_1 的二次函数。对 $g_{13}(\tau_1)$ 关于 τ_1 求一阶导数并令其等于 0，即

$$\frac{\mathrm{d}g_{13}(\tau_1)}{\mathrm{d}\tau_1}=(\Delta^1-c+e)(\phi-p_1+\varepsilon p_2)-2b\tau_1=0$$

简单求解上述方程，可以得到

$$\tau_1'=\frac{(\Delta^1-c+e)(\phi-p_1+\varepsilon p_2)}{2b}$$

容易看出，$g_{13}(\tau_1)$ 关于 τ_1 的二阶导数是负数，即

$$\frac{\mathrm{d}^2g_{13}(\tau_1)}{\mathrm{d}\tau_1^2}=-2b<0$$

因此，在 $0\leqslant(\Delta^1-c+e)(\phi-p_1+\varepsilon p_2)\leqslant 2b$ 条件下，τ_1' 确实使得 $g_{13}(\tau_1)$ 达到最

大值。于是，把τ_1'代入上面的联盟特征函数$v(p_1,p_2)(1,3)$，经过简单计算，可以得到

$$v(p_1,p_2)(1,3)=(p_1-c_n^1-e)(\phi-p_1+\varepsilon p_2)+\frac{(\Delta^1-c+e)^2(\phi-p_1+\varepsilon p_2)^2}{4b} \quad (4.10)$$

这个联盟特征值表示：在局中人 1 和 3（即制造商 M_1 和回收商 C）合作时，由于制造商 M_2 没有参加他们的合作，回收商 C 不为制造商 M_2 回收任何废旧产品。回收商 C 为制造商 M_1 以回收率τ_1'回收废旧产品，制造商 M_1 使用回收商回收的废旧产品零部件再制造新产品，可获得第二项的利润，而制造商 M_1 直接使用新材料生产新产品，可获得第一项的利润。

利用式（4.4）与式（4.5），可以得到局中人 2 与 3（即制造商 M_2 与回收商 C）组成的联盟$\{2,3\}$的联盟特征函数（即利润函数）为

$$\begin{aligned}v(p_1,p_2)(2,3)&=\max_{\omega_2,\tau_1,\tau_2}\min_{\omega_1}\{h_2(p_1,p_2,\omega_2,\tau_2)+h_3(p_1,p_2,\omega_1,\omega_2,\tau_1,\tau_2)\}\\&=\max_{\omega_2,\tau_1,\tau_2}\min_{\omega_1}\{[p_2-c_n^2+\tau_2(\Delta^2-\omega_2)](\phi-p_2+\varepsilon p_1)+[\tau_1(\omega_1-c+e)-e]\\&\quad\times(\phi-p_1+\varepsilon p_2)-b{\tau_1}^2+[\tau_2(\omega_2-c+e)-e](\phi-p_2+\varepsilon p_1)-b{\tau_2}^2\}\end{aligned}$$

上式右边函数中决策变量ω_1的系数$\tau_1(\phi-p_1+\varepsilon p_2)$为正数，而且$\omega_1\geqslant c$，所以$\omega_1=c$ 使 得 $[p_2-c_n^2+\tau_2(\Delta^2-\omega_2)](\phi-p_2+\varepsilon p_1)+[\tau_1(\omega_1-c+e)-e](\phi-p_1+\varepsilon p_2)-b{\tau_1}^2+[\tau_2(\omega_2-c+e)-e](\phi-p_2+\varepsilon p_1)-b{\tau_2}^2$达到最小值，即

$$\begin{aligned}&\min_{\omega_1}\{[p_2-c_n^2+\tau_2(\Delta^2-\omega_2)](\phi-p_2+\varepsilon p_1)+[\tau_1(\omega_1-c+e)-e](\phi-p_1+\varepsilon p_2)-b{\tau_1}^2\\&+[\tau_2(\omega_2-c+e)-e](\phi-p_2+\varepsilon p_1)-b{\tau_2}^2\}\\&=[p_2-c_n^2+\tau_2(\Delta^2-\omega_2)](\phi-p_2+\varepsilon p_1)-(1-\tau_1)e(\phi-p_1+\varepsilon p_2)-b{\tau_1}^2\\&+[\tau_2(\omega_2-c+e)-e](\phi-p_2+\varepsilon p_1)-b{\tau_2}^2\end{aligned}$$

对任意$\tau_1\in[0,1]$，都有

$$-(1-\tau_1)e(\phi-p_1+\varepsilon p_2)-b{\tau_1}^2\leqslant 0$$

因此，在$0<e(\phi-p_1+\varepsilon p_2)/(2b)<1$条件下，$-(1-\tau_1)e(\phi-p_1+\varepsilon p_2)-b{\tau_1}^2$在$\tau_1''=e(\phi-p_1+\varepsilon p_2)/(2b)$处能够取得最大值 0。于是，上述联盟特征函数$v(p_1,p_2)(2,3)$经过简单合并同类项等运算，可以进一步简化成

$$v(p_1,p_2)(2,3)=\max_{\tau_2}\{[p_2-c_n^2+\tau_2(\Delta^2-c+e)-e](\phi-p_2+\varepsilon p_1)-b{\tau_2}^2\}$$

把上述右边函数记为

$$g_{23}(\tau_2)=[p_2-c_n^2+\tau_2(\Delta^2-c+e)-e](\phi-p_2+\varepsilon p_1)-b{\tau_2}^2$$

显然，$g_{23}(\tau_2)$是τ_2的二次函数。对$g_{23}(\tau_2)$关于τ_2求一阶导数并令其等于 0，即

$$\frac{\mathrm{d}g_{23}(\tau_2)}{\mathrm{d}\tau_2}=(\varDelta^2-c+e)(\phi-p_2+\varepsilon p_1)-2b\tau_2=0$$

求解上述方程，可以得到

$$\tau_2''=\frac{(\varDelta^2-c+e)(\phi-p_2+\varepsilon p_1)}{2b}$$

容易看出，$g_{23}(\tau_2)$关于τ_2的二阶导数为负数，即

$$\frac{\mathrm{d}^2 g_{23}(\tau_2)}{\mathrm{d}{\tau_2}^2}=-2b<0$$

因此，在$0\leqslant(\varDelta^2-c+e)(\phi-p_2+\varepsilon p_1)\leqslant 2b$条件下，$\tau_2''$确实使得$g_{23}(\tau_2)$达到最大值。把$\tau_2''$代入上述联盟特征函数$v(p_1,p_2)(2,3)$，并经过计算，可以得到

$$v(p_1,p_2)(2,3)=(p_2-c_n^2-e)(\phi-p_2+\varepsilon p_1)+\frac{(\varDelta^2-c+e)^2(\phi-p_2+\varepsilon p_1)^2}{4b} \tag{4.11}$$

这个联盟特征值表示：在局中人2和3（即制造商M_2和回收商C）合作时，由于制造商M_1没有参加他们的合作，回收商C不为制造商M_1回收任何废旧产品。回收商C为制造商M_2以回收率τ_2''回收废旧产品，制造商M_2使用回收商回收的废旧产品零部件再制造新产品，可获得第二项的利润，而制造商M_2直接使用新材料生产新产品，可获得第一项的利润。

对于由三个局中人1、2和3（即制造商M_1、M_2和回收商C）组成的最大联盟$N=\{1,2,3\}$，利用式（4.3）～式（4.5），可以得到联盟$\{1,2,3\}$的联盟特征函数（即利润函数）为

$$\begin{aligned}
v(p_1,p_2)(1,2,3)&=\max_{\omega_1,\omega_2,\tau_1,\tau_2}\{h_1(p_1,p_2,\omega_1,\tau_1)+h_2(p_1,p_2,\omega_2,\tau_2)+h_3(p_1,p_2,\omega_1,\omega_2,\tau_1,\tau_2)\}\\
&=\max_{\omega_1,\omega_2,\tau_1,\tau_2}\{[p_1-c_n^1+\tau_1(\varDelta^1-\omega_1)](\phi-p_1+\varepsilon p_2)\\
&\quad+[p_2-c_n^2+\tau_2(\varDelta^2-\omega_2)](\phi-p_2+\varepsilon p_1)\\
&\quad+[\tau_1(\omega_1-c+e)-e](\phi-p_1+\varepsilon p_2)\\
&\quad-b{\tau_1}^2+[\tau_2(\omega_2-c+e)-e](\phi-p_2+\varepsilon p_1)-b{\tau_2}^2\}\\
&=\max_{\tau_1,\tau_2}\{[p_1-c_n^1-e+\tau_1(\varDelta^1-c+e)](\phi-p_1+\varepsilon p_2)-b{\tau_1}^2\\
&\quad+[p_2-c_n^2-e+\tau_2(\varDelta^2-c+e)](\phi-p_2+\varepsilon p_1)-b{\tau_2}^2\}
\end{aligned}$$

把上式右边函数记为

$$\begin{aligned}
g_{123}(\tau_1,\tau_2)=&[p_1-c_n^1-e+\tau_1(\varDelta^1-c+e)](\phi-p_1+\varepsilon p_2)-b{\tau_1}^2\\
&+[p_2-c_n^2-e+\tau_2(\varDelta^2-c+e)](\phi-p_2+\varepsilon p_1)-b{\tau_2}^2
\end{aligned}$$

对 $g_{123}(\tau_1,\tau_2)$ 关于 τ_1 与 τ_2 分别求一阶偏导数并令其等于 0，即可以分别得到

$$\frac{\partial g_{123}(\tau_1,\tau_2)}{\partial \tau_1}=(\varDelta^1-c+e)(\phi-p_1+\varepsilon p_2)-2b\tau_1=0$$

和

$$\frac{\partial g_{123}(\tau_1,\tau_2)}{\partial \tau_2}=(\varDelta^2-c+e)(\phi-p_2+\varepsilon p_1)-2b\tau_2=0$$

简单求解上述两个方程，可以分别得到

$$\tau_1=\frac{(\varDelta^1-c+e)(\phi-p_1+\varepsilon p_2)}{2b} \tag{4.12}$$

和

$$\tau_2=\frac{(\varDelta^2-c+e)(\phi-p_2+\varepsilon p_1)}{2b} \tag{4.13}$$

容易得到 $g_{123}(\tau_1,\tau_2)$ 关于 τ_1 与 τ_2 的海塞矩阵为

$$\begin{pmatrix} \dfrac{\partial^2 g_{123}(\tau_1,\tau_2)}{\partial {\tau_1}^2} & \dfrac{\partial^2 g_{123}(\tau_1,\tau_2)}{\partial \tau_1 \partial \tau_2} \\ \dfrac{\partial^2 g_{123}(\tau_1,\tau_2)}{\partial \tau_2 \partial \tau_1} & \dfrac{\partial^2 g_{123}(\tau_1,\tau_2)}{\partial {\tau_2}^2} \end{pmatrix}=\begin{pmatrix} -2b & 0 \\ 0 & -2b \end{pmatrix}$$

显然，这个海塞矩阵是负定矩阵。因此，若同时满足：

$$(\varDelta^1-c+e)(\phi-p_1+\varepsilon p_2)\leqslant 2b$$

和

$$(\varDelta^2-c+e)(\phi-p_2+\varepsilon p_1)\leqslant 2b$$

则在 $0\leqslant(\varDelta^1-c+e)(\phi-p_1+\varepsilon p_2)\leqslant 2b$ 和 $0\leqslant(\varDelta^2-c+e)(\phi-p_2+\varepsilon p_1)\leqslant 2b$ 条件下，函数 $g_{123}(\tau_1,\tau_2)$ 在式（4.12）与式（4.13）给定的 τ_1 和 τ_2 处确实取得最大值。把式（4.12）与式（4.13）分别代入前面联盟特征函数 $v(p_1,p_2)(1,2,3)$ 的右边，并经过简单运算之后，可以得到

$$\begin{aligned} v(p_1,p_2)(1,2,3)=&(p_1-c_n^1-e)(\phi-p_1+\varepsilon p_2)+(p_2-c_n^2-e)(\phi-p_2+\varepsilon p_1) \\ &+\frac{(\varDelta^1-c+e)^2(\phi-p_1+\varepsilon p_2)^2}{4b}+\frac{(\varDelta^2-c+e)^2(\phi-p_2+\varepsilon p_1)^2}{4b} \end{aligned} \tag{4.14}$$

2. 两个制造商与回收商利润分配的夏普利值

根据上述计算得到的联盟特征函数，即式（4.6）～式（4.11）、式（4.14）和 $v(p_1,p_2)(\varnothing)=0$，利用式（1.16），并考虑三个局中人 1、2 和 3 的各种可能联盟，容易验证下列不等式成立：

$$\begin{cases} v(p_1,p_2)(1,2) \geqslant v(p_1,p_2)(1)+v(p_1,p_2)(2) \\ v(p_1,p_2)(1,3) \geqslant v(p_1,p_2)(1)+v(p_1,p_2)(3) \\ v(p_1,p_2)(2,3) \geqslant v(p_1,p_2)(2)+v(p_1,p_2)(3) \\ v(p_1,p_2)(1,2,3) \geqslant v(p_1,p_2)(1,2)+v(p_1,p_2)(3) \\ v(p_1,p_2)(1,2,3) \geqslant v(p_1,p_2)(1,3)+v(p_1,p_2)(2) \\ v(p_1,p_2)(1,2,3) \geqslant v(p_1,p_2)(2,3)+v(p_1,p_2)(1) \\ v(p_1,p_2)(1,2,3)+v(p_1,p_2)(1) \geqslant v(p_1,p_2)(1,2)+v(p_1,p_2)(1,3) \\ v(p_1,p_2)(1,2,3)+v(p_1,p_2)(2) \geqslant v(p_1,p_2)(1,2)+v(p_1,p_2)(2,3) \\ v(p_1,p_2)(1,2,3)+v(p_1,p_2)(3) \geqslant v(p_1,p_2)(1,3)+v(p_1,p_2)(2,3) \\ v(p_1,p_2)(1,2,3) \geqslant v(p_1,p_2)(1)+v(p_1,p_2)(2)+v(p_1,p_2)(3) \end{cases}$$

由此可以证明，对于任意给定的竞争局势(p_1,p_2)，合作博弈部分的$v(p_1,p_2)$是凸合作博弈，从而合作博弈$v(p_1,p_2)$的夏普利值属于核心$C(v(p_1,p_2))$，即满足个体合理性也是稳定的利润分配方案。为此，下面利用夏普利值公式，求解合作博弈$v(p_1,p_2)$中局中人 1、2 和 3 的利润分配值即夏普利值。

对任意给定的竞争局势(p_1,p_2)，利用式（1.21），可以得到局中人 1（即制造商 M_1）的利润分配值（即夏普利值）为

$$\begin{aligned}\varphi_1(v(p_1,p_2)) &= \frac{1}{3}[v(p_1,p_2)(1)-v(p_1,p_2)(\varnothing)]+\frac{1}{6}[v(p_1,p_2)(1,2)-v(p_1,p_2)(2)] \\ &\quad +\frac{1}{6}[v(p_1,p_2)(1,3)-v(p_1,p_2)(3)]+\frac{1}{3}[v(p_1,p_2)(1,2,3)-v(p_1,p_2)(2,3)] \\ &= \left(p_1-c_n^1-\frac{1}{2}e\right)(\phi-p_1+\varepsilon p_2)+\frac{(\Delta^1-c+e)^2(\phi-p_1+\varepsilon p_2)^2}{8b}\end{aligned} \tag{4.15}$$

类似地，可以得到局中人 2（即制造商 M_2）的利润分配值（即夏普利值）为

$$\begin{aligned}\varphi_2(v(p_1,p_2)) &= \frac{1}{3}[v(p_1,p_2)(2)-v(p_1,p_2)(\varnothing)]+\frac{1}{6}[v(p_1,p_2)(1,2)-v(p_1,p_2)(1)] \\ &\quad +\frac{1}{6}[v(p_1,p_2)(2,3)-v(p_1,p_2)(3)]+\frac{1}{3}[v(p_1,p_2)(1,2,3)-v(p_1,p_2)(1,3)] \\ &= \left(p_2-c_n^2-\frac{1}{2}e\right)(\phi-p_2+\varepsilon p_1)+\frac{(\Delta^2-c+e)^2(\phi-p_2+\varepsilon p_1)^2}{8b}\end{aligned} \tag{4.16}$$

可以得到局中人 3（即回收商 C）的利润分配值（即夏普利值）为

$$\varphi_3(v(p_1,p_2))=\frac{1}{3}[v(p_1,p_2)(3)-v(p_1,p_2)(\varnothing)]+\frac{1}{6}[v(p_1,p_2)(1,3)-v(p_1,p_2)(1)]$$
$$+\frac{1}{6}[v(p_1,p_2)(2,3)-v(p_1,p_2)(2)]+\frac{1}{3}[v(p_1,p_2)(1,2,3)-v(p_1,p_2)(1,2)]$$
$$=-\frac{1}{2}e(\phi-p_1+\varepsilon p_2)-\frac{1}{2}e(\phi-p_2+\varepsilon p_1)$$
$$+\frac{(\Delta^1-c+e)^2(\phi-p_1+\varepsilon p_2)^2}{8b}+\frac{(\Delta^2-c+e)^2(\phi-p_2+\varepsilon p_1)^2}{8b}$$
$$(4.17)$$

为了后面叙述简洁与方便，分别记 $f_1(p_1,p_2)=\varphi_1(v(p_1,p_2))$、$f_2(p_1,p_2)=\varphi_2(v(p_1,p_2))$ 与 $f_3(p_1,p_2)=\varphi_3(v(p_1,p_2))$。

利用式（1.20），并结合式（4.6）～式（4.11）、式（4.14）和 $v(p_1,p_2)(\varnothing)=0$，可以得到合作博弈 $v(p_1,p_2)$ 的核心 $C(v(p_1,p_2))$ 为

$$C(v(p_1,p_2))=\{(\eta_1(p_1,p_2),\eta_2(p_1,p_2),\eta_3(p_1,p_2))^{\mathrm{T}}\}$$

其中，$\eta_1(p_1,p_2)=\eta_1(v(p_1,p_2))$，$\eta_2(p_1,p_2)=\eta_2(v(p_1,p_2))$，$\eta_3(p_1,p_2)=\eta_3(v(p_1,p_2))$，并满足下列不等式关系：

$$\begin{cases}(p_1-c_n^1)(\phi-p_1+\varepsilon p_2)\leqslant\eta_1(p_1,p_2)\\ \qquad\leqslant(p_1-c_n^1-e)(\phi-p_1+\varepsilon p_2)+\dfrac{(\Delta^1-c+e)^2(\phi-p_1+\varepsilon p_2)^2}{4b}\\ (p_2-c_n^2)(\phi-p_2+\varepsilon p_1)\leqslant\eta_2(p_1,p_2)\\ \qquad\leqslant(p_2-c_n^2-e)(\phi-p_2+\varepsilon p_1)+\dfrac{(\Delta^2-c+e)^2(\phi-p_2+\varepsilon p_1)^2}{4b}\\ \eta_3(p_1,p_2)=(p_1-c_n^1-e)(\phi-p_1+\varepsilon p_2)+(p_2-c_n^2-e)(\phi-p_2+\varepsilon p_1)\\ \qquad+\dfrac{(\Delta^1-c+e)^2(\phi-p_1+\varepsilon p_2)^2}{4b}+\dfrac{(\Delta^2-c+e)^2(\phi-p_2+\varepsilon p_1)^2}{4b}\\ \qquad-\eta_1(p_1,p_2)-\eta_2(p_1,p_2)\end{cases}$$

由式（4.15）～式（4.17），很容易可以再次验证，合作博弈 $v(p_1,p_2)$ 的夏普利值（即三个局中人的利润分配值）$(f_1(p_1,p_2),f_2(p_1,p_2),f_3(p_1,p_2))^{\mathrm{T}}$ 属于核心 $C(v(p_1,p_2))$，即 $(f_1(p_1,p_2),f_2(p_1,p_2),f_3(p_1,p_2))^{\mathrm{T}}\in C(v(p_1,p_2))$。

4.2.2　两个制造商的销售价格非合作博弈纳什均衡解

在非合作博弈部分，只有局中人 1 和 2（即制造商 M_1 和 M_2）为销售他们生产的新产品展开销售价格竞争，而回收商 C 没有销售新产品、不参加他们的销售

价格竞争。于是，可以把局中人 1 和 2 在合作博弈部分分配得到的利润（即夏普利值，分别记为 $f_1(p_1,p_2)$、$f_2(p_1,p_2)$）分别看作他们在非合作博弈部分的支付值，从而构成局中人 1 和 2 的两人非合作博弈。下面求解局中人 1 和 2 的纳什均衡策略即纳什最优销售价格及其利润。

利用定理 1.1，根据式（4.15）与式（4.16），对利润函数 $f_1(p_1,p_2)$ 和 $f_2(p_1,p_2)$ 分别关于 p_1、p_2 求一阶偏导数并令其等于 0，即

$$\begin{cases}\dfrac{\partial f_1(p_1,p_2)}{\partial p_1}=0\\ \dfrac{\partial f_2(p_1,p_2)}{\partial p_2}=0\end{cases}$$

也即

$$\begin{cases}(\phi-p_1+\varepsilon p_2)-\left(p_1-c_n^1-\dfrac{1}{2}e\right)-\dfrac{(\Delta^1-c+e)^2(\phi-p_1+\varepsilon p_2)}{4b}=0\\ (\phi-p_2+\varepsilon p_1)-\left(p_2-c_n^2-\dfrac{1}{2}e\right)-\dfrac{(\Delta^2-c+e)^2(\phi-p_2+\varepsilon p_1)}{4b}=0\end{cases}$$

求解上述方程组，可以得到局中人 1 和 2 的纳什最优销售价格分别为

$$p_1^*=\frac{2be(A+B\varepsilon-4b\varepsilon_2)-B_4(-A\varepsilon_1+4b\varepsilon_2)\phi-4bA_8c_n^1-4bB_4\varepsilon c_n^2}{-A_8B_8+A_4B_4\varepsilon^2} \tag{4.18}$$

和

$$p_2^*=\frac{2be(B+A\varepsilon-4b\varepsilon_2)-A_4(-B\varepsilon_1+4b\varepsilon_2)\phi-4bB_8c_n^2-4bA_4\varepsilon c_n^1}{-A_8B_8+A_4B_4\varepsilon^2} \tag{4.19}$$

其中，$A=(\Delta^2-c+e)^2$，$A_4=4b-A$，$A_8=8b-A$，$B=(\Delta^1-c+e)^2$，$B_4=4b-B$，$B_8=8b-B$，$\varepsilon_1=1+\varepsilon$，$\varepsilon_2=2+\varepsilon$。

将式（4.18）与式（4.19）的纳什最优销售价格 p_1^*、p_2^* 分别代入式（4.15）～式（4.17），可以计算得到局中人 1、2 和 3（即制造商 M_1、M_2 和回收商 C）的最优利润分别为

$$f_1\left(p_1^*,p_2^*\right)=\frac{bB_8[(A\varepsilon_1-4b\varepsilon_2)E+2(A_8-A_4\varepsilon^2)c_n^1-8b\varepsilon c_n^2]^2}{2(-A_8B_8+A_4B_4\varepsilon^2)^2} \tag{4.20}$$

$$f_2\left(p_1^*,p_2^*\right)=\frac{bA_8[(-B\varepsilon_1+4b\varepsilon_2)E+2(-B_8+B_4\varepsilon^2)c_n^2+8b\varepsilon c_n^1]^2}{2(-A_8B_8+A_4B_4\varepsilon^2)^2} \tag{4.21}$$

和

$$f_3\left(p_1^*,p_2^*\right)=\frac{bB\{(-A\varepsilon_1+4b\varepsilon_2)E-2(A_8-A_4\varepsilon^2)c_n^1+8b\varepsilon c_n^2\}^2}{2(-A_8B_8+A_4B_4\varepsilon^2)^2}+\frac{2be\{-[(A+B)\varepsilon_1-8b\varepsilon_2]E+2(1-\varepsilon)\times[(A\varepsilon_1-4b\varepsilon_2)c_n^1+(B\varepsilon_1-4b\varepsilon_2)c_n^2]\}}{2(-A_8B_8+A_4B_4\varepsilon^2)^2}+\frac{bA[(B\varepsilon_1-4b\varepsilon_2)E+2(B_8-B_4\varepsilon^2)c_n^2-8b\varepsilon c_n^1]^2}{2(-A_8B_8+A_4B_4\varepsilon^2)^2} \tag{4.22}$$

并分别简记为 $f_i^*=f_i\left(p_1^*,p_2^*\right)(i=1,2,3)$，其中 $E=e(-1+\varepsilon)+2\phi$。

类似地，把式（4.18）与式（4.19）的纳什最优销售价格 p_1^* 和 p_2^* 分别代入式（4.12）与式（4.13），可以计算得到局中人 3（即回收商 C）为局中人 1 和 2（即制造商 M_1、M_2）回收废旧产品的最优回收率分别为

$$\tau_1^*=\frac{\sqrt{B}[(A\varepsilon_1-4b\varepsilon_2)E+2(A_8-A_4\varepsilon^2)c_n^1-8b\varepsilon c_n^2]}{-A_8B_8+A_4B_4\varepsilon^2} \tag{4.23}$$

和

$$\tau_2^*=\frac{\sqrt{A}[(B\varepsilon_1-4b\varepsilon_2)E+2(B_8-B_4\varepsilon^2)c_n^2-8b\varepsilon c_n^1]}{-A_8B_8+A_4B_4\varepsilon^2} \tag{4.24}$$

利用式（4.18）、式（4.19）与式（4.23），即纳什最优销售价格 p_1^*、p_2^* 和最优回收率 τ_1^*，代入局中人 1（即制造商 M_1）的利润函数 $h_1(p_1,p_2,\omega_1,\tau_1)$ 即式（4.3），并结合局中人 1 的最优利润 f_1^* 即式（4.20），可以计算得到局中人 1（即制造商 M_1）的最优回购价格为

$$\omega_1^*=\varDelta^1-\frac{\sqrt{B}}{4}-\frac{A_8B_8e-A_4B_4e\varepsilon^2}{2\sqrt{B}[(A\varepsilon_1-4b\varepsilon_2)E+2(A_8-A_4\varepsilon^2)c_n^1-8b\varepsilon c_n^2]} \tag{4.25}$$

类似地，利用式（4.18）、式（4.19）与式（4.24），即纳什最优销售价格 p_1^*、p_2^* 和最优回收率 τ_2^*，代入局中人 2（即制造商 M_2）的利润函数 $h_2(p_1,p_2,\omega_2,\tau_2)$ 即式（4.4），并结合局中人 2 的最优利润 f_2^* 即式（4.21），可以计算得到局中人 2（即制造商 M_2）的最优回购价格为

$$\omega_2^*=\varDelta^2-\frac{\sqrt{A}}{4}-\frac{A_8B_8e-A_4B_4e\varepsilon^2}{2\sqrt{A}[(B\varepsilon_1-4b\varepsilon_2)E+2(B_8-B_4\varepsilon^2)c_n^2+8b\varepsilon c_n^1]} \tag{4.26}$$

由上可知，非合作博弈部分的纳什均衡局势为 (p_1^*,p_2^*)，连续型 3 人非合作-合作两型博弈 $\varGamma_{3=0+2+1}$ 的解为 $(((p_1^*,\omega_1^*),(p_2^*,\omega_2^*),(\tau_1^*,\tau_2^*));(f_1^*,f_2^*,f_3^*))$。显然，通过求解构建的连续型 3 人非合作-合作两型博弈模型 $\varGamma_{3=0+2+1}$，可同时得到两个制造商的最优销售价格、最优回购价格、最优利润以及回收商的最优回收率与最优利润。

4.2.3　闭环供应链定价与利润共享非合作-合作两型博弈模型求解算法

根据 4.2.1 节与 4.2.2 节的分析、讨论和求解过程，并结合图 4.2，可以把押金返还回收商的闭环供应链中制造商之间的销售价格、回购价格的竞争及回收商与制造商之间的合作和利润共享非合作-合作两型博弈 $\Gamma_{3=0+2+1}$ 的建模、求解算法归纳为图 4.3。

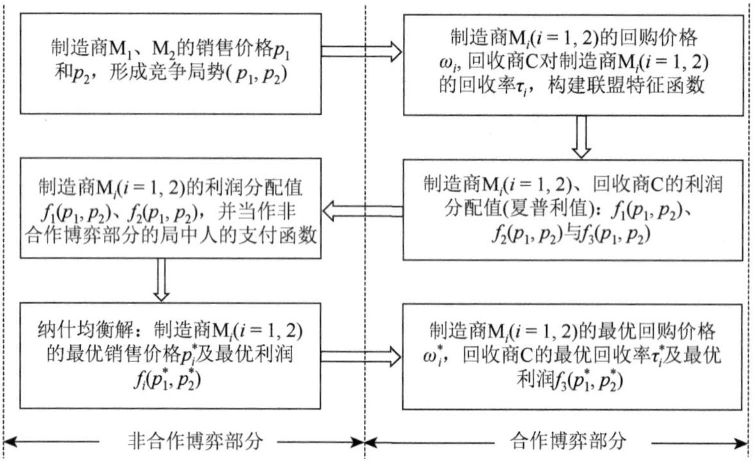

图 4.3　制造商之间竞争及回收商与制造商利润共享非合作-合作两型博弈模型算法框图

从前述讨论与图 4.3 中可以看出，本节构建的连续型 3 人非合作-合作两型博弈模型 $\Gamma_{3=0+2+1}$ 与求解方法显然不是 B-S 两型博弈，显著不同于两阶段博弈，也不同于 3.2 节的连续型 3 人非合作-合作两型博弈模型 $\Gamma_{3=1+1+1}$ 与求解方法。

4.3　数 值 例 子

4.1 节完整叙述了由两个制造商 M_1、M_2 和一个回收商 C 组成的政府押金返还回收商的闭环供应链中制造商之间的销售价格、回购价格的竞争及回收商与制造商之间的合作和利润共享问题，4.2 节详细论述了利用 2.1.2 节的连续型非合作-合作两型博弈方法对政府押金返还回收商的闭环供应链制造商之间竞争及回收商与制造商利润共享问题进行具体建模与求解，本节将结合一些具体参数取值，具体计算求解闭环供应链中制造商的销售价格、回购价格、利润及回收商的回收率与利润。

针对 4.1 节的各种参数，具体选定一组参数值如下：制造商 M_1、M_2 直接使用新材料制造新产品的单位成本分别为 $c_n^1 = 45$ 与 $c_n^2 = 40$，新产品的潜在市场规模 $\phi = 85$，新产品替代系数 $\varepsilon = 0.5$；制造商 M_1、M_2 使用回收商 C 回收的废旧产品零部件再制造新产品的单位成本分别为 $c_r^1 = 15$ 与 $c_r^2 = 15$；回收商 C 从消费者处回收废旧产品的单位成本为 $c = 10$，回收废旧产品的难度系数 $b = 680$；政府对制造商生产新产品收取的单位产品押金 $e = 10$。

结合 4.2.2 节的计算公式与一些共用的参数项记号，可以进行如下的具体计算。首先，可以计算得到

$$\Delta^1 = 45 - 15 = 30$$

$$\Delta^2 = 40 - 15 = 25$$

$$A = (\Delta^2 - c + e)^2 = (25 - 10 + 10)^2 = 625$$

$$A_4 = 4b - A = 4 \times 680 - 625 = 2095$$

$$A_8 = 8b - A = 8 \times 680 - 625 = 4815$$

$$B = (\Delta^1 - c + e)^2 = (30 - 10 + 10)^2 = 900$$

$$B_4 = 4b - B = 4 \times 680 - 900 = 1820$$

$$B_8 = 8b - B = 8 \times 680 - 900 = 4540$$

$$\varepsilon_1 = 1 + \varepsilon = 1 + 0.5 = 1.5$$

$$\varepsilon_2 = 2 + \varepsilon = 2 + 0.5 = 2.5$$

和

$$E = e(-1 + \varepsilon) + 2\phi = 10 \times (-1 + 0.5) + 2 \times 85 = 165$$

其次，利用式（4.18），可以计算得到局中人（即制造商 M_1）的纳什最优销售价格为

$$\begin{aligned} p_1^* = &[2\times680\times10\times(625+900\times0.5-4\times680\times2.5)-1820\times(-625\times1.5+4\times680\times2.5) \\ &\times85-4\times680\times4815\times45-4\times680\times1820\times0.5\times40] \\ &\div[-4815\times4540+2095\times1820\times(0.5)^2] \\ = &80.03 \end{aligned}$$

类似地，利用式（4.19），可以计算得到局中人 2（即制造商 M_2）的纳什最优销售价格为

$$\begin{aligned} p_2^* = &[2\times680\times10\times(900+625\times0.5-4\times680\times2.5)-2095\times(-900\times1.5+4\times680\times2.5) \\ &\times85-4\times680\times4540\times40-4\times680\times2095\times0.5\times45] \\ &\div[-4815\times4540+2095\times1820\times(0.5)^2] \\ = &79.81 \end{aligned}$$

结合式（4.1），可以计算得到制造商 $M_i\ (i = 1,2)$ 新产品的需求量分别为

$$q_1^* = 85 - 80.03 + 0.5 \times 79.81$$
$$= 44.88$$

和

$$q_2^* = 85 - 79.81 + 0.5 \times 80.03$$
$$= 45.21$$

再次，结合式（4.1），并利用式（4.15），可以得到局中人 1（即制造商 M_1）的利润分配值（即夏普利值）为

$$f_1^* = \left(p_1^* - c_n^1 - \frac{e}{2}\right)q_1^* + \frac{B(q_1^*)^2}{8b}$$
$$= \left(80.03 - 45 - \frac{10}{2}\right) \times 44.88 + \frac{900 \times 44.88^2}{8 \times 680}$$
$$= 1680.98$$

类似地，结合式（4.1），并利用式（4.16），可以得到局中人 2（即制造商 M_2）的利润分配值（即夏普利值）为

$$f_2^* = \left(p_2^* - c_n^2 - \frac{e}{2}\right)q_2^* + \frac{A(q_2^*)^2}{8b}$$
$$= \left(79.81 - 40 - \frac{10}{2}\right) \times 45.21 + \frac{625 \times 45.21^2}{8 \times 680}$$
$$= 1808.59$$

利用式（4.17），可以计算得到局中人 3（即回收商 C）的利润分配值（即夏普利值）为

$$f_3^* = -\frac{eq_1^*}{2} - \frac{eq_2^*}{2} + \frac{B(q_1^*)^2}{8b} + \frac{A(q_2^*)^2}{8b}$$
$$= -\frac{10 \times 44.88}{2} - \frac{10 \times 45.2}{2} + \frac{900 \times 44.88^2}{8 \times 680} + \frac{625 \times 45.21^2}{8 \times 680}$$
$$= 117.56$$

最后，结合式（4.1），并利用式（4.12），可以计算得到局中人 3（即回收商 C）为局中人 1（即制造商 M_1）回收废旧产品的最优回收率为

$$\tau_1^* = \frac{\sqrt{B}q_1^*}{2b}$$
$$= \frac{\sqrt{900} \times 44.88}{2 \times 680}$$
$$= 0.99$$

类似地，利用式（4.13），可以计算得到局中人 3（即回收商 C）为局中人 2（即制造商 M_2）回收废旧产品的最优回收率为

$$\tau_2^* = \frac{\sqrt{A}q_2^*}{2b} = \frac{\sqrt{625} \times 45.21}{2 \times 680} = 0.83$$

根据 $f_1^* = f_1\left(p_1^*, p_2^*\right)$、$f_1\left(p_1^*, p_2^*\right) = h_1(p_1^*, p_2^*, \omega_1^*, \tau_1^*)$ 和 $q_1^* = \phi - p_1^* + \varepsilon p_2^*$，利用式（4.3），并结合上述计算结果，可以得到

$$f_1^* = [p_1^* - 45 + \tau_1^*(30 - \omega_1)]q_1^*$$

从而可以计算得到局中人 1（即制造商 M_1）的最优回购价格为

$$\omega_1^* = \frac{(p_1^* - 45 + 30\tau_1^*)q_1^* - f_1^*}{\tau_1^* q_1^*} = \frac{(80.03 - 45 + 30 \times 0.99) \times 44.88 - 1680.98}{0.99 \times 44.88} = 27.55$$

同样地，根据 $f_2^* = f_2\left(p_1^*, p_2^*\right)$、$f_2\left(p_1^*, p_2^*\right) = h_2(p_1^*, p_2^*, \omega_2^*, \tau_2^*)$ 和 $q_2^* = \phi - p_2^* + \varepsilon p_1^*$，利用式（4.4），并结合上述计算结果，可以得到

$$f_2^* = [p_2^* - 40 + \tau_2^*(25 - \omega_2)]q_2^*$$

从而可以计算得到局中人 2（即制造商 M_2）的最优回购价格为

$$\omega_2^* = \frac{(p_2^* - 40 + 25\tau_2^*)q_2^* - f_2^*}{\tau_2^* q_2^*} = \frac{(79.81 - 40 + 25 \times 0.83) \times 45.21 - 1808.59}{0.83 \times 45.21} = 24.77$$

上述计算结果说明，回收商 C 分别以 0.99（即 99%）、0.83（即 83%）的回收率为制造商 M_1 和 M_2 回收他们的废旧产品，而制造商 M_1 和 M_2 分别按照回购价格 27.55 与 24.77 回购回收商 C 回收的废旧产品并直接用于再制造新产品。制造商 M_1 和 M_2 分别生产新产品（数量）44.88 单位与 45.21 单位，并分别以销售价格 80.03 与 79.81 销售给消费者。通过制造商与回收商之间上述回购价格竞争与回收率合作，并通过制造商之间上述销售价格竞争，他们能够分享因他们之间的合作所创造的利润，具体是：制造商 M_1 获得利润 1680.98，制造商 M_2 获得利润 1808.59，回收商 C 获得利润 117.61。类似 3.3 节的讨论和分析，可以发现这些计算结果所隐含的经济或管理意义。有兴趣的读者可自行研究。

对前面所述参数（即制造商 M_1 和 M_2 直接使用新材料制造新产品的单位成本 c_n^1 与 c_n^2、使用回收商 C 回收的废旧产品零部件再制造新产品的单位成本 c_r^1 与 c_r^2、新产品的潜在市场规模 ϕ、新产品替代系数 ε、回收商 C 回收废旧产品的单位成本 c 与难度系数 b、政府对制造商生产新产品收取的单位产品押金 e）的不同取值或参数值的不同组合，可能对制造商 M_1 和 M_2 的销售价格、废旧产品的回购价格、利润以及回收商 C 回收废旧产品的回收率、利润等产生不同程度的影响，具体分析可参见文献[36]，这里不再赘述。

第5章　绿色供应链链间价格竞争与链内研发成本分担

5.1　问题描述

考虑两条生产和销售可替代绿色产品的二级供应链，每条供应链$i\,(i=1,2)$由一个制造商M_i和一个零售商R_i组成。供应链$i\,(i=1,2)$内的制造商M_i生产绿色产品，生产的单位成本为$c_i \geqslant 0$，并以批发价格w_i（连续决策变量）销售给其下游的零售商R_i，零售商R_i再以零售价格p_i（连续决策变量）销售给终端市场的消费者，其中$p_i \geqslant w_i \geqslant c_i \geqslant 0$。

制造商$M_i\,(i=1,2)$作为所在二级供应链i的领导者，为最大化自身利益（或利润），分别制定产品的批发价格，链内的下游零售商R_i根据批发价格制定产品的零售价格并销售给消费者。因此，两条供应链$i\,(i=1,2)$的纵向（即制造商M_i和零售商R_i之间）与横向（即制造商M_i与制造商M_{3-i}之间、零售商R_i与零售商R_{3-i}之间）都会形成关于产品的（批发价格、零售价格）定价竞争。同时，为了缓解或减轻制造商M_i绿色产品研发成本的压力，同一条供应链链内零售商R_i选择分担制造商M_i的部分绿色产品研发成本，组成合作联盟，通过供应链链内制造商M_i、零售商R_i分别优化绿色产品研发投资水平$\theta_i \in [0,1]$（连续决策变量）及绿色产品研发成本分担比例$\lambda_i \in [0,1]$（连续决策变量）实现合作联盟利润的增长。θ_i是制造商M_i为了提高生产产品的绿色度对绿色产品研发技术的投资水平。由于生产技术与工艺流程等条件的限制，不妨假设制造商M_i可实现的最大产品绿色度为A_i。为了简化，用$A_i\theta_i$代表制造商M_i在绿色产品研发投资水平θ_i下能够实现的产品绿色度。两条供应链中零售商分担制造商绿色产品研发成本比例、制造商批发价格与零售商零售价格的关系如图5.1所示。

考虑到两条竞争供应链生产产品的可替代性和消费者环保意识的增强，两条供应链之间存在产品的零售价格竞争的同时也存在产品绿色度的竞争。供应链i $(i=1,2)$的绿色产品市场需求函数为

$$q_i(p_1,p_2) = a - p_i + bp_{3-i} + A_i\theta_i - \beta A_{3-i}\theta_{3-i} \qquad (i=1,2) \tag{5.1}$$

其中，$a \geqslant 0$为绿色产品的潜在市场需求；$b \in [0,1]$为绿色产品的交叉价格敏感系数（即产品替代系数），且b越大，两条供应链生产产品的可替代性越大；$\beta \in [0,1]$

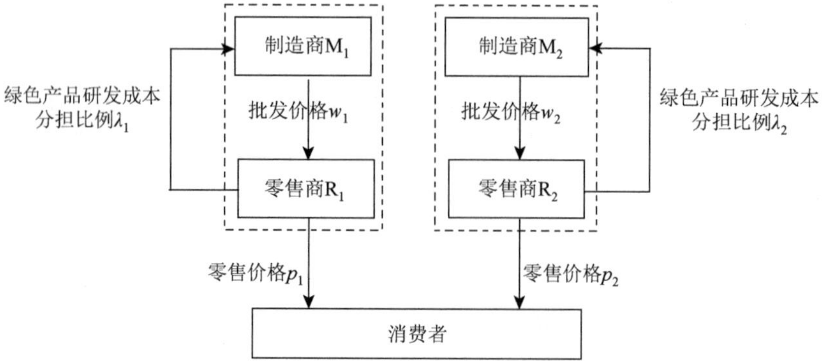

图 5.1 两条供应链绿色产品研发成本分担比例、制造商批发价格与零售商零售价格的关系

为制造商 M_{3-i} 的产品绿色度对供应链 i 绿色产品需求的影响，称为绿色竞争强度系数，且 β 越大，制造商的产品绿色度对竞争对手（供应链）的绿色产品需求影响越大。

制造商投资绿色产品研发技术，会产生绿色产品研发成本。不妨假设制造商 M_i ($i=1,2$)绿色产品研发成本是产品绿色度的二次函数，即 $\mu_i(A_i\theta_i)^2$，其中 $\mu_i\in[0,1]$ 为制造商 M_i 的绿色产品研发成本系数。如前所述，零售商 R_i 会以比例 $\lambda_i\in[0,1]$ 分担供应链 i 上游制造商 M_i 的绿色产品研发成本。于是，制造商 M_i ($i=1,2$)的利润函数可以分别表示为

$$h_{M_1}(w_1,p_1,p_2,\theta_1,\theta_2,\lambda_1)=(w_1-c_1)q_1(p_1,p_2)-(1-\lambda_1)\mu_1(A_1\theta_1)^2$$

和

$$h_{M_2}(w_2,p_1,p_2,\theta_1,\theta_2,\lambda_2)=(w_2-c_2)q_2(p_1,p_2)-(1-\lambda_2)\mu_2(A_2\theta_2)^2$$

零售商 R_i ($i=1,2$)的利润函数可以分别表示为

$$h_{R_1}(w_1,p_1,p_2,\theta_1,\theta_2,\lambda_1)=(p_1-w_1)q_1(p_1,p_2)-\lambda_1\mu_1(A_1\theta_1)^2$$

和

$$h_{R_2}(w_2,p_1,p_2,\theta_1,\theta_2,\lambda_2)=(p_2-w_2)q_2(p_1,p_2)-\lambda_2\mu_2(A_2\theta_2)^2$$

结合式（5.1），制造商 M_i ($i=1,2$)和零售商 R_i ($i=1,2$)的上述利润函数可以具体地分别表示为

$$h_{M_1}(w_1,p_1,p_2,\theta_1,\theta_2,\lambda_1)=(w_1-c_1)(a-p_1+bp_2+A_1\theta_1-\beta A_2\theta_2)-(1-\lambda_1)\mu_1(A_1\theta_1)^2 \tag{5.2}$$

$$h_{M_2}(w_2,p_1,p_2,\theta_1,\theta_2,\lambda_2)=(w_2-c_2)(a-p_2+bp_1+A_2\theta_2-\beta A_1\theta_1)-(1-\lambda_2)\mu_2(A_2\theta_2)^2 \tag{5.3}$$

$$h_{R_1}(w_1,p_1,p_2,\theta_1,\theta_2,\lambda_1)=(p_1-w_1)(a-p_1+bp_2+A_1\theta_1-\beta A_2\theta_2)-\lambda_1\mu_1(A_1\theta_1)^2 \tag{5.4}$$

和

$$h_{R_2}(w_2,p_1,p_2,\theta_1,\theta_2,\lambda_2)=(p_2-w_2)(a-p_2+bp_1+A_2\theta_2-\beta A_1\theta_1)-\lambda_2\mu_2(A_2\theta_2)^2 \tag{5.5}$$

制造商绿色产品批发价格、零售商绿色产品零售价格的制定与制造商绿色产品研发投资水平、零售商绿色产品研发成本分担比例的确定相互影响，即两条供应链竞争与合作关系相互耦合、融通，本章利用 2.1 节的连续型非合作-合作两型博弈模型描述并解决此类绿色供应链链间竞争与链内合作并存的问题。

5.2　非合作-合作两型博弈建模及解法

从图 5.1 与式（5.2）～式（5.5）的两条供应链成员（即制造商、零售商）利润函数中可以看出，对于同一消费市场中的两条销售可替代绿色产品的供应链，不仅包含由产品价格诱发的供应链成员间的竞争，而且在每条供应链链内存在由绿色产品研发投资水平与成本分担比例带来的制造商与零售商之间的合作。本节按照 2.1 节的连续型非合作-合作两型博弈范式，把这样两条供应链之间竞争与合作并存问题做如下的刻画与表述，如图 5.2 所示。首先，一方面，制造商 $M_i\ (i=1,2)$ 作为各自绿色供应链 i 的领导者，与供应链链内下游零售商 $R_i\ (i=1,2)$ 进行斯塔克尔伯格博弈。另一方面，在两条绿色供应链 $i\ (i=1,2)$ 之间，同级成员（即制造商 M_i 与制造商 M_{3-i}、零售商 R_i 与零售商 R_{3-i}）之间进行横向市场竞争，制造商 M_i 与零售商 R_i 分别选择产品的批发价格 w_i 和零售价格 p_i 作为策略（连续决策变量），形成非合作博弈部分的竞争局势 (w_1,w_2,p_1,p_2)。其次，针对任意给定的竞争局势 (w_1,w_2,p_1,p_2)，供应链 $i\ (i=1,2)$ 内上游制造商 M_i 与下游零售商 R_i 分别通过投资绿色产品研发水平与分担绿色产品研发成本，形成合作联盟，创造联盟的利润。考虑到合作只存在于各供应链内部而非两条供应链之间，每条供应链链内的合作可以看作一个合作博弈，制造商 M_i 与零售商 R_i 分别通过选择绿色产品研发投资水平 θ_i 和绿色产品研发成本分担比例 λ_i，可以创造联盟利润即联盟特征值，并利用夏普利值即式（1.21），对合作博弈部分的合作博弈进行求解，所分配得到的利润可作为各供应链链内每个成员（即制造商 M_i 与零售商 R_i）的利润。以制造商 M_i 与零售商 $R_i\ (i=1,2)$ 在合作博弈部分分配得到的利润作为在非合作博弈部分的支付函数，利用斯塔克尔伯格博弈与纳什博弈方法，可以求解得到非合作博弈的局中人均衡策略，即制造商 $M_i\ (i=1,2)$ 的最优批发价格与零售商 $R_i\ (i=1,2)$ 的最优零售价格以及他们的最优利润。最后，结合合作博弈部分的联盟特征值与合作博弈求解过程，可以计算得到制造商 $M_i\ (i=1,2)$ 的最优绿色产品研发投资水平与零售商 $R_i\ (i=1,2)$ 的最优绿色产品研发成本分担比例。

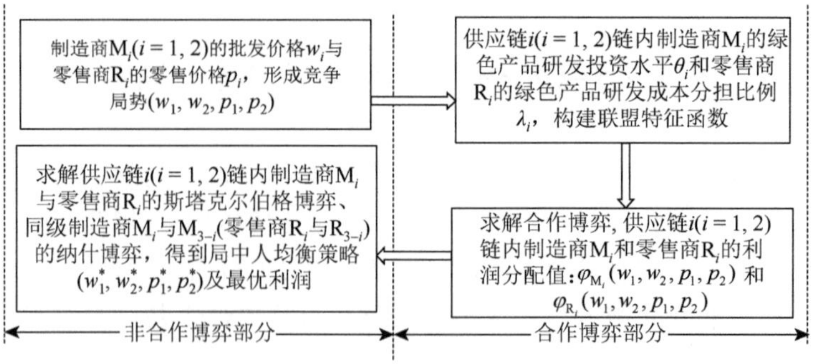

图 5.2　两条绿色供应链链间价格竞争与链内研发成本分担非合作-合作两型博弈结构与流程

从图 5.2 中可以看出，这是一个连续型 4 人非合作-合作两型博弈$\varGamma_{4=0+4+0}$。参与这个非合作-合作两型博弈的局中人有四个：两个制造商M_i $(i=1,2)$与两个零售商R_i $(i=1,2)$。没有只参加非合作博弈部分的局中人，即局中人集合$N_1=\varnothing$。也没有只参加合作博弈部分的局中人，即局中人集合$N_3=\varnothing$。四个局中人（即两个制造商与两个零售商）都同时参加非合作博弈、合作博弈两个部分，即局中人集合$N_2=\{M_1,M_2,R_1,R_2\}$。两个局中人即制造商M_i $(i=1,2)$都各有两个连续决策变量即批发价格w_i和绿色产品研发投资水平θ_i，其中批发价格w_i用于非合作博弈部分，参与所在供应链i链内下游零售商R_i的价格竞争以及竞争对方供应链$3-i$中制造商M_{3-i}的价格竞争，而绿色产品研发投资水平θ_i用于合作博弈部分，通过与供应链i链内零售商R_i合作，创造供应链i链内的联盟利润。同样，另外两个局中人即零售商R_i $(i=1,2)$也各有两个连续决策变量即零售价格p_i和绿色产品研发成本分担比例λ_i，其中零售价格p_i用于非合作博弈部分，参与所在供应链i链内上游制造商M_i的价格竞争以及竞争对方供应链$3-i$中零售商R_{3-i}的价格竞争，形成非合作博弈部分的四个局中人（即制造商M_1、M_2与零售商R_1、R_2）的竞争局势(w_1,w_2,p_1,p_2)，而绿色产品研发成本分担比例λ_i用于合作博弈部分，通过与供应链i链内制造商M_i合作，创造供应链i链内的联盟利润。因此，这个非合作-合作两型博弈$\varGamma_{4=0+4+0}$的局中人集合为$N=N_1\cup N_2\cup N_3=\{M_1,M_2,R_1,R_2\}$。

根据图 5.2 与式（5.2）～式（5.5）的利润函数表达式可以知道，对于任意给定的竞争局势(w_1,w_2,p_1,p_2)，四个局中人即两个制造商M_i $(i=1,2)$与两个零售商R_i $(i=1,2)$在非合作博弈部分的支付函数都无法事先具体确定，因为他们的利润函数中都包含不同的三个待决策变量，即供应链i链内制造商M_i绿色产品研发投资水平θ_i、零售商R_i绿色产品研发成本分担比例λ_i和竞争对方供应链$3-i$中制造商M_{3-i}绿色产品研发投资水平θ_{3-i}。这些待决策变量是供应链i链内制造商M_i与零售商R_i在合作博弈部分中构建任意给定竞争局势(w_1,w_2,p_1,p_2)下联盟特征函数（即利润函数）的策略。通过求解任意给定竞争局势(w_1,w_2,p_1,p_2)下两条供应

链 $i\,(i=1,2)$ 链内制造商 M_i 与零售商 R_i 的合作博弈，可以分别获得制造商 M_i 与零售商 R_i 的利润分配值 $\varphi_{M_i}(w_1,w_2,p_1,p_2)$、$\varphi_{R_i}(w_1,w_2,p_1,p_2)$。把所求得的制造商与零售商的利润分配值作为非合作博弈部分的局中人支付值，求解相应的非合作博弈，可得最优竞争局势（即最优批发价格与最优零售价格）及他们的最优利润。进一步结合合作博弈部分的联盟特征值构建及相应的合作博弈求解过程，可以分别获得两个制造商的最优绿色产品研发投资水平和两个零售商的最优绿色产品研发成本分担比例。

通过上述具体分析与图 5.2 的求解结构及流程，按照 2.1.2 节的连续型非合作-合作两型博弈的求解方法与过程，下面逐步对这个非合作-合作两型博弈 $\Gamma_{4=0+4+0}$ 进行具体的建模与求解。

5.2.1　供应链链内绿色产品研发投资水平与成本分担合作博弈模型

对于任意给定的竞争局势 (w_1,w_2,p_1,p_2)，如前所述，每条绿色供应链链内上游制造商与下游零售商共同分担绿色产品研发成本，各供应链链内仅存在制造商与零售商的纵向合作，而不存在两条供应链链间成员的横向合作。本节利用合作博弈，分别刻画两条绿色供应链链内制造商与零售商的纵向合作行为。

1. 供应链链内制造商 M_1 和零售商 R_1 的合作博弈模型及求解

在任意给定的竞争局势 (w_1,w_2,p_1,p_2) 下，绿色供应链 1 链内的制造商 M_1 和零售商 R_1 可以形成包括空集在内的四个联盟：$\varnothing$，$\{M_1\}$，$\{R_1\}$ 与 $\{M_1,R_1\}$。类似 3.2 节与 4.2 节，可以构建这些联盟的联盟特征值（即利润）。

若联盟为空集，即供应链 1 链内的制造商 M_1 和零售商 R_1 都不合作，则联盟利润为 0，即

$$v_1(w_1,w_2,p_1,p_2)(\varnothing)=0$$

对于供应链 1 链内的非空联盟，考虑供应链 2 链内制造商 M_2 绿色产品研发投资水平 θ_2 对供应链 1 绿色产品需求的影响，外部性总是存在的。因此，当制造商 M_1 单干时，即制造商 M_1 不与零售商 R_1 合作，制造商 M_1 和零售商 R_1 分别优化绿色产品研发投资水平 θ_1、绿色产品研发成本分担比例 λ_1，制造商 M_1 与供应链 1 链内下游零售商 R_1 竞争的同时也与供应链 2 的制造商 M_2、零售商 R_2 形成竞争。于是，利用式（1.14），并结合式（5.2），可以得到联盟 $\{M_1\}$ 的联盟特征值即利润为

$$v_1(w_1,w_2,p_1,p_2)(M_1)=\max_{\theta_1}\min_{\lambda_1,\lambda_2,\theta_2}\{h_{M_1}(w_1,p_1,p_2,\theta_1,\theta_2,\lambda_1)\}$$

即

$$v_1(w_1,w_2,p_1,p_2)(\mathrm{M}_1)=\max_{\theta_1}\min_{\lambda_1,\lambda_2,\theta_2}\{(w_1-c_1)(a-p_1+bp_2+A_1\theta_1-\beta A_2\theta_2)-(1-\lambda_1)\mu_1A_1^2\theta_1^2\}$$

显然，上式右边函数中没有涉及决策变量λ_2，从而可以进一步重写为

$$v_1(w_1,w_2,p_1,p_2)(\mathrm{M}_1)=\max_{\theta_1}\min_{\lambda_1,\theta_2}\{(w_1-c_1)(a-p_1+bp_2+A_1\theta_1-\beta A_2\theta_2)-(1-\lambda_1)\mu_1A_1^2\theta_1^2\}$$

上式右边函数中决策变量λ_1的系数$\mu_1A_1^2\theta_1^2$是非负数，因此$\lambda_1=0$使得上式右边函数取得最小值。这表明：制造商M_1不与供应链1链内下游零售商R_1合作时，下游零售商R_1不分担绿色产品研发成本，即$\lambda_1=0$使得$v_1(w_1,w_2,p_1,p_2)(\mathrm{M}_1)$可以变成

$$v_1(w_1,w_2,p_1,p_2)(\mathrm{M}_1)=\max_{\theta_1}\min_{\theta_2}\{(w_1-c_1)(a-p_1+bp_2+A_1\theta_1-\beta A_2\theta_2)-\mu_1A_1^2\theta_1^2\}$$

同时，为了争夺制造商M_1的利润，供应链2将提高绿色产品研发投资水平以增大产品绿色度、抢占产品市场份额，即选择$\theta_2=1$。其实，上式右边函数中决策变量$\theta_2\in[0,1]$的系数$-(w_1-c_1)\beta A_2$为非正数，因此$\theta_2=1$使得上式右边函数取得最小值，即可以得到上述联盟特征值$v_1(w_1,w_2,p_1,p_2)(\mathrm{M}_1)$为

$$v_1(w_1,w_2,p_1,p_2)(\mathrm{M}_1)=\max_{\theta_1}\{(w_1-c_1)(a-p_1+bp_2+A_1\theta_1-\beta A_2)-\mu_1A_1^2\theta_1^2\}$$

把上式右边关于决策变量θ_1的函数记为

$$g_1(\theta_1)=(w_1-c_1)(a-p_1+bp_2+A_1\theta_1-\beta A_2)-\mu_1A_1^2\theta_1^2$$

对函数$g_1(\theta_1)$关于θ_1求一阶导数并令其等于0，可得

$$\frac{\mathrm{d}g_1(\theta_1)}{\mathrm{d}\theta_1}=(w_1-c_1)A_1-2\mu_1A_1^2\theta_1=0$$

简单求解上述方程，可以得到

$$\theta_1'=\frac{w_1-c_1}{2A_1\mu_1}$$

显然，$g_1(\theta_1)$关于θ_1的二阶导数

$$\frac{\mathrm{d}^2g_1(\theta_1)}{\mathrm{d}\theta_1^2}=-2\mu_1A_1^2<0$$

因此，当$c_1\leqslant w_1\leqslant 2A_1\mu_1+c_1$时，函数$g_1(\theta_1)$在$\theta_1'$处取得最大值，从而联盟$\{\mathrm{M}_1\}$的联盟特征值即利润$v_1(w_1,w_2,p_1,p_2)(\mathrm{M}_1)$为

$$v_1(w_1,w_2,p_1,p_2)(\mathrm{M}_1)=\frac{(w_1-c_1)^2}{4\mu_1}+(w_1-c_1)(a-p_1+bp_2-\beta A_2)\tag{5.6}$$

这个联盟特征值表示：在制造商M_1单干时，供应链1链内下游零售商R_1不分担绿色产品研发成本且供应链2链内的制造商M_2选择最大绿色产品研发投资

水平，制造商 M_1 只有选择绿色产品研发投资水平 θ_1' 才能取得自己单干时的最大利润。

类似地，当零售商 R_1 单干时，即零售商 R_1 不与供应链 1 链内上游制造商 M_1 合作，零售商 R_1 不仅与供应链 1 的制造商 M_1 存在价格竞争，而且与供应链 2 的制造商 M_2 和零售商 R_2 存在竞争。利用式（1.14），并结合式（5.4），可以得到联盟 $\{\mathrm{R}_1\}$ 的联盟特征值即利润为

$$v_1(w_1,w_2,p_1,p_2)(\mathrm{R}_1)=\max_{\lambda_1}\min_{\theta_1,\lambda_2,\theta_2}\{h_{\mathrm{R}_1}(w_1,p_1,p_2,\theta_1,\theta_2,\lambda_1)\}$$

由于上式右边函数计算最大/最小值不是很容易，根据定理 1.4 或式（1.14），可以把上式右边函数重写为

$$v_1(w_1,w_2,p_1,p_2)(\mathrm{R}_1)=\min_{\theta_1,\lambda_2,\theta_2}\max_{\lambda_1}\{h_{\mathrm{R}_1}(w_1,p_1,p_2,\theta_1,\theta_2,\lambda_1)\}$$

式（5.4）的函数 $h_{\mathrm{R}_1}(w_1,p_1,p_2,\theta_1,\theta_2,\lambda_1)$ 与决策变量 λ_2 无关，从而上述联盟特征值 $v_1(w_1,w_2,p_1,p_2)(\mathrm{R}_1)$ 可以简写为

$$\begin{aligned}v_1(w_1,w_2,p_1,p_2)(\mathrm{R}_1)=\min_{\theta_1,\theta_2}\max_{\lambda_1}\{&(p_1-w_1)(a-p_1+bp_2+A_1\theta_1-\beta A_2\theta_2)\\&-\lambda_1\mu_1A_1^2\theta_1^2\}\end{aligned}$$

上式右边函数中决策变量 λ_1 的系数 $-\mu_1A_1^2\theta_1^2$ 是非正数，因此 $\lambda_1=0$ 使得上式右边函数取得最大值，即可以计算得到上述联盟特征值 $v_1(w_1,w_2,p_1,p_2)(\mathrm{R}_1)$ 为

$$v_1(w_1,w_2,p_1,p_2)(\mathrm{R}_1)=\min_{\theta_1,\theta_2}\{(p_1-w_1)(a-p_1+bp_2+A_1\theta_1-\beta A_2\theta_2)\}$$

显然，在上式右边函数中，决策变量 θ_1 的系数 $(p_1-w_1)A_1$ 是非负数而决策变量 θ_2 的系数 $-(p_1-w_1)\beta A_2$ 是非正数，因此 $\theta_1=0$ 和 $\theta_2=1$ 使得上式右边函数取得最小值，从而对上述联盟 $\{\mathrm{R}_1\}$ 的联盟特征值即利润进行简单计算，可以得到

$$v_1(w_1,w_2,p_1,p_2)(\mathrm{R}_1)=(p_1-w_1)(a-p_1+bp_2-\beta A_2)\tag{5.7}$$

这个联盟特征值表示：零售商 R_1 不与供应链 1 链内上游制造商 M_1 合作时，制造商 M_1 不做任何绿色产品研发投资、供应链 2 会投入最大的绿色产品研发投资水平，零售商 R_1 只有不分担绿色产品研发成本才能取得自己单干时的最大利润。

在制造商 M_1 与零售商 R_1 合作时，形成联盟 $\{\mathrm{M}_1,\mathrm{R}_1\}$（供应链 1 链内的最大联盟），此时联盟 $\{\mathrm{M}_1,\mathrm{R}_1\}$ 只需要优化绿色产品研发投资水平（而不需要考虑绿色产品研发成本分担比例问题），并考虑与供应链 2 的制造商 M_2 和零售商 R_2 的产品绿色度竞争。因此，利用式（1.14），并结合式（5.2）与式（5.4），可以得到联盟 $\{\mathrm{M}_1,\mathrm{R}_1\}$ 的联盟特征值即利润为

$$\begin{aligned}v_1(w_1,w_2,p_1,p_2)(\mathrm{M}_1,\mathrm{R}_1)=\max_{\lambda_1,\theta_1}\min_{\lambda_2,\theta_2}\{&h_{\mathrm{M}_1}(w_1,p_1,p_2,\theta_1,\theta_2,\lambda_1)\\&+h_{\mathrm{R}_1}(w_1,p_1,p_2,\theta_1,\theta_2,\lambda_1)\}\end{aligned}$$

即可以简写为

$$v_1(w_1,w_2,p_1,p_2)(\mathrm{M}_1,\mathrm{R}_1)=\max_{\theta_1}\min_{\theta_2}\{(p_1-c_1)(a-p_1+bp_2+A_1\theta_1-\beta A_2\theta_2)-\mu_1A_1^2\theta_1^2\}$$

容易看出，上式右边函数中决策变量 θ_2 的系数 $-(p_1-c_1)\beta A_2$ 是非正数，因此 $\theta_2=1$ 使得上式右边函数取得最小值，即上述联盟特征值 $v_1(w_1,w_2,p_1,p_2)(\mathrm{M}_1,\mathrm{R}_1)$ 为

$$v_1(w_1,w_2,p_1,p_2)(\mathrm{M}_1,\mathrm{R}_1)=\max_{\theta_1}\{(p_1-c_1)(a-p_1+bp_2+A_1\theta_1-\beta A_2)-\mu_1A_1^2\theta_1^2\}$$

把上式右边关于决策变量 θ_1 的函数记为

$$g_{11}(\theta_1)=(p_1-c_1)(a-p_1+bp_2+A_1\theta_1-\beta A_2)-\mu_1A_1^2\theta_1^2$$

对函数 $g_{11}(\theta_1)$ 关于 θ_1 求一阶导数并令其等于 0，可以得到

$$\frac{\mathrm{d}g_{11}(\theta_1)}{\mathrm{d}\theta_1}=(p_1-c_1)A_1-2\mu_1A_1^2\theta_1=0$$

简单求解上述方程，可以得到

$$\theta_1''=\frac{p_1-c_1}{2A_1\mu_1} \tag{5.8}$$

容易看到，函数 $g_{11}(\theta_1)$ 关于 θ_1 的二阶导数

$$\frac{\mathrm{d}^2g_{11}(\theta_1)}{\mathrm{d}\theta_1^2}=-2\mu_1A_1^2<0$$

因此，当 $c_1\leqslant p_1\leqslant 2A_1\mu_1+c_1$ 时，函数 $g_{11}(\theta_1)$ 确实在 θ_1'' 处取得最大值。于是，经过简单计算，可以得到联盟特征值 $v_1(w_1,w_2,p_1,p_2)(\mathrm{M}_1,\mathrm{R}_1)$ 为

$$v_1(w_1,w_2,p_1,p_2)(\mathrm{M}_1,\mathrm{R}_1)=\frac{(p_1-c_1)^2}{4\mu_1}+(p_1-c_1)(a-p_1+bp_2-\beta A_2) \tag{5.9}$$

由于 $p_1\geqslant w_1$，显然可知：

$$\frac{p_1-c_1}{2A_1\mu_1}\geqslant\frac{w_1-c_1}{2A_1\mu_1}$$

因此，由式（5.9）可以看出，在制造商 M_1 与零售商 R_1 合作形成联盟 $\{\mathrm{M}_1,\mathrm{R}_1\}$ 时，对比制造商 M_1 单干的情况，尽管供应链 2 投入最大的绿色产品研发投资水平即 $\theta_2=1$ 旨在降低联盟 $\{\mathrm{M}_1,\mathrm{R}_1\}$ 的利润，但供应链 1 链内联盟 $\{\mathrm{M}_1,\mathrm{R}_1\}$ 仍会投入更高的绿色产品研发投资水平 θ_1''，提升供应链 1 的产品绿色度，从而联盟 $\{\mathrm{M}_1,\mathrm{R}_1\}$ 利润 $v_1(w_1,w_2,p_1,p_2)(\mathrm{M}_1,\mathrm{R}_1)$ 大于制造商 M_1 单干时的利润 $v_1(w_1,w_2,p_1,p_2)(\mathrm{M}_1)$。

根据上述分析与讨论，针对任意给定的竞争局势 (w_1,w_2,p_1,p_2)，制造商 M_1 与零售商 R_1 合作时，为了获得式（5.9）的联盟 $\{\mathrm{M}_1,\mathrm{R}_1\}$ 的联盟利润，利用式（5.1）与式（5.8），制造商 M_1 生产绿色产品的产量（即供应链 1 绿色产品的市场需求量）为

$$q_1(p_1,p_2)=a-p_1+bp_2+\frac{p_1-c_1}{2\mu_1}-\beta A_2 \tag{5.10}$$

2. 供应链链内制造商 M_2 和零售商 R_2 的合作博弈模型及求解

供应链 2 的组成及结构与供应链 1 是对称的。因此，可以类似地构建供应链 2 链内制造商 M_2 与零售商 R_2 的联盟特征值。显然，可以得到空集的联盟特征值即利润为

$$v_2(w_1,w_2,p_1,p_2)(\varnothing)=0$$

当制造商 M_2 单干时，即制造商 M_2 不与供应链 2 链内下游零售商 R_2 合作，制造商 M_2 不仅会与零售商 R_2 竞争，还会与供应链 1 链内的制造商 M_1、零售商 R_1 竞争。利用式（1.14），可以得到联盟 $\{M_2\}$ 的联盟特征值即利润为

$$v_2(w_1,w_2,p_1,p_2)(M_2)=\max_{\theta_2}\min_{\lambda_2,\lambda_1,\theta_1}\{h_{M_2}(w_2,p_1,p_2,\theta_1,\theta_2,\lambda_2)\}$$

结合式（5.3），可以具体简写为

$$v_2(w_1,w_2,p_1,p_2)(M_2)=\max_{\theta_2}\min_{\lambda_2,\theta_1}\{(w_2-c_2)(a-p_2+bp_1+A_2\theta_2-\beta A_1\theta_1)$$
$$-(1-\lambda_2)\mu_2A_2^{\,2}\theta_2^{\,2}\}$$

在上式右边函数中，决策变量 λ_2 的系数 $\mu_2A_2^{\,2}\theta_2^{\,2}$ 是非负数而决策变量 θ_1 的系数 $-\beta A_1(w_2-c_2)$ 是非正数，因此 λ_2=0 和 θ_1=1 使得上式右边函数取得最小值，即联盟特征值 $v_2(w_1,w_2,p_1,p_2)(M_2)$ 可以表述为

$$v_2(w_1,w_2,p_1,p_2)(M_2)=\max_{\theta_2}\{(a-p_2+bp_1+A_2\theta_2-\beta A_1)(w_2-c_2)$$
$$-\mu_2A_2^{\,2}\theta_2^{\,2}\}$$

显然，上式右边函数是 θ_2 的二次函数，因此当 $c_2\leqslant w_2\leqslant 2A_2\mu_2+c_2$ 时，上式右边函数在

$$\hat{\theta}_2=\frac{w_2-c_2}{2A_2\mu_2}$$

处取得最大值。于是，经过简单计算，可以得到联盟 $\{M_2\}$ 的联盟特征值为

$$v_2(w_1,w_2,p_1,p_2)(M_2)=\frac{(w_2-c_2)^2}{4\mu_2}+(w_2-c_2)(a-p_2+bp_1-\beta A_1) \tag{5.11}$$

这个联盟特征值表示：制造商 M_2 不与供应链 2 链内下游零售商 R_2 合作时，零售商 R_2 不分担绿色产品研发成本、供应链 1 会投入最大的绿色产品研发投资水平，制造商 M_2 只有选择绿色产品研发投资水平 $\hat{\theta}_2$ 才能取得自己单干时的最大利润。

类似地，利用式（1.14），并结合式（5.5），可以得到联盟 $\{R_2\}$ 的联盟特征值即利润为

$$\begin{aligned}v_2(w_1,w_2,p_1,p_2)(\mathrm{R}_2)&=\max_{\lambda_2}\min_{\theta_2,\lambda_1,\theta_1}\{h_{\mathrm{R}_2}(w_2,p_1,p_2,\theta_1,\theta_2,\lambda_2)\}\\&=\min_{\theta_2,\lambda_1,\theta_1}\max_{\lambda_2}\{h_{\mathrm{R}_2}(w_2,p_1,p_2,\theta_1,\theta_2,\lambda_2)\}\\&=\min_{\theta_2,\theta_1}\max_{\lambda_2}\{(p_2-w_2)(a-p_2+bp_1+A_2\theta_2-\beta A_1\theta_1)-\lambda_2\mu_2A_2^2\theta_2^2\}\end{aligned}$$

显然，$\lambda_2=0$ 使得上式右边函数取得最大值，从而可得

$$v_2(w_1,w_2,p_1,p_2)(\mathrm{R}_2)=\min_{\theta_2,\theta_1}\{(p_2-w_2)(a-p_2+bp_1+A_2\theta_2-\beta A_1\theta_1)\}$$

进一步，容易看出，$\theta_2=0$ 与 $\theta_1=1$ 使得上式右边函数达到最小值，从而可以计算得到联盟 $\{\mathrm{R}_2\}$ 的联盟特征值 $v_2(w_1,w_2,p_1,p_2)(\mathrm{R}_2)$ 为

$$v_2(w_1,w_2,p_1,p_2)(\mathrm{R}_2)=(p_2-w_2)(a-p_2+bp_1-\beta A_1) \quad (5.12)$$

这个联盟特征值表示：零售商 R_2 不与供应链 2 链内上游制造商 M_2 合作时，制造商 M_2 不做任何绿色产品研发投资、供应链 1 会投入最大的绿色产品研发投资水平，零售商 R_2 只有不分担绿色产品研发成本才能取得自己单干时的最大利润。

在制造商 M_2 与零售商 R_2 合作时，形成供应链 2 链内的最大联盟 $\{\mathrm{M}_2,\mathrm{R}_2\}$，利用式（1.14），并结合式（5.3）与式（5.5），可以得到联盟 $\{\mathrm{M}_2,\mathrm{R}_2\}$ 的联盟特征值即利润为

$$\begin{aligned}v_2(w_1,w_2,p_1,p_2)(\mathrm{M}_2,\mathrm{R}_2)&=\max_{\lambda_2,\theta_2}\min_{\lambda_1,\theta_1}\{h_{\mathrm{M}_2}(w_2,p_1,p_2,\theta_1,\theta_2,\lambda_2)+h_{\mathrm{R}_2}(w_2,p_1,p_2,\theta_1,\theta_2,\lambda_2)\}\\&=\max_{\theta_2}\min_{\theta_1}\{(p_2-c_2)(a-p_2+bp_1+A_2\theta_2-\beta A_1\theta_1)-\mu_2A_2^2\theta_2^2\}\end{aligned}$$

容易看出，在上式右边函数中，决策变量 θ_1 的系数 $-(p_2-c_2)\beta A_1$ 是非正数，因此 $\theta_1=1$ 使得上式右边函数取得最小值。于是，联盟特征值 $v_2(w_1,w_2,p_1,p_2)(\mathrm{M}_2,\mathrm{R}_2)$ 为

$$\begin{aligned}v_2(w_1,w_2,p_1,p_2)(\mathrm{M}_2,\mathrm{R}_2)=\max_{\theta_2}\{&(p_2-c_2)(a-p_2+bp_1+A_2\theta_2-\beta A_1)\\&-\mu_2A_2^2\theta_2^2\}\end{aligned}$$

类似前面的求解，把上式右边关于决策变量 θ_2 的函数记为

$$g_{22}(\theta_2)=(p_2-c_2)(a-p_2+bp_1+A_2\theta_2-\beta A_1)-\mu_2A_2^2\theta_2^2$$

对函数 $g_{22}(\theta_2)$ 关于 θ_2 求一阶导数并令其等于 0，可以得到

$$\frac{\mathrm{d}g_{22}(\theta_2)}{\mathrm{d}\theta_2}=(p_2-c_2)A_2-2\mu_2A_2^2\theta_2=0$$

简单求解上述方程，可以得到

$$\hat{\hat{\theta}}_2=\frac{p_2-c_2}{2A_2\mu_2} \quad (5.13)$$

显然，函数 $g_{22}(\theta_2)$ 关于 θ_2 的二阶导数

$$\frac{\mathrm{d}^2g_{22}(\theta_2)}{\mathrm{d}\theta_2^2}=-2\mu_2A_2^2<0$$

因此，当 $c_2 \leqslant p_2 \leqslant 2A_2\mu_2 + c_2$ 时，函数 $g_{22}(\theta_2)$ 确实在 $\hat{\hat{\theta}}_2$ 处取得最大值。于是，经过简单计算，可以得到联盟 $\{M_2,R_2\}$ 的联盟特征值为

$$v_2(w_1,w_2,p_1,p_2)(M_2,R_2) = \frac{(p_2-c_2)^2}{4\mu_2} + (p_2-c_2)(a-p_2+bp_1-\beta A_1) \tag{5.14}$$

这个联盟特征值表明：零售商 R_2 和制造商 M_2 合作时，供应链 2 链内联盟 $\{M_2,R_2\}$ 投入绿色产品研发投资水平 $\hat{\hat{\theta}}_2$ 高于制造商 M_2 单干时的绿色产品研发投资水平 $\hat{\theta}_2$，从而联盟 $\{M_2,R_2\}$ 利润也高于制造商 M_2 单干时的利润。

按照上述分析与讨论，针对任意给定的竞争局势 (w_1,w_2,p_1,p_2)，零售商 R_2 和制造商 M_2 合作时，为了获得式（5.14）的联盟 $\{M_2,R_2\}$ 的联盟利润，利用式（5.1），并结合式（5.13），制造商 M_2 生产绿色产品的产量（即供应链 2 绿色产品的市场需求量）为

$$q_2(p_1,p_2) = a - p_2 + bp_1 + \frac{p_2-c_2}{2\mu_2} - \beta A_1 \tag{5.15}$$

3. 两条供应链链内制造商和零售商利润分配的夏普利值

对于任意给定的竞争局势 (w_1,w_2,p_1,p_2)，利用式（5.6）、式（5.7）、式（5.9）和 $v_1(w_1,w_2,p_1,p_2)(\varnothing)=0$，并注意到 $p_1-c_1 \geqslant w_1-c_1 \geqslant 0$，可以得到

$$\begin{aligned} v_1(w_1,w_2,p_1,p_2)(M_1,R_1) &= \left[\frac{(p_1-c_1)^2}{4\mu_1} + (w_1-c_1)(a-p_1+bp_2-\beta A_2)\right] \\ &\quad + (p_1-w_1)(a-p_1+bp_2-\beta A_2) \\ &\geqslant v_1(w_1,w_2,p_1,p_2)(M_1) + v_1(w_1,w_2,p_1,p_2)(R_1) \end{aligned}$$

根据式（1.16），可以证明，$v_1(w_1,w_2,p_1,p_2)$ 是凸合作博弈。因此，合作博弈 $v_1(w_1,w_2,p_1,p_2)$ 的夏普利值即利润分配值属于核心 $C(v_1(w_1,w_2,p_1,p_2))$。

利用式（1.21）的夏普利值公式，并结合式（5.6）、式（5.7）、式（5.9）和 $v_1(w_1,w_2,p_1,p_2)(\varnothing)=0$，可以计算得到合作博弈 $v_1(w_1,w_2,p_1,p_2)$ 中制造商 M_1 与零售商 R_1 的夏普利值即利润分配值分别为

$$\begin{aligned} \hat{\varphi}_{M_1}(v_1(w_1,w_2,p_1,p_2)) &= \frac{1}{2}v_1(w_1,w_2,p_1,p_2)(M_1) + \frac{1}{2}[v_1(w_1,w_2,p_1,p_2)(M_1,R_1) \\ &\quad - v_1(w_1,w_2,p_1,p_2)(R_1)] \\ &= \frac{(p_1-c_1)^2+(w_1-c_1)^2}{8\mu_1} + (w_1-c_1)(a-p_1+bp_2-\beta A_2) \end{aligned} \tag{5.16}$$

和

$$\hat{\varphi}_{R_1}(v_1(w_1,w_2,p_1,p_2))=\frac{1}{2}v_1(w_1,w_2,p_1,p_2)(R_1)+\frac{1}{2}[v_1(w_1,w_2,p_1,p_2)(M_1,R_1)-v_1(w_1,w_2,p_1,p_2)(M_1)]=\frac{(p_1-c_1)^2-(w_1-c_1)^2}{8\mu_1}+(p_1-w_1)(a-p_1+bp_2-\beta A_2) \quad (5.17)$$

并分别简记为

$$\varphi_{M_1}(w_1,w_2,p_1,p_2)=\hat{\varphi}_{M_1}(v_1(w_1,w_2,p_1,p_2))$$

与

$$\varphi_{R_1}(w_1,w_2,p_1,p_2)=\hat{\varphi}_{R_1}(v_1(w_1,w_2,p_1,p_2))$$

利用式（1.20），容易计算得到合作博弈 $v_1(w_1,w_2,p_1,p_2)$ 的核心 $C(v_1(w_1,w_2,p_1,p_2))$ 为

$$C(v_1(w_1,w_2,p_1,p_2))=\{(\eta_{M_1}(v_1(w_1,w_2,p_1,p_2)),\eta_{R_1}(v_1(w_1,w_2,p_1,p_2)))^{\mathrm{T}}\}$$

其中，$\eta_{M_1}(v_1(w_1,w_2,p_1,p_2))$ 满足：

$$\frac{(w_1-c_1)^2}{4\mu_1}+(w_1-c_1)(a-p_1+bp_2-\beta A_2)\leqslant\eta_{M_1}(v_1(w_1,w_2,p_1,p_2))\leqslant\frac{(p_1-c_1)^2}{4\mu_1}+(w_1-c_1)(a-p_1+bp_2-\beta A_2)$$

而 $\eta_{R_1}(v_1(w_1,w_2,p_1,p_2))$ 满足：

$$\eta_{R_1}(v_1(w_1,w_2,p_1,p_2))=\frac{(p_1-c_1)^2}{4\mu_1}+(p_1-c_1)(a-p_1+bp_2-\beta A_2)-\eta_{M_1}(v_1(w_1,w_2,p_1,p_2))$$

显然，可以看出，由式（5.16）与式（5.17）确定的合作博弈 $v_1(w_1,w_2,p_1,p_2)$ 的夏普利值 $(\varphi_{M_1}(w_1,w_2,p_1,p_2),\varphi_{R_1}(w_1,w_2,p_1,p_2))^{\mathrm{T}}$ 确实在核心 $C(v_1(w_1,w_2,p_1,p_2))$。

类似地，利用式（1.21）的夏普利值公式，并结合式（5.11）、式（5.12）、式（5.14）和 $v_2(w_1,w_2,p_1,p_2)(\varnothing)=0$，可以计算得到合作博弈 $v_2(w_1,w_2,p_1,p_2)$ 中制造商 M_2 与零售商 R_2 的夏普利值即利润分配值分别为

$$\hat{\varphi}_{M_2}(v_2(w_1,w_2,p_1,p_2))=\frac{1}{2}v_2(w_1,w_2,p_1,p_2)(M_2)+\frac{1}{2}[v_2(w_1,w_2,p_1,p_2)(M_2,R_2)-v_2(w_1,w_2,p_1,p_2)(R_2)]=\frac{(w_2-c_2)^2+(p_2-c_2)^2}{8\mu_2}+(w_2-c_2)(a-p_2+bp_1-\beta A_1) \quad (5.18)$$

和

$$\hat{\varphi}_{R_2}(v_2(w_1,w_2,p_1,p_2))=\frac{1}{2}v_2(w_1,w_2,p_1,p_2)(R_2)+\frac{1}{2}[v_2(w_1,w_2,p_1,p_2)(M_2,R_2)-v_2(w_1,w_2,p_1,p_2)(M_2)]$$
$$=\frac{(p_2-c_2)^2-(w_2-c_2)^2}{8\mu_2}+(p_2-w_2)(a-p_2+bp_1-\beta A_1) \tag{5.19}$$

并分别简记为

$$\varphi_{M_2}(w_1,w_2,p_1,p_2)=\hat{\varphi}_{M_2}(v_2(w_1,w_2,p_1,p_2))$$

和

$$\varphi_{R_2}(w_1,w_2,p_1,p_2)=\hat{\varphi}_{R_2}(v_2(w_1,w_2,p_1,p_2))$$

结合式（5.11）、式（5.12）、式（5.14）和 $v_2(w_1,w_2,p_1,p_2)(\varnothing)=0$，并注意 $p_2-c_2\geqslant w_2-c_2\geqslant 0$，容易验证：

$$v_2(w_1,w_2,p_1,p_2)(M_2,R_2)=\left[\frac{(p_2-c_2)^2}{4\mu_2}+(w_2-c_2)(a-p_2+bp_1-\beta A_1)\right]$$
$$+(p_2-w_2)(a-p_2+bp_1-\beta A_1)$$
$$\geqslant v_2(w_1,w_2,p_1,p_2)(M_2)+v_2(w_1,w_2,p_1,p_2)(R_2)$$

根据式（1.16），可以证明，$v_2(w_1,w_2,p_1,p_2)$ 是凸合作博弈。因此，合作博弈 $v_2(w_1,w_2,p_1,p_2)$ 的夏普利值（即利润分配值）$(\varphi_{M_2}(w_1,w_2,p_1,p_2),\varphi_{R_2}(w_1,w_2,p_1,p_2))^{T}$ 在如下核心 $C(v_2(w_1,w_2,p_1,p_2))$ 中：

$$C(v_2(w_1,w_2,p_1,p_2))=\{(\eta_{M_2}(v_1(w_1,w_2,p_1,p_2)),\eta_{R_2}(v_1(w_1,w_2,p_1,p_2)))^{T}\}$$

其中，$\eta_{M_2}(v_2(w_1,w_2,p_1,p_2))$ 满足：

$$\frac{(w_2-c_2)^2}{4\mu_2}+(w_2-c_2)(a-p_2+bp_1-\beta A_1)\leqslant\eta_{M_2}(v_1(w_1,w_2,p_1,p_2))$$
$$\leqslant\frac{(p_2-c_2)^2}{4\mu_2}+(w_2-c_2)(a-p_2+bp_1-\beta A_1)$$

而 $\eta_{R_2}(v_1(w_1,w_2,p_1,p_2))$ 满足：

$$\eta_{R_2}(v_1(w_1,w_2,p_1,p_2))=\frac{(p_2-c_2)^2}{4\mu_2}+(p_2-c_2)(a-p_2+bp_1-\beta A_1)-\eta_{M_2}(v_1(w_1,w_2,p_1,p_2))$$

由此可见，对于任意给定的竞争局势 (w_1,w_2,p_1,p_2)，合作博弈部分中两个合作博弈的夏普利值 $\varphi_{M_1}(w_1,w_2,p_1,p_2)$、$\varphi_{M_2}(w_1,w_2,p_1,p_2)$、$\varphi_{R_1}(w_1,w_2,p_1,p_2)$ 和 $\varphi_{R_2}(w_1,w_2,p_1,p_2)$ 都可以作为局中人（即制造商、零售商）的利润分配值。

5.2.2 两条供应链上下游成员定价斯塔克尔伯格博弈与链间同级成员定价纳什博弈

在非合作博弈部分，根据 5.2.1 节在合作博弈部分分配得到的局中人利润函数（即夏普利值），两条供应链 $i\,(i=1,2)$ 链间的同级制造商 M_1 和 M_2 以利润最大化为目标分别决定自己产品的批发价格，即 w_1 和 w_2，而供应链下游两个零售商 R_1 和 R_2 作为跟随者，根据所在供应链链内制造商的批发价格，通过纳什博弈分别确定自己产品的零售价格 p_1 和 p_2。

利用逆向求解方法，求解非合作博弈部分的局中人（两个制造商与两个零售商）均衡解（即最优策略及最优利润）。

首先，利用 5.2.1 节求解得到的两个零售商 R_1 和 R_2 的利润函数，即式（5.17）与式（5.19），对 $\varphi_{R_1}(w_1,w_2,p_1,p_2)$ 和 $\varphi_{R_2}(w_1,w_2,p_1,p_2)$ 分别关于 p_1、p_2 求一阶偏导数并令其等于 0，即

$$\begin{cases}\dfrac{\partial\varphi_{R_1}(w_1,w_2,p_1,p_2)}{\partial p_1}=0\\[2ex]\dfrac{\partial\varphi_{R_2}(w_1,w_2,p_1,p_2)}{\partial p_2}=0\end{cases}$$

也即

$$\begin{cases}\dfrac{p_1-c_1}{4\mu_1}+a-p_1+bp_2-\beta A_2-p_1+w_1=0\\[2ex]\dfrac{p_2-c_2}{4\mu_2}+a-p_2+bp_1-\beta A_1-p_2+w_2=0\end{cases}$$

求解上述方程组，可以得到两个零售商 R_1 和 R_2 对供应链上游制造商 M_1、M_2 产品批发价格 w_1 与 w_2 的反应函数分别为

$$p_1=\frac{4\mu_1\bar{\mu}_2(w_1+\bar{A}_2)+16\bar{\mu}_{12}(w_2+\bar{A}_1)-\bar{\mu}_2c_1-4\mu_1bc_2}{D}\tag{5.20}$$

和

$$p_2=\frac{4\mu_2\bar{\mu}_1(w_2+\bar{A}_1)+16\bar{\mu}_{12}(w_1+\bar{A}_2)-\bar{\mu}_1c_2-4\mu_2bc_1}{D}\tag{5.21}$$

其中，$\bar{\mu}_1=8\mu_1-1$，$\bar{\mu}_2=8\mu_2-1$，$\bar{A}_1=a-\beta A_1$，$\bar{A}_2=a-\beta A_2$，$\bar{\mu}_{12}=\mu_1\mu_2 b$，$D=\bar{\mu}_1\bar{\mu}_2-16\bar{\mu}_{12}b$。

把式（5.20）与式（5.21）分别代入式（5.16）与式（5.18）的制造商 M_1、M_2 的利润函数 $\varphi_{M_1}(w_1,w_2,p_1,p_2)$ 和 $\varphi_{M_2}(w_1,w_2,p_1,p_2)$，可以得到两个制造商 M_1、M_2

关于他们产品批发价格 w_1 、w_2 的利润函数，分别简记为 $\varPhi_{M_1}(w_1, w_2)$ 和 $\varPhi_{M_2}(w_1, w_2)$ 。

分别对 $\varPhi_{M_1}(w_1, w_2)$ 和 $\varPhi_{M_2}(w_1, w_2)$ 关于 w_1 与 w_2 求一阶偏导数并令其等于 0，即

$$\begin{cases} \dfrac{\partial \varPhi_{M_1}(w_1, w_2)}{\partial w_1} = 0 \\ \dfrac{\partial \varPhi_{M_2}(w_1, w_2)}{\partial w_2} = 0 \end{cases}$$

通过求解上述方程组，可以得到两条供应链中制造商 M_1 与 M_2 的最优批发价格分别为

$$\begin{aligned} w_1^* = & \frac{16\bar{\mu}_{12}k_1(k_4 - k_6)\bar{A}_1 + (256\bar{\mu}_{12}{}^2 k_1 k_2 - k_4 k_5)\bar{A}_2}{B} \\ & - \frac{(64\mu_1\mu_2{}^2 b^2 k_1 k_2 - k_4 k_7)c_1 + 4\mu_1 b k_1(k_4 - 4\mu_2 k_8)c_2}{B} \end{aligned} \tag{5.22}$$

和

$$\begin{aligned} w_2^* = & \frac{(256\bar{\mu}_{12}{}^2 k_1 k_2 - k_3 k_6)\bar{A}_1 + 16\bar{\mu}_{12}k_2(k_3 - k_5)\bar{A}_2}{B} \\ & - \frac{4\mu_2 b k_2(k_3 - 4\mu_1 k_7)c_1 + (64\mu_1{}^2\mu_2 b^2 k_1 k_2 - k_3 k_8)c_2}{B} \end{aligned} \tag{5.23}$$

其中，

$$k_1 = D(1 - 4\mu_1) - 4\mu_1\bar{\mu}_2$$

$$k_2 = D(1 - 4\mu_2) - 4\mu_2\bar{\mu}_1$$

$$k_3 = 16\mu_1{}^2\bar{\mu}_2{}^2 + 32\mu_1{}^2(4\mu_2 b^2 - \bar{\mu}_2)D + D^2$$

$$k_4 = 16\mu_2{}^2\bar{\mu}_1{}^2 + 32\mu_2{}^2(4\mu_1 b^2 - \bar{\mu}_1)D + D^2$$

$$k_5 = 16\mu_1{}^2\bar{\mu}_2{}^2 + 16\mu_1{}^2(4\mu_2 b^2 - \bar{\mu}_2)D + 4\mu_1 D^2$$

$$k_6 = 16\mu_2{}^2\bar{\mu}_1{}^2 + 16\mu_2{}^2(4\mu_1 b^2 - \bar{\mu}_1)D + 4\mu_2 D^2$$

$$k_7 = [16\mu_1{}^2(4\mu_2 b^2 - \bar{\mu}_2) + 16\bar{\mu}_{12}b]D + 4\mu_1\bar{\mu}_2{}^2 + D^2$$

$$k_8 = [16\mu_2{}^2(4\mu_1 b^2 - \bar{\mu}_1) + 16\bar{\mu}_{12}b]D + 4\mu_2\bar{\mu}_1{}^2 + D^2$$

$$B = k_3 k_4 - 256\bar{\mu}_{12}{}^2 k_1 k_2$$

把式（5.22）与式（5.23）分别代入式（5.20）与式（5.21），可以得到两条供应链下游零售商 R_1 和 R_2 的产品的最优零售价格分别为

$$\begin{aligned} p_1^* = & \frac{4\mu_1 b(k_3 + 4\mu_1\bar{\mu}_2 k_1)[4\mu_2(k_4 - k_6)\bar{A}_1 - (k_4 - 4\mu_2 k_8)c_2]}{BD} \\ & + \frac{(\bar{\mu}_2 k_4 + 64\mu_1\mu_2{}^2 b^2 k_2)[4\mu_1(k_3 - k_5)\bar{A}_2 - (k_3 - 4\mu_1 k_7)c_1]}{BD} \end{aligned} \tag{5.24}$$

和

$$p_2^* = \frac{(\bar{\mu}_1 k_3 + 64\mu_1^2 \mu_2 b^2 k_1)[4\mu_2(k_4 - k_6)\bar{A}_1 - (k_4 - 4\mu_2 k_8)c_2]}{BD} + \frac{4\mu_2 b(k_4 + 4\mu_2 \bar{\mu}_1 k_2)[4\mu_1(k_3 - k_5)\bar{A}_2 - (k_3 - 4\mu_1 k_7)c_1]}{BD} \tag{5.25}$$

把式（5.24）与式（5.25）确定的零售商 R_1 和 R_2 的最优零售价格 p_1^*、p_2^* 分别代入式（5.8）与式（5.13），可以得到两条供应链中制造商 M_1 与 M_2 的最优绿色产品研发投资水平分别为

$$\theta_1^* = \frac{p_1^* - c_1}{2A_1\mu_1} \tag{5.26}$$

$$\theta_2^* = \frac{p_2^* - c_2}{2A_2\mu_2} \tag{5.27}$$

把式（5.24）～式（5.27）分别代入式（5.16）～式（5.19），可以计算得到制造商与零售商的最优利润分别为

$$\varphi_{M_1}(w_1^*, w_2^*, p_1^*, p_2^*) = \frac{(w_1^* - c_1)^2 + (p_1^* - c_1)^2}{8\mu_1} + (\bar{A}_2 - p_1^* + bp_2^*)(w_1^* - c_1) \tag{5.28}$$

$$\varphi_{R_1}(w_1^*, w_2^*, p_1^*, p_2^*) = \frac{(p_1^* - c_1)^2 - (w_1^* - c_1)^2}{8\mu_1} + (\bar{A}_2 - p_1^* + bp_2^*)(p_1^* - w_1^*) \tag{5.29}$$

$$\varphi_{M_2}(w_1^*, w_2^*, p_1^*, p_2^*) = \frac{(w_2^* - c_2)^2 + (p_2^* - c_2)^2}{8\mu_2} + (\bar{A}_1 - p_2^* + bp_1^*)(w_2^* - c_2) \tag{5.30}$$

$$\varphi_{R_2}(w_1^*, w_2^*, p_1^*, p_2^*) = \frac{(p_2^* - c_2)^2 - (w_2^* - c_2)^2}{8\mu_2} + (\bar{A}_1 - p_2^* + bp_1^*)(p_2^* - w_2^*) \tag{5.31}$$

并分别简记为

$$\varphi_{M_1}^* = \varphi_{M_1}(w_1^*, w_2^*, p_1^*, p_2^*)$$

$$\varphi_{R_1}^* = \varphi_{R_1}(w_1^*, w_2^*, p_1^*, p_2^*)$$

$$\varphi_{M_2}^* = \varphi_{M_2}(w_1^*, w_2^*, p_1^*, p_2^*)$$

$$\varphi_{R_2}^* = \varphi_{R_2}(w_1^*, w_2^*, p_1^*, p_2^*)$$

把式（5.24）～式（5.27）分别代入式（5.10），可以计算得到制造商 M_1 生产

绿色产品的最优产量（即供应链 1 绿色产品的最优市场需求量）为

$$q_1(p_1^*, p_2^*) = a - p_1^* + bp_2^* + A_1\theta_1^* - \beta A_2 \tag{5.32}$$

并简记为 $q_1^* = q_1(p_1^*, p_2^*)$。

类似地，把式（5.24）～式（5.27）分别代入式（5.15），可以计算得到制造商 M_2 生产绿色产品的最优产量（即供应链 2 绿色产品的最优市场需求量）为

$$q_2(p_1^*, p_2^*) = a - p_2^* + bp_1^* + A_2\theta_2^* - \beta A_1 \tag{5.33}$$

并简记为 $q_2^* = q_2(p_1^*, p_2^*)$。

把式（5.22）～式（5.31）确定的最优批发价格 w_1^* 与 w_2^*，最优零售价格 p_1^* 与 p_2^*，最优绿色产品研发投资水平 θ_1^* 与 θ_2^*，制造商与零售商的最优利润 $\varphi_{M_1}{}^*$、$\varphi_{R_1}{}^*$、$\varphi_{M_2}{}^*$ 与 $\varphi_{R_2}{}^*$，以及式（5.32）、式（5.33）确定的供应链绿色产品最优市场需求量 q_1^* 与 q_2^* 分别代入式（5.4）和式（5.5）的零售商 $R_i\ (i = 1,2)$ 的利润函数，并结合式（5.29）、式（5.31）确定的零售商最优利润 $\varphi_{R_1}{}^*$ 与 $\varphi_{R_2}{}^*$，可以得到

$$(p_1^* - w_1^*)(a - p_1^* + bp_2^* + A_1\theta_1^* - \beta A_2) - \lambda_1\mu_1(A_1\theta_1^*)^2 = \varphi_{R_1}{}^* \tag{5.34}$$

$$(p_2^* - w_2^*)(a - p_2^* + bp_1^* + A_2\theta_2^* - \beta A_1) - \lambda_2\mu_2(A_2\theta_2^*)^2 = \varphi_{R_2}{}^* \tag{5.35}$$

简单求解上述两个方程，可以得到两条供应链内零售商 R_1 和 R_2 的最优绿色产品研发成本分担比例分别为

$$\lambda_i^* = 1.5 + \frac{(w_i^* - c_i)^2}{2(p_i^* - c_i)^2} - \frac{2(w_i^* - c_i)}{p_i^* - c_i} \quad (i = 1,2) \tag{5.36}$$

综上可知，两条绿色供应链链间价格竞争与链内研发成本分担问题的连续型 4 人非合作-合作两型博弈 $\varGamma_{4=0+4+0}$ 的解为 $(((w_1^*, \theta_1^*), (p_1^*, \lambda_1^*), (w_2^*, \theta_2^*), (p_2^*, \lambda_2^*)); (\varphi_{M_1}{}^*, \varphi_{R_1}{}^*, \varphi_{M_2}{}^*, \varphi_{R_2}{}^*))$。显然，通过求解构建的连续型 4 人非合作-合作两型博弈模型 $\varGamma_{4=0+4+0}$，可以同时得到两条供应链中两个制造商的最优批发价格、最优绿色产品研发投资水平、最优利润以及两个零售商的最优零售价格、最优绿色产品研发成本分担比例、最优利润。

5.2.3　绿色供应链链间价格竞争与链内研发成本分担非合作-合作两型博弈模型求解算法

综合 5.2.1 节与 5.2.2 节的分析和讨论，并结合图 5.2，可以把两条绿色供应链链间价格竞争与链内研发成本分担非合作-合作两型博弈 $\varGamma_{4=0+4+0}$ 的建模、求解算法归纳为图 5.3。

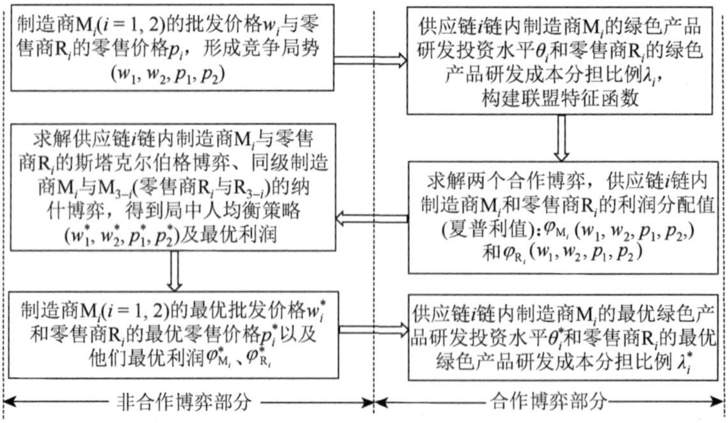

图 5.3　两条绿色供应链链间价格竞争与链内研发成本分担非合作–合作两型博弈模型算法框图

从前述讨论与图 5.3 中可以看出，构建的两条绿色供应链链间价格竞争与链内研发成本分担非合作–合作两型博弈模型$\Gamma_{4=0+4+0}$与求解方法，显然不是 B-S 两型博弈，显著不同于两阶段博弈，也明显不同于 3.2 节的连续型 3 人非合作–合作两型博弈模型$\Gamma_{3=1+1+1}$和 4.2 节的连续型 3 人非合作–合作两型博弈模型$\Gamma_{3=0+2+1}$。特别地，参加非合作–合作两型博弈$\Gamma_{4=0+4+0}$的局中人和合作博弈部分在任意给定竞争局势下合作博弈的构建方面存在显著不同。

5.3　数 值 例 子

5.1 节完整叙述了两条绿色供应链链间价格竞争与链内研发成本分担问题，5.2 节详细论述了利用 2.1.2 节的连续型非合作–合作两型博弈方法对两条绿色供应链链间同级成员（制造商、零售商）之间的竞争与链内制造商与零售商之间的绿色产品研发成本分担问题进行具体建模与求解，本节将结合一些具体参数取值，具体计算求解两条绿色供应链中两个制造商的最优批发价格、最优绿色产品研发投资水平、最优利润以及两个零售商的最优零售价格、最优绿色产品研发成本分担比例、最优利润。

针对 5.1 节的各种参数，具体选定一组参数值如下：绿色产品的潜在市场需求$a=70$，产品的交叉价格敏感系数（即产品替代系数）$b=0.6$，绿色竞争强度系数$\beta=0.8$；制造商 M_1 与 M_2 绿色产品的单位生产成本分别为$c_1=10$与$c_2=15$，最大产品绿色度$A_1=A_2=40$，绿色产品研发成本系数分别为$\mu_1=2$与$\mu_2=1$。

首先，按照 5.2.2 节的一些参数（或常数）项的记号，并结合上面的具体参数取值，可以计算得到

$$\bar{\mu}_1 = 8\times 2 - 1 = 15$$

$$\bar{\mu}_2 = 8\times 1 - 1 = 7$$

$$\bar{A}_1 = 70 - 0.8\times 40 = 38$$

$$\bar{A}_2 = 70 - 0.8\times 40 = 38$$

$$\bar{\mu}_{12} = 2\times 1\times 0.6 = 1.2$$

$$D = 15\times 7 - 16\times 1.2\times 0.6 = 93.48$$

并据此可以计算得到

$$k_1 = 93.48\times(1-4\times 2) - 4\times 2\times 7 = -710.36$$

$$k_2 = 93.48\times(1-4\times 1) - 4\times 1\times 15 = -340.44$$

$$k_3 = 16\times 2^2\times 7^2 + 32\times 2^2\times(4\times 1\times 0.6^2 - 7)\times 93.48 + 93.48^2 = -54653.336$$

$$k_4 = 16\times 1^2\times 15^2 + 32\times 1^2\times(4\times 2\times 0.6^2 - 15)\times 93.48 + 93.48^2 = -23916.7728$$

$$k_5 = 16\times 2^2\times 7^2 + 16\times 2^2\times(4\times 1\times 0.6^2 - 7)\times 93.48 + 4\times 2\times 93.48^2 = 39780.16$$

$$k_6 = 16\times 1^2\times 15^2 + 16\times 1^2\times(4\times 2\times 0.6^2 - 15)\times 93.48 + 4\times 1\times 93.48^2 = 20426.4$$

$$\begin{aligned} k_7 &= \{16\times 2^2\times(4\times 1\times 0.6^2 - 7) + 16\times 1.2\times 0.6\}\times 93.48 + 4\times 2\times 7^2 + 93.48^2 \\ &= -23056.5232 \end{aligned}$$

$$\begin{aligned} k_8 &= \{16\times 1^2\times(4\times 2\times 0.6^2 - 15) + 16\times 1.2\times 0.6\}\times 93.48 + 4\times 1\times 15^2 + 93.48^2 \\ &= -7412.2416 \end{aligned}$$

$$\begin{aligned} B &= -54653.336\times(-23916.7728) - 256\times 1.2^2\times(-710.36)\times(-340.44) \\ &= 1217981380.81 \end{aligned}$$

其次，利用式（5.22），可以计算得到制造商 M_1 的最优批发价格为

$$\begin{aligned} w_1^* &= \frac{16\times 1.2\times(-710.36)\times(-23916.7728 - 20426.4)\times 38}{1217981380.81} \\ &\quad + \frac{[256\times 1.2^2\times(-710.36)\times(-340.44) - (-23916.7728)\times 39780.16]\times 38}{1217981380.81} \\ &\quad - \frac{[64\times 2\times 1^2\times 0.6^2\times(-710.36)\times(-340.44) - (-23916.7728)\times(-23056.5232)]\times 10}{1217981380.81} \\ &\quad - \frac{4\times 2\times 0.6\times(-710.36)\times[-23916.7728 - 4\times 1\times(-7412.2416)]\times 15}{1217981380.81} \\ &= 56.01 \end{aligned}$$

类似地，利用式（5.23），可以计算得到制造商 M_2 的最优批发价格为

$$w_2^* = \frac{[256\times1.2^2\times(-710.36)\times(-340.44)-(-54653.336)\times20426.4]\times38}{1217981380.81}$$
$$+\frac{16\times1.2\times(-340.44)\times(-54653.336-39780.16)\times38}{1217981380.81}$$
$$-\frac{4\times1\times0.6\times(-340.44)\times[-54653.336-4\times2\times(-23056.5232)]\times10}{1217981380.81}$$
$$-\frac{[64\times2^2\times1\times0.6^2\times(-710.36)\times(-340.44)-(-54653.336)\times(-7412.2416)]\times15}{1217981380.81}$$
$$=62.45$$

利用式（5.24），可以得到零售商 R_1 的最优零售价格为

$$p_1^*=(4\times2\times0.6\times[-54653.336+4\times2\times7\times(-710.36)]\times\{4\times1\times(-23916.7728$$
$$-20426.4)\times38-[-23916.7728-4\times1\times(-7412.2416)]\times15\}+[7\times(-23916.7728)$$
$$+64\times2\times1^2\times0.6^2\times(-340.44)]\times\{4\times2\times(-54653.336-39780.16)\times38$$
$$-[-54653.336-4\times2\times(-23056.5232)]\times10\})\div(1217981380.81\times93.48)$$
$$=75.43$$

类似地，利用式（5.25），可以得到零售商 R_2 的最优零售价格为

$$p_2^*=([15\times(-54653.336)+64\times2^2\times1\times0.6^2\times(-710.36)]\times\{4\times1\times(-23916.7728$$
$$-20426.4)\times38-[-23916.7728-4\times1\times(-7412.2416)]\times15\}+4\times1\times0.6$$
$$\times[-23916.7728+4\times1\times15\times(-340.44)]\times\{4\times2\times(-54653.336-39780.16)\times38$$
$$-[-54653.336-4\times2\times(-23056.5232)]\times10\})\div(1217981380.81\times93.48)$$
$$=81.12$$

利用式（5.26），可以计算得到制造商 M_1 的最优绿色产品研发投资水平为

$$\theta_1^*=\frac{75.43-10}{2\times40\times2}=0.41$$

类似地，利用式（5.27），可以计算得到制造商 M_2 的最优绿色产品研发投资水平为

$$\theta_2^*=\frac{81.12-15}{2\times40\times1}=0.83$$

然后，利用式（5.28），可以计算得到制造商 M_1 的最优利润为

$$\varphi_{M_1}^*=\frac{(56.01-10)^2+(75.43-10)^2}{8\times2}+(38-75.43+0.6\times81.12)\times(56.01-10)$$
$$=917.12$$

类似地，利用式（5.29），可以计算得到零售商 R_1 的最优利润为

$$\varphi_{R_1}^{\ *}=\frac{(75.43-10)^2-(56.01-10)^2}{8\times 2}+(38-75.43+0.6\times 81.12)\times(75.43-56.01)$$
$$=353.58$$

利用式（5.30），可以计算得到制造商 M_2 的最优利润为

$$\varphi_{M_2}^{\ *}=\frac{(62.45-15)^2+(81.12-15)^2}{8\times 1}+(38-81.12+0.6\times 75.43)\times(62.45-15)$$
$$=929.37$$

利用式（5.31），可以计算得到零售商 R_2 的最优利润为

$$\varphi_{R_2}^{\ *}=\frac{(81.12-15)^2-(62.45-15)^2}{8\times 1}+(38-81.12+0.6\times 75.43)\times(81.12-62.45)$$
$$=304.96$$

利用式（5.32），并结合零售商 R_1 和 R_2 的最优零售价格、制造商 M_1 的最优绿色产品研发投资水平，可以计算得到制造商 M_1 生产绿色产品的最优产量（即供应链 1 绿色产品的最优市场需求量）为

$$q_1^{\ *}=70-75.43+0.6\times 81.12+40\times 0.41-0.8\times 40$$
$$=27.642$$

类似地，利用式（5.33），并结合零售商 R_1 和 R_2 的最优零售价格、制造商 M_2 的最优绿色产品研发投资水平，可以计算得到制造商 M_2 生产绿色产品的最优产量（即供应链 2 绿色产品的最优市场需求量）为

$$q_2^{\ *}=70-81.12+0.6\times 75.43+40\times 0.83-0.8\times 40$$
$$=35.338$$

最后，利用式（5.36），可以计算得到零售商 R_1 的最优绿色产品研发成本分担比例为

$$\lambda_1^{\ *}=1.5+\frac{(56.01-10)^2}{2\times(75.43-10)^2}-\frac{2\times(56.01-10)}{75.43-10}$$
$$=0.34$$

类似地，再次利用式（5.36），可以计算得到零售商 R_2 的最优绿色产品研发成本分担比例为①

$$\lambda_2^{\ *}=1.5+\frac{(62.45-15)^2}{2\times(81.12-15)^2}-\frac{2\times(62.45-15)}{81.12-15}$$
$$=0.32$$

上述计算结果说明，供应链 1 上游制造商 M_1 投入绿色产品研发投资水平 0.41、下游零售商 R_1 分担绿色产品研发成本比例 0.34（即承担 34%）；制造商 M_1

① 也可以结合前面已计算得到的结果，利用式（5.34）与式（5.35），直接计算得到两个零售商的最优绿色产品研发成本分担比例。

生产绿色产品（数量）27.642 单位，并以批发价格 56.01 批发给链内的零售商 R_1；零售商 R_1 以零售价格 75.43 零售给消费者。类似地，供应链 2 上游制造商 M_2 投入绿色产品研发投资水平 0.83、下游零售商 R_2 分担绿色产品研发成本比例 0.32（即承担 32%）；制造商 M_2 生产绿色产品（数量）35.338 单位，并以批发价格 62.45 批发给链内的零售商 R_2；零售商 R_2 以零售价格 81.12 零售给消费者。供应链 1 链内制造商 M_1 与零售商 R_1 通过绿色产品研发投资与成本分担的方式开展合作并创造联盟利润 1270.70，使得制造商 M_1 能够分享利润 917.12、零售商 R_1 分享利润 353.58。供应链 2 链内制造商 M_2 与零售商 R_2 之间的合作创造联盟利润 1234.33，使得制造商 M_2 能够分享利润 929.37、零售商 R_2 分享利润 304.96。这些计算结果背后隐含的经济或管理意义是通过前面的基本假设、建模与求解以及具体参数的计算得到的，具有理论上的严谨性、合理性与可靠性，不同于简单的常识与算术运算得到的联盟利润（或特征值）导出的计算结果。

前述各种参数（即绿色产品的潜在市场需求 a、交叉价格敏感系数或替代系数 b、绿色竞争强度系数 β，制造商 M_1 与 M_2 绿色产品的单位生产成本 c_1 和 c_2、研发成本系数 μ_1 和 μ_2、最大产品绿色度 A_1 和 A_2）的不同取值和参数值的不同组合，可能对制造商 M_1 和 M_2 的绿色产品研发投资水平、批发价格、利润以及零售商 R_1 和 R_2 的绿色产品研发成本分担比例、零售价格、利润等产生不同程度的影响。有兴趣的读者可自行研究与分析，具体分析可以参阅文献[62]，这里不再赘述。

参 考 文 献

[1] von Neumann J，Morgenstern O. Theory of Games and Economic Behavior[M]. Princeton：Princeton University Press，1944

[2] Li D F. Decision and Game Theory in Management with Intuitionistic Fuzzy Sets[M]. Heidelberg：Springer，2014

[3] Schelling T. The Strategy of Conflict[M]. Cambridge：Cambridge University Press，1960

[4] Aumann R J. Presidential address[J]. Games and Economic Behavior，2003，45：2-14

[5] Owen G. Game Theory[M]. 3rd ed. New York：Academic Press，2001

[6] Nash J F. Non-cooperative games[J]. Annals of Mathematics，1951，54（2）：286-295

[7] Huang Z，Li S，Mahajan V. An analysis of manufacturer-retailer supply chain coordination in cooperative advertising[J]. Decision Sciences，2002，33：469-494

[8] Marchi E，Cohen P A. Cooperative advertising：A biform game analysis[R]. Minneapolis：University of Minnesota，2009

[9] 李登峰. 模糊多目标多人决策与对策[M]. 北京：国防工业出版社，2003

[10] 江彬倩，李登峰，林萍萍. 多目标合作博弈最小二乘预核仁与核仁解[J]. 系统工程理论与实践，2020，40（3）：691-702

[11] 李登峰. 微分对策及其应用[M]. 北京：国防工业出版社，2000

[12] Li D. F. An effective methodology for solving matrix games with fuzzy payoffs[J]. IEEE Transactions on Cybernetics，2013,43（2）：610-621

[13] Li D F. A fast approach to compute fuzzy values of matrix games with payoffs of triangular fuzzy numbers[J]. European Journal of Operational Research，2012，223（2）：421-429

[14] 李登峰. 直觉模糊集决策与对策分析方法[M]. 北京：国防工业出版社，2012

[15] Li D F，Liu J C. A parameterized non-linear programming approach to solve matrix games with payoffs of I-fuzzy numbers[J]. IEEE Transactions on Fuzzy Systems，2015，23（4）：885-896

[16] Li D F. Linear programming approach to solve interval-valued matrix games[J]. OMEGA：The International Journal of Management Science，2011，39（6）：655-666

[17] Li D F，Nan J X，Zhang M J. Interval programming models for matrix games with interval payoffs[J]. Optimization Methods and Software，2012，27（1）：1-16

[18] Hotelling H. Stability in competition[J]. Economic Journal，1929，39：41-57

[19] Li D F. Models and Methods for Interval-Valued Cooperative Games in Economic Management[M]. Cham：Springer，2016

[20] Peleg B，Sudhölter P. Introduction to the Theory of Cooperative Games[M]. 2nd ed. Berlin：Springer，2007

[21] Gillies D B. Some Theorems on n-person Games[M]. Princeton：Princeton University Press，1953
[22] Shapley L S. A value for n-person games[C]//Kuhn H W，Tucker A W. Contributions to the Theory of Games Ⅱ（Annals of Mathematics 28）. Princeton：Princeton University Press，1953：307-317
[23] Shapley L S. Cores of convex games[J]. International Journal of Game Theory，1971，1：11-26
[24] Yue J，Austin J，Wang M，et al. Coordination of cooperative advertising in a two-level supply chain when manufacturer offers discount[J]. European Journal of Operational Research，2006，168：65-85
[25] 叶银芳，李登峰，余高锋. 联合订货区间值 EOQ 模型及变权 Shapley 值成本分摊方法[J]. 中国管理科学，2019，27（9）：232-241
[26] 叶银芳，李登峰. 联合订货区间值 EOQ 模型及成本分摊合作博弈方法[J]. 系统工程理论与实践，2018，38（7）：1819-1829
[27] Aumann R J. Acceptable points in general cooperative n-person games[C]// Luce R D，Tucker A W. Contribution to the Theory of Games Ⅳ（Annals of Mathematics Studies 40）. Princeton：Princeton University Press，1959：287-324
[28] 南江霞，王盼盼，李登峰. 非合作-合作两型博弈的 Shapley 值纯策略纳什均衡解求解方法[J]. 中国管理科学，2021，29（5）：202-210
[29] 梁开荣，李登峰，陈丽强. 收益为区间值的双边链路形成策略优化非合作-合作两型博弈方法[J]. 系统工程理论与实践，2021，41（9）：2300-2315
[30] 南江霞，王盼盼，李登峰. 基于 CIS 值的非合作-合作两型博弈的理论研究[J]. 控制与决策，2020，35（6）：1427-1434
[31] 杜晓丽，梁开荣，李登峰. 基于 CIS 值的双边链路形成策略优化两型博弈方法[J]. 系统工程与电子技术，2020，42（7）：1550-1557
[32] Liang K R，Li D F. A bi-objective biform game approach to optimizing strategies in bilateral link network formation[J]. IEEE Transactions on Systems，Man，and Cybernetics：Systems，2022，52（3）：1653-1662
[33] Du X L，Li D F，Liang K R. A biform game approach to preventing block withholding attack of blockchain based on semi-CIS value[J]. International Journal of Computational Intelligence Systems，2019，12（2）：1875-6883
[34] 江彬倩，李登峰. 代码共享协议选择与机票定价两阶段博弈模型[J]. 系统工程理论与实践，2022，42（3）：724-737
[35] 李登峰，陈守煜. 权力分散多人递阶资源配置中下层决策者合作联盟的形成及利益分配研究[J]. 系统工程理论与实践，1995，15（9）：58-64
[36] 黄春香，李登峰. 基于非合作-合作两型博弈且押金返还回收商的闭环供应链定价与利润分配研究[J/OL]. 中国管理科学，[2022-08-12]. https://doi.org/10.16381/j.cnki.issn1003-207x.2021. 2244
[37] Nash J F. The bargaining problem[J]. Econometrica，1950，18：155-162
[38] 李登峰，江彬倩. 利润共享机制下自由销售代码共享协议优化选择非合作-合作两型博弈模型[J]. 管理科学学报，2021，录用待刊
[39] 魏骊晓，李登峰. 押金返还制度下再制造闭环供应链非合作-合作两型博弈模型[J]. 管理工程学报，2022，录用待刊
[40] Brandenburger A，Stuart H. Biform games[J]. Management Science，2007，53（4）：537-549
[41] 姜力文，戢守峰，孙琦，等. 基于竞合博弈的 O2O 品牌制造商定价与订货联合策略[J]. 系

统工程理论与实践，2016，36（8）：1951-1961
[42] 肖旦，周永务，范丽繁，等. 改良技术共享下改良品联合采购联盟的竞合博弈研究[J]. 中国管理科学，2019，27（2）：129-137
[43] Taghavia M，Bentahara J，Otroka H. Two-stage game theoretical framework for IaaS market share dynamics[J]. Future Generation Computer Systems，2020，102：173-189
[44] Wu C Y，Gu W，Jiang P，et al. A two-stage game model for combined heat and power trading market[J]. IEEE Transactions on Power Systems，2019，34（1）：506-517
[45] Brandenburger A，Stuart H. Value-based business strategy[J]. Journal of Economics and Management Strategy，1996，5：5-24
[46] Stuart H. Biform analysis of inventory competition[J]. Manufacturing and Service Operations Management，2005，7（4）：347-359
[47] Brandenburger A，Stuart H. Biform Games[M]. New York：New York University，2003
[48] Simon H A. Models of Man[M]. New York：John Wiley & Sons，1957
[49] 杜义飞. 创新者最优许可数量决策与信心指数调节作用[J]. 控制与决策，2013，28（5）：753-757，762
[50] Li D F. Linear Programming Models and Methods of Matrix Games with Payoffs of Triangular Fuzzy Numbers[M]. Berlin：Springer，2016
[51] Li D F. Notes on "Linear programming technique to solve two person matrix games with interval pay-offs" [J]. Asia-Pacific Journal of Operational Research，2011，28（6）：705-737
[52] Brandenburger A M，Nalebuff B J. Co-opetition[M]. New York：Doubleday，1996
[53] 拜瑞·J. 内勒巴夫，亚当·M. 布兰登勃格. 合作竞争[M]. 王煜全，王煜昆，译. 合肥：安徽人民出版社，1999
[54] Padula G，Dagnino G B. Untangling the rise of coopetition[J]. International Studies of Management & Organization，2007，37（2）：32-52
[55] Gnyawali D R，Madhavan R. Cooperative networks and competitive dynamics：A structural embeddeness perspective[J]. Academy of Management Review，2001，26（3）：431-445
[56] Weyl E G. A price theory of multi-sided platforms[J]. The American Economic Review，2010，100（4）：1642-1672
[57] Luo Y D. A coopetition perspective of global competition[J]. Journal of World Business，2008，（42）：129-144
[58] 肖旦，周永务，钟远光，等. 随机需求下库存技术共享零售商联合采购联盟的竞合博弈研究[J]. 管理工程学报，2017，31（4）：194-199
[59] 杨春晖，周国华. 资源型供应链议价的双体博弈分析[J]. 世界科技研究与发展，2010，32（2）：130-132
[60] 谭伟，谭德庆. 基于共识程度的双体博弈纳什均衡拓展研究[J]. 管理学报，2011，8（2）：306-310
[61] Savaskan R C，van Wassenhove L N. Reverse channel design：The case of competing retailers[J]. Management Science，2006，52（1）：1-14
[62] 李梦祺，李登峰，南江霞. 考虑链间竞争与链内研发成本共担的绿色供应链决策——基于非合作-合作两型博弈方法[J/OL]. 中国管理科学，[2023-03-17]. https://doi.org/10.16381/j.cnki. issn1003-207x.2022. 2073